専修大学社会科学研究所 社会科学研究叢書 18

社会の「見える化」をどう実現するか

―― 福島第一原発事故を教訓に ――

三木由希子・山田健太 編著

専修大学出版局

はじめに

　不透明な時代だからこそ,「可視化」が求められている。見えないもの,見えづらいもの,そして見ようとしないもの,見せたくないもの——私たちの周りには制度上,あるいは心理的なさまざまなバリアがあり,本来明らかにされるべきことが埋もれ,隠されている。

　本書の第Ⅰ部はその対象として,最も象徴的な福島第一原発事故をめぐる「情報」をとりあげている。そのとてつもない人災によって撒き散らされた放射能自体が,そもそも目に見えないだけに,それがもたらす影響も含め,その実態を自覚することがきわめて困難だ。それでも,関連公文書を丹念に追うことで,少しずつではあるが見えてきたものがある。それは,福島県民をはじめとする多くの市民にとって,自らの健康を,そして事故の真相を,さらには今後の自らの生活や,社会のあり方を考えるうえでの,重要な基礎情報になることであろう。

　この作業の基礎となるのは「情報公開制度」という法制度である。2001年にようやく日本でも始まり,当時はかろうじて全世界の中で先頭集団の最後尾もしくは第2グループ程度にはいたものの,それから15年を経て,多くの国でより公開度が高い制度ができていく中,〈時代遅れ〉の制度になりつつある。しかもその原因は,すでに制定当時から指摘されていたものが多く,時代にキャッチアップするかどうかはまさに政府あるいは国民の意思の問題であるともいえる。

　しかし現実には,公開制度の充実ではなくその真逆な状況が,日本国内では進んでいる。それが本書の第2部で扱う,特定秘密保護法をはじめとする「隠蔽」のための法・社会制度である。まさに「公開」と「秘密」というタイトルに現れるとおり,それは裏表の関係にあるといえるだろう。

　本書の中心は,あくまで東日本大震災を契機に明らかになった,原子力発

電所事故をめぐる情報の取り扱いであり，その実証的検証結果としての第Ⅰ部であるが，その課題の背景を浮かび上がらせるために，あえて毛色の違う第Ⅱ部を設定してみた。開かれた政府の実現を阻む課題を明確化し，それらの問題をのりこえるための一助に，本書がなることを願う。

目　次

はじめに

第Ⅰ部　公開 ……………………………………… 三木由希子　1

第1章　情報公開制度の胎動と誕生 …………………………… 3

1　1970〜80年代の情報公開制度をめぐる状況　3
　（1）政治における情報公開法制定議論　3
　（2）政府内における情報公開制度の議論　7
　（3）第二次臨時行政調査会及研究会での検討　12

2　自治体における情報公開制度の検討と制定　16
　（1）情報公開条例の誕生―神奈川県を中心に　16
　（2）東京都情報公開条例の制定と負の影響　22

3　市民社会における情報公開を求める取り組み　26
　（1）情報公開をめぐる住民運動　26
　（2）情報公開権利宣言と8原則の策定　30
　（3）情報公開条例の広がりと市民活動　33

4　小括　39

第2章　情報公開制度の広がりと法制化 ……………………… 43

1　1990年以降の情報公開制度をめぐる動向　43
　（1）国における情報公開法制化の動き　43
　（2）行政改革委員会行政情報公開部会での検討　49
　（3）情報公開法要綱案をめぐる省庁間の調整　54
　（4）行政改革委員会行政情報公開部会での議論―原発関係を中心に　59

2 情報公開法案の策定と政治の動き　66
    (1) 消えた議員立法での情報公開法制定の機運　66
    (2) 対案としての野党法案と野党内での調整　70
    (3) 情報公開法案の作成と与党協議　74
  3 情報公開法の成立　78
    (1) 情報公開法案修正の最終攻防　78
    (2) 情報公開法案の衆議院での修正　82
    (3) 情報公開法案の参議院での修正　86
    (4) 行政文書の管理と情報公開法　89
    (5) 情報公開法の積み残した課題　90
  4 市民社会における情報公開法制定に向けた取り組み　94
    (1) 情報公開法案の提出に備えた市民側の動き　94
    (2) 市民社会と国会議員の対話から焦点化された法案の論点　97
  5 自治体での情報公開制度の制定・改正　100
    (1) 国の法制化による自治体への影響　100
    (2) 条例改正に動く自治体　102
    (3) 地方分権と情報公開条例　104
  6 小括　104

第3章　福島原発事故と情報公開請求　109

  1 原発事故対応組織と公開の推移　109
    (1) 情報公開法の一般的な運用状況　109
    (2) 福島原発事故と情報公開請求の対象となる機関　112
    (3) 原発事故と情報公開請求の状況　118
  2 福島原発事故に関連する個別の公開請求の状況—内閣府　123
    (1) 原発事故後には増加した原発関係情報の公開請求　123
    (2) 請求からみる請求者の関心　150
  3 福島原発事故情報アーカイブの試み　152

第4章　SPEEDIと特定避難勧奨地点と公文書 ……………… 155
　1　SPEEDIをめぐる情報　155
　　（1）システム概要と運用実態　155
　　（2）SPEEDIの緊急時モード運用のための契約　156
　　（3）福島県に造られたSPEEDIモニタリングデータ　163
　　（4）SPEEDIの公表と情報公開請求　165
　　（5）小括　167
　2　特定避難勧奨地点の指定をめぐる情報公開　168
　　（1）対象となる区域の指定がされなかった特定避難勧奨地点　168
　　（2）政府内での検討　170
　　（3）伊達市の指定についての関係者の反応と対応　173
　　（4）記録の少ない南相馬市などでの指定の経緯　176
　　（5）小括　178

第5章　福島県「県民健康調査」と公文書 ……………… 181
　1　原発事故による健康への影響と県民健康調査　181
　　（1）県民健康調査の概要　181
　　（2）県民健康調査の枠組みが決まる過程　184
　2　福島県立医大と県民健康調査　197
　　（1）委託契約と調査研究　197
　　（2）委託契約としての健康調査と個人情報の取り扱い　199
　　（3）臨床研究・疫学研究としての健康調査　201
　　（4）健康調査の実施体制　203
　3　甲状腺検査と「県民健康調査」　206
　　（1）甲状腺検査の目的は何か　206
　　（2）甲状腺検査の実施目的と専門家　207
　　（3）検査結果をどう通知するのか　209
　　（4）待てない市町村・住民の動きと医大の反応　213

（5）注目される検査結果　216
　4　福島県「県民健康調査」検討委員会　219
　　（1）県立医大と検討委員会　219
　　（2）会議非公開と会議録改ざんと秘密会　225
　　（3）検討委員会の役割とは何なのか　227
　5　県民健康調査と情報公開，データの利用　228
　　（1）検閲制度の誕生か　228
　　（2）市町村と県立医大とデータ　231
　6　小括　233
　資料　238

第Ⅱ部　秘密　………………………………　山田健太　247

第1章　言論・表現の自由の現在　………………………　249
　1　進む政府の情報コントロール　249
　　（1）規制マインドの空気　249
　　（2）安倍政権の規制立法　252
　2　変わる表現の自由の基本ルール　255
　　（1）自由の縮減を呼ぶ一時的自由の付与　255
　　（2）効率性の犠牲になる自由　257
　　（3）厭わない基本ルールの変更　259
　3　言論の自由への影響　261
　　（1）知る権利の軽視　261
　　（2）憲法の行方　263

第2章　秘密保護法にあらわれる政府の情報隠蔽構造　…　267
　1　秘密保護法なるものの本質　267
　　（1）秘密保護と表現の自由　267

(2) 秘密保護法制に向けたこれまでの経緯　269
　　(3) パブコメのもとになるもの　271
　2 特定秘密保護法の問題点　273
　　(1) 秘密保護法制の概要と基本的問題　273
　　(2) 取材・報道の自由への脅威　275
　　(3) 成立までの流れと法構成　278
　　(4) 課題と社会監視の必要性　280

第3章　「自主規制」という名の言論統制　285
　1 言論の自由をだれが妨げているか　285
　　(1) 選挙名目の「番組介入」　285
　　(2) 介入が招く「萎縮」　291
　　(3) 禁じ手を行った政権党　293
　2 メディアにおける「公平公正」とは何か　296
　　(1) 言論を封殺するための言論の自由の「解釈」は存在しない　296
　　(2) 公平論議の3つの流れ　299
　　(3) 「数量公平」ではなく「質的公正」　304

結びにかえて　308

参考文献　309
あとがき　311
索引　315

第Ⅰ部　公開

三木由希子

第1章
情報公開制度の胎動と誕生

1　1970〜80年代の情報公開制度をめぐる状況

(1) 政治における情報公開法制定議論

　日本で情報公開制度の制定の必要性が市民社会や政治の中で認識されるようになったのは，1970年代に入ってからだ。

　一つの流れは，公害問題，薬害問題，消費者問題など，市民の生命や健康に関わる重要な問題であっても，政府の情報非公開に阻まれて取り組みが行き詰まるという事態を変えるため，政府に対して情報を求める権利としての知る権利の実現の必要性が，市民社会の中で強く認識されたことだ。もう一つの流れは，ロッキード事件をはじめとする政治家，政府高官の関わる構造的な汚職・腐敗事件によるものだ。1976年2月に発覚したロッキード事件は，様々な情報がアメリカ経由で明らかになる一方で，日本国内では真相解明に消極的な与党と守秘義務の壁で，重要な情報が一向に明らかにならないという状況に対し，情報公開制度への関心が高まった。

　まずは，政治の世界の状況を見てみたい。

　1976年12月に行われた衆議院選挙はロッキード選挙と呼ばれ，事件を受けて，汚職・腐敗防止の政策の一環として野党各党は情報公開制度の確立を公約とした。日本社会党は1976年11月の「国政調査権の強化，国民の知る権利の拡大について」とする成田知巳委員長談話で「行政公開の原則の確立」，「秘密資料の公表」，「国民の公開請求権」を挙げた。公明党は，「ロッキード事件再発防止の政策提言」(1976年10月)で「行政資料等の公開（情報公開法の制定)」を，日本共産党は「総選挙にのぞむ日本共産党の6大政綱」(1976年)で情報公開法の制定を挙げている。

与野党の逆転も期待された選挙だったがならず，野党による情報公開制度制定の公約も進展せず，政治における機運も急速にしぼんだ。以降の動きとしては，1978年4月に社会民主連合が，「市民的権利拡大のための5つの提案―市民がコントロールできる政治・社会の実現のために」で，「行政資料の公開（情報自由化法）」の提案を行っているのが目に留まる程度だ。

政治で再び情報公開法の制定の機運が出てきたのは，1978年末に発覚したダグラス・グラマン事件が契機だ[1]。日米間の戦闘機購入をめぐる汚職事件の発覚で，政治の浄化のため情報公開制度の確立を各党が訴えた。

日本社会党は1979年2月に「情報公開法要綱」を発表，日本共産党は1979年9月に「汚職・腐敗の再発を防止し，汚職犯罪をきびしく裁くために―日本共産党の提案」で，「『情報公開法』（公文書公開法）を制定して国民の知る権利を保障し，公文書を国民に開示させる」と提案した。民社党は同月「公文書公開法要綱」を発表し，新自由クラブは同月の「昭和54年総選挙政策大綱」で「情報公開法の検討」を挙げている。

当時注目されたのは，1979年9月6日の衆議院本会議での新自由クラブの河野洋平代表（当時）の質問に対する，大平正芳総理の答弁だ。

「次に，私は，高潔な政治の確立を目指すための施策として，政府の持つ情報の公開について，もっと真剣な検討が行われるべきではないかということを御提案を申し上げます。

秘密は腐敗の温床であるという言葉があります。政府の持つ情報を，一部の例外を除き，国民の求めに応じ提供することが，国民の知る権利に合致するものと信じます。

わが国でも，外交文書の公開など，わずかながら前進が見られますけれども，さらにこれを広げることによって，民主主義のより健全な発展の契機とすべきだと考えるのであります。腐敗の根絶を目指すという趣旨からも，情報公開法の制定に総理は直ちに着手すべきではないか。明快な御答弁をお願いをいたします。

私がこうした提案をする理由は，総理の言われる，国会に新たな委員会を設けて云々という手法が，この種の疑惑解明に有効ではないと思うからであ

ります。これまでも，航空機特別委員会などにおける解明のための議論は，与党の前例や慣例を持ち出しての拒否に遭い，進みませんでした。これまでにも政府・与党の疑惑は，前例と多数決の壁の前にいつも解明し切れなかったではありませんか。」

「……政府の情報の公開について触れられたわけでございまして，われわれは政府の持っておる豊富な情報を差し支えのない限り公開をいたすことは，行政の公正を期する上から申しましても必要だと思いまするし，また，これに関連いたしまして，企業の持っておる情報の公開というようなものを通じてガラス張りの経営を期待することも，民主政治の運営上必要であろうと思うのでございまして，きのうの協議会の提言の中でもこういった趣旨が盛り込まれておるわけでございます。こういった点につきましては検討を進めまして，できるものから具体化をしてまいりたいものと考えております。」

同年10月の衆議院選挙後，総理首班指名の際の大平総理と新自由クラブの政策協定（4項目）に情報公開法制定が盛り込まれた。ただ，たとえば1980年1月30日の参議院本会議で大平総理が以下のように答弁しているように，法制化については慎重であった。

「情報公開法の制定についてどう考えるかということでございます。この問題につきましては，たびたび申し上げておりますように，一般的な行政手続法の整備との関係がございます。また，わが国の行政機関における情報管理のあり方等との関係など検討しなければならぬ問題もございまするし，諸外国の制度，運用の実態等も幅広く検討さしていただいて，慎重に検討を重ねていくべき性質のものと存じまして，いまこれを直ちに法制化する意図を持っておるわけじゃございません。」

政治の世界で情報公開法制について話題にのぼるようになったこの時期，スパイ事件が連日報道をにぎわせており，機密保護法の制定という別の議論の流れがあった。当時の状況について，1980年3月29日の「情報公開法を求める市民運動」の結成集会で清水英夫青山学院大学教授（当時）は，「政府自民党は情報の公開と管理の名のもとに，情報公開法を推進するとさえいっている。機密保護法だけでは国民の反発が強いから，情報公開法と抱き

合わせで出そうとしている」[2]と講演している。

　また，右崎正博都留文科大学助教授（当時）は，「秘密保護法を求める動きは1975年ころからすでにあり，歴代の総理大臣が繰り返しその必要性を述べているが，我が国が軍事大国化するにつれてその声は強くなり，いわゆる宮永スパイ事件をきっかけに第一次案が発表された」[3]と，情報公開法制よりも機密保護法の検討が先行していることを指摘している。

　野党からは，1980年5月15日に民社党が「公文書公開法案」を国会に提出したが，直後の19日に衆議院が解散し廃案となった。当時，発足間もない「情報公開法を求める市民運動」が同31日，新自由クラブを除く全政党の出席で「情報公開法を各政党に聴く集い」を開催している。哲学者の久野収氏の講演に続いて行われた「政党公聴会」では，法制化に積極的な野党に対し，自民党の千村信次政務調査会調査役（当時）が，「現在も白書等で公開されているが，知らされていない部分もあり，公開を定める法律の制定自体には反対しない。しかし外交上の問題，プライバシーの問題，公務員の守秘義務の問題も否定できない。手続上の整備ができれば制定化に異論はない」という趣旨の発言をしたと記録されている[4]。また，会場参加者からの質問に，「機密保護法は考えていないが，スパイ防止法は必要である」と答え，途中退席をしている[5]。このころから，情報公開と機密保護は裏腹な政策で，一方が出ればもう一方がけん制するという関係だったといえる。

　1981年4月25日に日本共産党が「行政機関の公文書の公開に関する法律案」を，同年5月12日に日本社会党が「情報公開法案」を，同19日に公明党，民社党，新自由クラブ，社民連の4党が共同で法案を提出した。このタイミングは，政府において第二次臨時行政調査会（第二次臨調）が発足し，情報公開も制度改革の検討項目とされていたときである。いずれの法案も，審議されることなく1983年の衆議院解散で廃案になった。

　その後は，政治の場での動きは低調で，1985年4月に日本社会党が「情報公開法案」を，1989年11月に公明党が「行政情報の公開に関する法律案」を提出しているが，目立った動きはない。政府内で情報公開法ではなく行政サービスとしての情報提供の環境整備や，制度の研究の動きがみられる程度

である。

　むしろ，スパイ防止法の制定に向けた動きが自民党内で本格化した。1984年8月に自民党安全保障調査会法令整備小委員会が「国家秘密に係るスパイ行為等の防止に関する法律案（試案）」を発表した。当時の状況を，情報公開法を求める市民運動の機関紙『情報公開』第20号では，「自民党，民社党，国際勝共連合などが推進するスパイ防止法制定促進運動は，地方から中央への戦略の下に，すでに1500近い地方議会が制定促進決議を行っている。宮永事件，レフチェンコ事件を格好の材料として，一部のマスコミも盛んに日本が『スパイ天国』であることを喧伝し，スパイ防止法制定への世論喚起に努めている」と述べている。1985年6月には自民党が「国家秘密に係るスパイ行為等の防止に関する法律案」を国会に提出したが，同年12月に廃案となった。その後，法案提出を目指す動きは1988年まで続いた。

　当時の情報公開制度をめぐる状況について，1987年11月15日に「情報公開法を求める市民運動」が開催した，「国の情報公開制度を考える集い―各党の国会議員に聞く」に出席した自民党の有馬元治衆議院議員（当時）は，「昭和50年ころから盛り上がり，政府が音頭をとっていながらいまだに制度化の動きがない。行管（筆者注：行政管理庁）という役所は，はじめは情報公開制度を実施することによって今日の行政運営を民主化し自由化していく，というくらいの勢いであったが，中曽根行革旋風が起きてから三公社の民営化の方に集中し，まったく前進していない。これは率直に言って，政府の怠慢である」と述べたと記録されている[6]。政治の問題ではなく政府の問題，という状況認識がよくわかる発言である。

(2) 政府内における情報公開制度の議論

　政治の動向を受けて，政府が対応策として示したのが，1979年5月27日の閣議了解「情報提供に関する改善措置等について」[7]だ。そこで(1)情報提供のための手続・窓口の整備，(2)情報提供の充実，(3)情報提供に関する国民への周知について速やかに準備し実施すること，(4)今後の検討事項，が確認された。「情報提供の充実」の中には，「秘密文書の期限付

き指定については『秘密文書等の取り扱いについて』(昭和40年4月15日付け事務次官等会議申し合わせ)第5項の趣旨に基づき,その一層の励行を図る」ともある。

また,(4)の検討事項は2つあり,1つ目が「情報の体系的分類,保管・保存方式,保存年限についての全般的見直しと各省庁に共通する公開基準の策定について検討」で,2つ目が「諸外国の法制とその運用実態について研究を行うなど,我が国の実情にあった情報公開に関する法制化の諸問題について幅広く検討」というものだ。

1979年12月に,政府は各省庁の文書課長等で構成される「情報公開問題に関する連絡会議」を設置し,「情報公開のための改善措置の推進を図ってきた」とされている[8]。閣議了解に基づいて,月1回の頻度で会議を開催し,文書閲覧窓口の設置,取り扱い手続などの検討がここで行われた。文書閲覧窓口は,1980年10月から各行政機関の本省に設けられ,その後地方出先機関にも設置されたが,あくまでも行政サービスとしての情報提供の環境整備であった。

一方,法制化に関しては,1980年1月25日の衆議院での総理大臣施政方針演説で,「今後とも情報の円滑な提供と適切な管理を図るため鋭意検討を行い,所要の改善措置を講じていく」と述べられたが,情報公開法制ではなく円滑な情報提供としての言及であった。前述の1980年1月30日の参議院本会議で,法制化の意図がないことを大平総理が答弁をしたのと同じ趣旨である。

この時期,「情報公開法を求める市民運動」は,独自に各府省庁の情報公開の実態調査を行っていた。1980年8月11日に,51の省庁・公社に対してアンケート用紙を送付して実施した実態調査の内容は,①秘密文書の取り扱い基準を定めた規程書があるか,ある場合は名称・内容,②規程等の内容を明らかにできない場合はその理由,③規程等が存在しない場合は,秘密文書の指定は誰がどのような基準あるいは慣例で行っているのか,④国民に公開しないとしている文書はどのような文書であるかなるべく具体的に示し,非公開とする理由の説明,⑤その他,の5項目だ。

8月25日の回答期限までに寄せられた回答は0件で，同29日に各省庁の担当者に直接会ってアンケートの回答を求め，口頭で回答を得ている[9]。表1がその回答内容をまとめたものだが，訪問したが回答は後日とした省庁もあり，郵政省，林野庁，大蔵省，科学技術庁が該当する。

表1　各省庁のアンケート回答（1980年）

回答項目	①秘密文書の取り扱い基準を定めた規程書の有無と内容 ②その規定の内容を明らかにできない場合の理由 ③規程がない場合の秘密指定の手続・基準等 ④非公開文書の具体例と非公開の理由 ⑤その他
厚生省 （大臣官房総務課）	①厚生労働省本省文書保存規程がある ②規程なし ③秘密文書の指定は各課の独自判断で決定 ④— ⑤公開については，やれる範囲で体制整備していくが，まだ十分に煮詰まっていない段階である。なお，規定だけ作っても，実務的には課の判断なので，実質的公開は難しいのではないか
防衛庁 （総務課文書担当）	①「秘密保全に関する訓令」等あり。市販の『防衛実務小六法』を参照されたい ②上記の訓令等の運用，解釈は「行政実例」によるが，その内容は公開できない ③— ④日米相互秘密保護法等に伴う文書などで，国の防衛上，非公開は当然である
環境庁 （長官官房総務課）	①あるが内容は明らかにできない ②内部文書のため ③— ④公的文書で実際に秘密になっているものは少ない。基礎データ等は公的文書に該当しない。庁として意思決定以前のもの（メモ書き等）は，国民に無用な不安を与え，意思形成を妨げるので公開しない。個人のプライバシーに属するものは非公開 ⑤審議会公開は審議会内部の問題。その構成メンバーの選出は人事問題なので非公開
法務省 （大臣官房秘書課）	①あるにはあるが，まだ検討中で出せない ②〜④— ⑤10月の窓口整備に向けて努力中

公安調査庁 （総務部総務課）	①〜④— ⑤情報公開の原則なし。庁自体の設置目的及び性格が、根本的に公開になじまない
警察庁（長官官房企画審査官室）	①規程はあるが公開できず ②内閣審議室を中心に、10月1日の第一次公開制度スタートに向けて検討中のため ③— ④国家機密、捜査・治安・取締基準等は非公開 ⑤10月の公開に向けて目録作成中（国民に直接役立つもの、利用機会の多いものなど）
労働省 （総務課調整係）	①現在検討中（課によって基準が違うので時間がかかる） ②〜⑤—
農林水産省 （文書管理班）	上司の了解を取らないと回答できない。10月1日を目指して窓口整備をしている
食糧庁（文書課）	農林水産省と同じ。農水省文書管理規則集はある
水産庁（漁政課）	農林水産省と同じ
運輸省 （大臣官房文書課）	①ない ②— ③担当課長、その上司が慣行に従って判断している ④企業秘密。監査計画。外務省から送られてくる航空協定、海運協定等の国際条約 ⑤10月の窓口整備により情報量は増えるだろうが、現在マル秘のものは10月以後も同じ扱いだろう。昭和47年総理府から、総理府の取り扱い基準書をモデルとして参考にせよとの要求があったが、用いていない
外務省 （大臣官房文書課）	①「文書取扱規則」がある ②職員の業務のための「規則」は部内資料だから ③— ④国益侵害、個人のプライバシーを侵害するおそれのあるもの。外交交渉過程などは非公開。それ以外のものは30年経過したのち、麻布台の「外交史料館」で公開 ⑤10月中旬を目標に窓口整備中で、入手できる資料は今より広くなるはずだ。スパイ防止法、機密保護法も必要
通商産業省 （大臣官房総務課）	①規程書はある ②〜④— ⑤この種のものは行政管理庁に行ってくれた方がいい

自治省 (大臣官房広報課)	①自治省文書管理規程の第7章「秘密文書の取扱い」による。秘密文書の区分は，同規定51条，52条によって二種類に区分される。「極秘」は，その事案が秘密保全の必要の高い重要な秘密であって，当該当事者以外の者に秘さなければならないもので，官房長又は局長が指定する。「秘」は，その事案が極秘に次ぐ程度の秘密であって，関係者以外に秘さなければならないもので，所管の課長が行う。秘密指定は秘密取扱期間を表示し，必要ないと認めたときは，その指定を解除する ②〜⑤―
建設省 (大臣官房文書課)	①「建設省文書規程」の第7章「秘密文書等の取扱い」参照。第33, 34条で秘密文書を区分する。「極秘」は，秘密保全の必要が高く，その内容の漏えいが国の安全，利益に損害を与えるおそれのあるもので，主務局の長が行う。「秘」は，極秘に次ぐ程度の秘密であって，関係者以外には知らせてはならないもので，主務課の長が行う ②― ③「規程」はあまり重視されず，担当の係がケースバイケースで判断している ④入札文書，人事等個人のプライバシー ⑤―
国土庁 (長官官房総務課)	①統一的見解なし ②― ③各課で個別に行っている ④情報の公開をめぐって問題になったことは，（私の知る限り）これまでになかった ⑤―
総理府 (内閣総理大臣官房総務課)	①「内閣及び総理府関係訓令・通達集」中の「総理府本府秘密文書取扱規程」参照 ②〜③― ④本庁が各省庁の取りまとめをするという業務の性格上，秘密文書は全くない。ただし，人事プライバシーに関するものは秘密 ⑤本庁の場合，国民から情報公開の要求がほとんどない，という悩みがある
行政管理庁 (長官官房総務課審査係)	①「長官官房総務課関係例規集」の中に「秘密文書の取扱いについて」の項がある。内容公開については，内閣官房で決めたものだから官房の了解が必要だが，この場で見せるだけなら…… ②― ③具体的な判断は各課で行っている ④あまり秘密文書はない。審議会の公開は審議会で決めるが，公開されると自由な話し合いができなくなるだろう ⑤―

経済企画庁 (長官官房秘書課文書班)	①「経済企画庁法令集」にある。内容については後日検討して回答する ②— ③各課で判断している ④必要なものは公刊していて，あまり秘密文書はない ⑤—
文部省 (大臣官房総務課審議班)	①なし ②なし ③担当課長・局長が意見を付して秘密指定をする ④ケースに応じて個別的に定める ⑤—
公正取引委員会 (事務局総務課)	①「公正取引委員会文書取扱規程」「訓令・通達集」。極秘は事務局長が決めるとしか答えられない ②内部文書（通達）のため ③— ④事業者の秘密に関するもの。これの公開は独禁法37条の改正が必要 ⑤—
日本専売公社 (管理調整本部総務課)	①なし ②— ③各担当及びその上司が行う ④企業秘密（独占事業であっても外国からの風当たりがある） ⑤10月の窓口整備はまだ準備せず
日本国有鉄道 (総裁室文書課)	この件については運輸省の指導を受けていないので回答できない。担当者も未定
日本電信電話公社 (総裁室文書課)	①あるが，内容については上司の決裁がないと答えられない ②以下も①に同じ

(3) 第二次臨時行政調査会及び研究会での検討

　政府から情報公開制度の検討が言及されたのは，1980年の衆議院選挙後だ。9月12日の閣議で第二次臨時行政調査会の設置が閣議決定され，11月28日に「臨時行政調査会設置法」が成立するが，その過程の国会答弁で，中曽根康弘行政管理庁長官（当時）が，「第二次臨調のテーマでございますが，これは委員の皆様方に自主的にお決め願うのが適当であると思っております。しかしながら，いま国民が全面的に関心を持っております官業と民業の関係とかあるいは中央，地方の問題であるとかあるいは情報公開制度という

ような問題は，行政調査会の対象になると期待しております」（同年11月6日の衆議院本会議）と答弁している。また，同長官は同18日の衆議院内閣委員会で，「行政管理庁といたしましても，情報公開につきましては前向きに取り組んでおりまして，よく検討の上必要に応じまして法制化に進んでまいりたいと思っております。ただ，第二臨調が成立しました場合に，この問題を第二臨調側においてどういうふうに受けとめ，御処理になるかということも委員と相談をする必要もあると思いまして，それらの点は留保しておきたいと思っております。」とも答弁している。

1981年3月に発足した第二次臨調は，5次にわたる答申を出している。第二次臨調は部会に分かれて検討を行っていたが，情報公開制度をテーマとしていたのは第二部会だ。第一次答申（1981年7月10日）では，「第3 今後の検討方針」に，「行政と国民のかかわり方の基本前提として，行政への信頼性を高めることが重要であり，行政情報の公開及び管理，監察・監査機能（オンブズマンを含む。）等について制度的な検討を進める必要がある。」とある。しかし，その後の第二次答申（1982年2月10日）は許認可等の整理合理化に関するもので情報公開制度について言及がなく，第三次答申（1982年7月30日）は「基本答申」であったがそれにも言及がない。第四次答申（1983年2月28日）は，最終答申後の行革推進と政府対応のフォローのための体制に関するもので，情報公開制度に関する言及はなく，第一次答申後の情報公開制度の検討状況が不明な状態が続いた。

最終答申に先立ち，第二次臨調第二部会が報告「行政情報の公開と管理その他行政手続き制度の在り方及びOA等事務処理の近代化について」を1983年1月8日に発表し，法制化先送りが明らかになり批判が集まった。政府内からも疑問があがり，「外交や防衛情報の取扱いは，研究会で検討することにして，それ以外の公開・非公開の基準や，公開を拒否された場合の救済制度の在り方など，もっと突っ込んだ結論を出してほしかった」（自治省幹部），「報告は，情報の公開を，行政を円滑に進めるという観点でとらえており，発想そのものがずれているのではないか」（政府内）[10]と報道されている。

しかし，既定方針は変わらず，1983年3月14日の「行政改革に関する第五次答申―最終答申」には，「第8章　行政情報公開，行政手続等」が章として設けられたが，行政手続の言及が中心で，情報公開制度について具体的制度内容は言及がないものだった。言及されていたのは，情報公開制度について「積極的かつ前向きに検討すべき課題」としつつも，「情報公開制度を制定実施するための広範多岐にわたる関連諸制度との調整，制度の実効性や費用対効果の問題及び制度実施に伴うデメリット等の諸点について考慮する必要がある」として，「我が国の関連する諸制度，諸外国の制度運用等の専門的調査研究を行う組織を設けるべき」とするにとどまった。そして最終答申が具体的に求めたのは現行制度の下での情報提供の拡充であって，情報公開制度の法制化は先送りとなった。

行政改革に関する第五次答申―最終答申（抄）

第8章　行政情報公開，行政手続等
2　行政情報の公開と管理
＜略＞
(1) 情報の公開
＜略＞
イ　情報公開の推進のための当面の措置
　情報の公開に関する現状を改善するため，当面，行政運営上，次の措置を実施するものとし，関係省庁において速やかに実施のため必要な方策を講ずべきである。
　(ア) 行政の運営は，原則として公開の精神で行い，非公開とするものは必要最小限とする旨を基本方針として確立する。
　(イ) 各省庁に設置した文書閲覧窓口について，閲覧可能文書資料等の拡大，閲覧目録の増補等一層の充実・整備を図る。

(ウ) 国立公文書館への公文書の移管を一層促進するとともに，外交史料館等を含め，文書資料等の公開の拡大を図る。

(エ) 白書類の充実等国民に対する広報を活発化するとともに，各種相談機能の活用による情報の案内・提供の充実を図る。

(オ) 各省庁の連携により，国民生活に関連の深いものを中心に，行政情報のリスト化を進めるとともに，その検索・案内の総合的なシステムについて準備を進める。

(カ) 大規模プロジェクトに関する計画概要など各省庁における国民の関心の深い事項について，個別的な公表，公開等国民への情報提供を行うための措置を講ずる。

(キ) 審議会等の会議の公開は，それぞれの設置目的，任務等に照らしつつ個別に決定されるべき問題であるが，審議概要の公表を行う等できるだけ公開の精神に沿った措置を講ずる。

(ク) 聴聞，公聴会，理由付記等行政手続の改善による公開機能の強化を図る。

(ケ) 各省庁の連携により，公開基準の策定を図る。

(コ) 各省庁における情報の公開を推進するため，既存の各省庁連絡会議の活動を一層活発に行うとともに，省庁内にプロジェクト・チームを設ける等体制の整備を図る。

＜略＞

エ 国民一般に対する情報開示制度（いわゆる情報公開制度）の検討

　我が国における行政情報の公開に関しては，より一層公正で民主的な行政運営を実現し，行政に対する国民の信頼を確保するという観点から，できるだけ幅広く改革のための方策を検討することが必要である。いわゆる情報公開制度は，国民一般に行政機関に対する情報の開示請求権を認めてそのための手続等を定める制度であって，アメリカ，フランス，北欧等の諸国で実施されており，我が国においても，前述のような考え方に立って，積極的かつ前向きに検討すべき課題である。

> 　他方，この制度は，我が国において，全く新たな分野の事柄であり，我が国における情報の取扱いやこれに関する論議の動向，情報公開制度を制定実施するための広範多岐にわたる関連諸制度との調整，制度の実効性や費用対効果の問題及び制度実施に伴うデメリット等の諸点について考慮する必要がある。
>
> 　したがって，これらの状況を踏まえた上で，国民的合意の推移，国際的動向，地方公共団体の状況等にも留意しつつ，我が国の実情に合った制度の在り方について速やかに検討を進める必要があり，我が国の関連する諸制度，諸外国の制度運用等の専門的調査研究を行う組織を設けるべきである。

　この最終答申を受けた1983年5月24日の閣議決定「臨時行政調査会の最終答申後における行政改革の具体化方策について（新行政改革大綱）」は，「行政情報の公開については，行政運営上の所要の改善・充実を図るとともに，制度化の問題について，答申の趣旨を踏まえつつ，検討を行うものとする。」と「検討」を行うことは決定した。そこで1984年3月に行政管理庁に設置されたのが，「情報公開問題研究会」（座長：成田頼明横浜国立大学教授）だ。

　この研究会は，法制化の検討をするのではなく，「政府における検討に資するため，専門的，理論的見地から情報公開の制度化についての調査研究」[11]を行うものであった。その調査研究は，中間報告の発表が1990年8月と6年以上の非常に長い年月をかけて行われた（最終報告は出されていない）。この間，政府内での情報公開制度の法制化に向けた検討・議論は進まなかったのである。

2　自治体における情報公開制度の検討と制定

(1) 情報公開条例の誕生―神奈川県を中心に

　1977年6月，神奈川県は県民部各室課の職員で構成した県民参加プロジェクトチームを設置し，県民参加システムの確立を目指した研究を行い，

1978年3月に報告書「県政を県民との共同作品とするために」をまとめた。県民部は，1977年5月に大規模な組織改正を行い県民参加の窓口として設置された部だ[12]。

報告書では，「情報の公開と提供」として，「県政を県民との共同作品にしていくためには，県民に必要かつ十分な情報を公開していくとともに，平明かつ的確な具体性を持った情報を積極的に提供していかなければならない」「情報の公開，提供は，……県民参加システムの中で，当面する最も大切な中核的部分である。」と述べ情報公開の必要性と重要性が位置づけられた。

また，報告書は職員の情報公開に対する消極的な姿勢の原因として，「情報の取り扱い基準の設定がなされていない」ことを挙げ，「心底から情報の公開をうながすためには，仮に公開によって問題がひきおこされたとしても，むしろ『情報の公開によって提起されたものでこれによって初めて県民とともに県が問題を共有し得たのである。』と考えるべきで，このような職員全体の前向きの姿勢の確立が必要である。そのためには，責任の所在の明確化や，情報公開基準の設定のほか，県民の個別の情報公開の要求に対処し，合わせて職員に対して現実の具体的ケースの処理を通じて公開意識を高める等教育訓練や啓発機能を兼ね備えた新しいシステムを考えなければならない。」とした。そして，情報公開推進委員会（仮称）の設置が提案された。この報告書の県庁内での影響について，「当時，『情報公開』という言葉は職員にとって全く耳に新しいものでしたので，この問題提起は庁内に大きな波紋を投げかけました」[13]ともある。

1979年5月，県民部内に情報公開制度準備委員会が設けられ，そのもとに情報公開研究部会も設けられた。当時，情報公開に関する資料が国内で少ない中で，アメリカをはじめとする海外の文献の収集，翻訳などが行われたほか，アメリカに職員を派遣して調査・文献収集も行われた[14]。

同じころの同年11月に埼玉県が県中期計画で県政情報の公開を位置づけ，県政の情報公開のため公文書センターを設置することを表明した。同12月の県議会で「知事は，県議会における情報公開に関する質問に対し，積極的に検討を進める旨答弁」[15]し，1980年5月に行政情報公開準備検討委員会

を設置した。また，同 11 月には滋賀県がプロジェクトチーム「情報公開準備研究班」を，同 12 月に大阪府が「行政情報公開条例研究チーム」を立ち上げた。自治体において，情報公開制度の研究が始まり制度化の議論が進み始めた。

神奈川県では，県民部内の情報公開制度準備委員会が 1980 年 8 月 4 日に調査研究の結果として「情報公開制度に関する調査研究中間報告」を取りまとめ，公表した。この中間報告は，「本県が情報公開制度を実施する場合の基本的な考え方，制度の内容，公開システムのあり方など，いわば『情報公開神奈川方式』ともいうべき骨子案」[16]となっており，今後全庁的な体制で取り組むべきと提言した。

全庁的な取り組みのため，同年 7 月 28 日に長洲一二知事が定例の月例談話で庁内に向けて，「私は『情報公開』について，こういう基本認識を持っています。すなわち『それは必要であり，不可避であり，かつ可能である。しかし，またそれは大事業である』ということです」と述べた。また，なぜ大事業なのかについて，「それは明治以来百年の間に出来上がった，日本の政治，行政の構造と体質を変える仕事にもつながるからです。そういう大事業に取り組むのだという決意と体制がなければ，この仕事は一歩も進みません。少しきつく言えば，それは新しい時代に即応するための一種の"官庁革命"なのです。またそれだけに，かっこうよく，安直にやろうとすれば，間違いなく失敗するでしょう」「情報について，役人には三つの『…たがる』傾向があるといわれています。すなわち，『集めたがる。隠したがる。都合よく使いたがる。』ということです。これまでは，情報は行政の財産としてだけ考えられてきました。……ところが，『情報公開』の考え方によれば，行政情報は主権者である住民の共有財産であり，住民はそれを知り，入手し，利用する権利を持つことになります。……いずれにしても，政治・行政の側には，構造・体質の面で自己革新が求められることになるのです。」[17]と延べている。簡単に情報公開制度のことを考えていたわけではないことがよくわかる。

同年 8 月 11 日に，全庁的な組織として神奈川県情報公開準備委員会が設

置され，1981年9月に「情報公開制度に関する調査研究報告書」を発表した。このころ，情報公開条例の調査研究・検討を始めていた都道府県が集まり，「機関委任事務に係る公文書の取り扱いや非公開事項の設定の問題など，共通する検討課題が少なく」なく，「制度化に取り組む先進県が集い，『情報公開研究会議』が開催され」た。初回は埼玉県，神奈川県，滋賀県，広島県が参加して1981年6月に開催され，回を重ねるごとに参加都府県は増え，同年11月に開催された第2回は8府県，第3回は10都府県，第4回は15都府県が参加している[18]。

庁内での検討後，神奈川県は有識者らによる「情報公開推進懇話会」を1981年9月に設置し，条例化の内容が検討され，「特に，①情報公開請求者の範囲，②対象情報の範囲，③機関委任事務に係る公文書の扱い，④適用除外事項の内容，⑤プライバシー保護の方法，⑥救済機関のあり方等に議論が集中」した[19]。

1982年7月17日に取りまとめられた「神奈川県の情報公開制度に関する提言」では，情報公開制度の基本的考え方を，「情報公開制度とは，だれもが行政機関等の持っている情報を，知りたいと思うときに自由に知ることができるよう，基本的人権としての『知る権利』を制度的に保障するとともに，行政機関等に開示の義務付けを行うものである」と明らかにした。また請求権者は「何人も」として制限を設けず，対象情報は「『決裁，供覧等』の内部事務手続を了したものに限定することなく，広く県の機関が持っているすべての公文書とすべきである」とした。対象とする機関は，なるべく多くの執行機関等がなるよう提言している。この対象文書の範囲の考え方は，あとに続く自治体の情報公開条例とは一線を画すものであった。当時の状況をふまえると先見性の高い提言であった。

提言の中でも非公開等になった場合の救済機関については，「新しい試みとして，裁決権を有する附属機関を設置すべきであるとする意見が多数である。これに対して，諮問機関としての附属機関であっても，規定の方法によっては，知事がその審議結果に実質的に拘束されることになるという意見がある」と両論併記になっている。その経緯について，当時，神奈川県庁で担当

していた中出征夫は,「裁決権を有する附属機関(審査請求機関)の設置については,建築基準法の建築審査会の例があり,行政不服審査法の第5条1項2号及び第2項で条例による審査請求機関の存在を予定しているので可能であるというK教授のこの二つの法律の立法時にさかのぼった確信的な見解もあり,大いに迷ったところであったが,結局は『附属機関の性格及び執行機関との関係から,裁決権を有する附属機関を法律によるところなく条例のみで設置することについては,現行法制上疑義もあり,なお十分に議論を要するものと考える』との記載にとどめた」[20]と振り返っている。この救済機関の枠組みは,現在に至るまで変わっておらず,神奈川県のモデルが自治体・国ともに基礎となった。

　非公開事由の規定の考え方,権利救済制度など,現在まで続く情報公開制度の基本的な枠組みのルーツがここにある。それだけに,神奈川県においても,その他の同時期に情報公開条例の検討・制定に向かった自治体に対しても,より良い条例にしなければならないという危機感が市民社会側にあり,後述するように活発に活動が繰り広げられることになった。

　また,これらは神奈川県での検討の結果であるとともに,前述の都府県が参加した「情報公開研究会議」での議論の結果でもあるといえる。研究会議の検討テーマ(表2)をみると,各都府県の共通課題として,情報公開制度で核心的な問題となる適用除外事項(非公開事由)について繰り返し情報交換,意見交換,検討が行われている。このような場を通じて,同時期に条例化した自治体が比較的共通性の高い条例を作っていたことがわかる。

　神奈川県では提言を受けて条例案の作成作業が行われ,県議会と県公安委員会を除く執行機関等が実施機関となることとなった。議会は議会自身が決定すべきこととして事前の条例案作成段階での協議をせず,実施機関に含めない条例案が作成された。提言は「何人も」と請求権者の制限を設けないとしていたが,条例案では広義の住民を請求権者とする案となり,請求対象情報は提言内容が基本的には維持された。1982年9月の定例会に提出された条例案は,県議会が実施機関に加わる修正が行われ,審議を行った県民環境常任委員会の審査結果報告書では,運用上の留意点として6項目の意見が

表2　情報公開研究会議開催状況[21]

開催年月日	参加都府県	検討テーマ
第1回 (1981年6月)	埼玉県, 神奈川県, 滋賀県, 広島県	1　情報公開の検討状況について 2　機関委任事務に係る情報の取り扱いについて 3　適用除外事項について
第2回 (1981年11月)	埼玉県, 神奈川県, 長野県, 愛知県, 滋賀県, 京都府, 大阪府, 広島県	1　最近の準備状況について 2　機関委任事務に係る情報の取り扱いについて 3　適用除外事項について 4　プライバシー保護について 5　対象となる情報と公開方法について 6　会議記録の公開状況について 7　目録の作成について 8　情報検索システムについて
第3回 (1982年5月)	群馬県, 埼玉県, 東京都, 神奈川県, 長野県, 愛知県, 滋賀県, 京都府, 大阪府, 広島県	1　情報公開をめぐる検討状況と予定について 2　現段階で検討している非公開基準について 3　具体的な文書に関する公開・非公開の取り扱いについて 4　提案課題 　（1）個人・企業情報公開の事前手続の考え方について 　（2）滋賀県におけるスカット作戦の結果報告について
第4回 (1983年6月)	秋田県, 群馬県, 栃木県, 茨城県, 埼玉県, 東京都, 神奈川県, 長野県, 愛知県, 福井県, 滋賀県, 京都府, 大阪府, 兵庫県, 広島県	1　制度の実施状況及び制度化の準備状況について 2　制度化に伴う文書管理の改善と管理システムの維持について 3　対象情報について 4　情報公開と情報提供について 5　自己情報の取り扱いについて 6　適用除外事項実施細目の作成について 7　適用除外事項と守秘義務について 8　職員意識啓発について

つけられ，その後本会議において全会一致で可決成立をした。しかし，対象情報から規則で議事録のもととなる録音テープは「補助記録」として請求対象外とするものであった。県議会の常任委員会が，会議が非公開で議事録も非開示の運営を行っており，録音テープが対象となることを嫌ったためと言われている。

　なお，神奈川県は都道府県では最初に情報公開条例を制定したが，日本で最初の情報公開制度を制定したのは，山形県金山町だ。神奈川県などを中心に制度の研究・検討が時間をかけて行われてきたが，金山町は1980年7月に検討作業を開始し，1981年10月に第一次条例案，1982年3月に最終案を確定し，同11日の町議会において全会一致で成立した。条例の内容は「『自

由人権協会』が1981年4月17日に発表した自治体の『情報公開条例』モデルに，ほぼならったもの」[22]である。条例制定の動機について，岸宏一町長（当時）の言葉を伝えたものには，「『一番乗りの功名心に駆られて，とにかくスタートしてみた』とあっけらかんという」[23]とある。

条例成立翌月の1982年4月1日には早くも施行し，町長が職員に向けて「正直な行政を，萎縮しないで進めていこう」と訓示した。また，当日町長は取材に答えて，「あまり事の重要性を考えずにスタートしたわけですが，それだけに責任は重いと感じています。光栄であり，誇りに思います。最初のいきさつが，功名心から飛び出したようなことですから，その点，忸怩たる思いがあるのですが，今日とにかく現実になったのですから，これを機会に，ますます町民一致協力して，本当の意味の，格調高い地方自治を展開して行きたいと思います」と語っている[24]。

(2) 東京都情報公開条例の制定と負の影響
①請求対象文書をめぐる問題

都道府県では神奈川県が最初に情報公開条例を制定したが，最初の条例としてはその後に主流となる情報公開条例の内容に比べて，先進性の高いもので制度的制約が比較的少ないものであったといえる。一方，東京都の情報公開条例は形式的な制約を設けて公開範囲を限定するものとなり，この条例スタイルの方がより広く普及することになった。具体的には，1990年代の情報公開法の制定まで常に請求者の足かせになったが，請求対象文書の範囲の定義と，合議制機関に関する非公開規定だ。

東京都は，1985年1月の情報公開条例施行を目指し，1982年4月に庁内に東京都情報公開準備委員会を設置した。同年12月に「都における情報公開制度（情報公開準備委員会報告書）」がまとめられている。

報告書で示された条例の請求対象情報についての考え方は，次のようなものだ。

> 「行政機関等における事務処理は，文書によることを原則としているが，事務処理の過程で受理又は作成される文書には，担当者が事案処理の準備のた

めに作成した備忘的メモ，説明資料，日程表等の執務資料をはじめとして相手方からの受領文書，事案決定のための起案文書など，その種類及び形態は様々である。このような情報について裁判上争い得る請求権を認める以上，その情報は，行政機関等の内部において一定の事務手続が終了し，組織的に認知（事案決定等が行われたもの）され，安定した情報でなければならない。組織的に認知されない情報は，未成熟で流動的なものであり，これを開示することは，行政の不要な混乱，事務事業の遅延を招くおそれもある。以上のことから，公的性格から見た対象情報は，職務上作成，又は取得した文書で決定権者の事案決定または公的処理を終了したものとし，これらの情報について「公文書」に概念を用いる。

　したがって，備忘的メモ，単なる説明資料等の職務関連文書は対象情報となり得ないが，当該事案決定の際に判断の材料として添付された資料については，対象に含ませる必要がある」

決裁・供覧という内部の意思決定手続等を終えないと情報公開請求の対象文書としないこの考え方に関する報告書の説明の特徴は，請求対象情報の範囲と非公開の考え方を混在させているところだ。非公開規定は設けるが請求対象情報から公開できないものを除くという発想に立っている。しかし，こうした考え方は東京都だけでなく，都道府県で2番目に情報公開条例を制定した埼玉県，それに続いた長野県，大阪府も同様に決裁・供覧文書に限定していた。一方の神奈川県は，決裁・供覧文書に限定しない請求対象文書の考え方を採用し違いが際立つ。この東京都情報公開準備委員会報告書の考え方は，東京都の条例に反映されていくことになった。

　条例化に向けて，1983年1月に，有識者などからなる東京都情報公開懇談会の第1回会合が開催された。懇談会のもとには小委員会が設けられ，制度内容の基本的検討がそこで行われた。第2回小委員会議事録では，請求対象・情報の定義に「事案決定」という限定をつけることについて，「東京都がこういうのを入れなきゃならないというのは，何か特別に支障があるわけですか。……東京都は特にこれだけの歯止めが必要だということなんでしょうか。神奈川県でできたことがどうして東京都でできないというのが，

私はわからないんです。」(中村紀伊委員)との疑問に対し、浜田情報公開準備室長が「神奈川県は、やはり同じような議論がございまして、そういう未決定の文書については、適用除外事項の『行政の公正または円滑な運営に支障がある』というようなところで読んで、非公開とすることができるのではないかという考え方で、対象とはしたけども別なところでカバーできるからというような話は聞いております」と答えている。これに続いて、小委員会の西尾勝委員長が、「私は担当職員が起案した段階から開示請求の対象にする必要はないと思いますし、むしろそれをするといろいろ混乱が起こるのではないか。……事案決定が終わってからの情報公開にすべきであると考えています。神奈川は幅を広げておいて、今度は適用除外事項でかけようというお考えのようですけど、私は対象情報の考え方でかけた方がよいだろうと思っているわけです」と述べている。情報公開制度の黎明期とはいえ、情報公開条例の対象情報とすることは、非公開とされても権利救済の機会が保障されるが、対象外とするとその機会がないという決定的な違いがあることなどが考慮されなかったことがわかる。

このような認識・理解が東京都固有のものであったわけでなく、前述のとおり都道府県の情報公開条例は神奈川県を例外に決裁供覧文書に限定する規定を整備し、これが主流になっていったのである。1984年3月に「情報開示制度確立に向けて—東京都情報公開懇談会提言」が取りまとめられ、請求対象となる情報の範囲は、①条例公布後において、②実施機関の職員が職務上作成し、又は取得した情報であって、③事案決定又は公的処理を完了した情報で、④視聴取及び謄写が可能な状態に記録され、⑤原則として実施機関が現に保管又は保存しているもの、と定義された。「審議経過」には、「対象情報を『事案決定又は公的処理を終了した情報』とする報告書に対しては、公聴会の公述人の中に批判が多く、また、懇談会においても、これを不満とする意見があったが、懇談会の大勢はこれを支持した」とある。

②合議制機関に関する非公開規程の問題

東京都の情報公開条例で作られた考え方の一つが、合議制機関に関する非

公開規定である。合議制機関が非公開と議決すると，議事録や関係資料が非公開とされるというものだ。

　第10回小委員会議事録をみると，すでに情報公開条例を施行していた埼玉県で，都市計画審議会の議事録の非公開決定が訴訟で争われていた事例が，議論の方向に影響していたことがわかる。会議で西尾勝委員長は，「神奈川県の場合は，適用除外事項の中に，先ほど触れておられましたけど『県の機関内部もしくは機関相互又は県の機関と国等の機関の間における審議，検討，調査，研究等に著しい支障を生ずるおそれがあるもの』というのがある訳です。ですから，一応この附属機関の審議も県の機関内部の審議ということになるんでしょうけど，それで後段の『審議，検討，調査，研究等に著しい支障が生ずるおそれがあるもの』か否かという判定で，ないという判定でたぶん出されたのであろうと思われるわけです。ところが，埼玉県の方でも，同じく都市計画審議会の議事録が請求対象になりまして，埼玉県の方は公開を拒否したわけです。その理由は，都市計画審議会自身が運営規則の中に非公開ということを決めておりまして，埼玉県はそれが法令秘にあたるという条項で拒否したことがあります」と述べている。

　都市計画審議会の議事録について，神奈川県は公開したが埼玉県は非公開としたことについて，続けて西尾委員長は「果たして法令秘の方でいけるのかどうかという問題もありまして，そういうことが出てくるのなら，もう少し明確にそれを指摘した条項があった方がいいのではないかと思っているわけです。その点で，私は堀部先生が神奈川県ではこうだとおっしゃった，審議会が非公開と決めても，なお実質的な判断は第三者がするのだというので果たしていいのかなという疑問はちょっとあるんです。審議会が非公開と決めたらば，それはその非公開の決定を尊重すべきではないかという気がするんです」と述べている。

　また東京都は東京都立大（当時）があり，教授会の扱いなども含めて何度か議論になり，最終的に提言では，「実施機関が設置する審議会等，都が設置する大学及び短期大学の教授会又は評議会，行政委員会並びに議会及びその委員会等（以下「合議制機関等」という。）の会議にかかわる上程議案，

諮問事項，審議資料，会議録，議決事項，答申若しくは建議その他の情報であって，当該合議制機関の設置を定める根拠法令（法令のほか，要綱を含む。）又は根拠法令の範囲内において，当該合議制機関等の議事運営規則若しくは議決により，その全部若しくは一部の非開示を定めているもののほか，開示することにより，当該合議制機関等の公正若しくは円滑な議事運営又は当該合議制機関等との協力関係若しくは信頼関係を著しく害すると認められるもの」が非公開情報とされた。この項目について，「実施機関が設置する審議会等は，一般の行政機関とは異なり，その意思形成に関し微妙な討議の過程を必要とする場合があり，開示すれば有用な結論への到達を妨げる場合があり得る」との説明もある。

こうした議論の伏線として，条例で規定するかは別にして，会議公開を原則とするという考え方が示され，会議に関する情報の非公開は例外的になるかのような検討もあったが，現実は会議公開が進むことはなく，この考え方は情報非公開を維持するために大いに活用された。

こうして，合議制機関に関する非公開規定が立案され，条例化され，各地に広がっていくことになった。形式的に議決があれば非公開にでき，この場合は非公開決定を争っても議決の有無が判断基準となるため，合議制機関の会議内容に実質的な非公開とすべき事情や理由がないとしてもなすすべがない。情報公開制度の中では極めて悪評の高い規定であったが，この規定の生みの親である東京都情報公開条例以後，各地に広がっていってしまった。形式的な非公開が，専門家の間でも許容された時代で，その後，それが大いに行政側の非公開維持の判断を助け，合議制機関の改革を遅らせることになった。

3 市民社会における情報公開を求める取り組み

(1) 情報公開をめぐる住民運動

市民社会での情報公開を求める取り組みは，「(昭和) 40 年代初めから，主婦連合会は，食品の安全性をめぐって『政府審議会の公開』や『議事録の

公開』を要求して」おり，「サリドマイドなどの薬害を告発する運動を行ってきた人々は，昭和40年代の半ばごろから厚生省に対して薬の副作用情報の公開を要求している」が，情報公開制度を求める運動には発展していなかった[25]。情報公開法の制定を初めて提唱したのは日本消費者連盟で，1976年のことである。同じころ，自由人権協会が，「サリドマイド事件，西山記者事件その他の人権擁護活動を通じて，情報非公開の問題に関心を持ち，1976年11月以来情報公開研究小委員会を設置して研究」[26]を進め，79年9月に「情報公開法要綱」を発表した。

同年11月に，自由人権協会主催で「情報公開制度を考える集会」が開催され，「消費者団体，公害・薬害運動団体，ジャーナリストの団体，法律学者，都道府県の行政担当者，各政党の代表などが多数参加し，……この集会は，情報公開制度を求める様々な分野の人々が一堂に会した，初めてのものであった」[27]とある。この集会をきっかけに結成されたのが，1980年発足の「情報公開法を求める市民運動」だ。結成にあたって「情報の非公開の壁」という共通の問題を抱える団体・個人を中心に，情報公開制度の立法化と行政機関による情報隠しの告発という2つの目標を掲げて活動を行うことが確認された。

また結成に先立ち，情報非公開の事実を掘り起こすため全国600の市民・住民団体にアンケートを送付し，55通の回答を得ている。アンケートの内容は，各団体での情報公開法の認識状況と，どこにどのような情報の公開を求めて拒否されたかについてで，寄せられた回答は表3のようにまとめられた[28]。1960年代に設置が始まった原発に関する情報の公開を求める取り組みも，情報が寄せられていた。情報公開法を求める市民運動がアンケートを集約して特徴的と分析したことは，次のように整理されている[29]。

①広範な地域と多様な団体から回答が寄せられており問題の普遍性があること。
②情報公開法について検討している団体は大都市に集中しておりまだよく知られていないが，共通の戦略事項になりつつあること。
③情報公開に関しては，どのような情報がどこにあるのかさえ，直接交渉

の中でようやく聞き出している状況であること。
④自治体，国ともに情報非公開が徹底していることで，「今審議中である」が逃げの常とう手段であること。
⑤多くの団体が共通して要求しているのは，基礎データ，調査結果，議事録で，現在審議中のものや立案段階での諸々のデータや議論の公開を求めている。

表3　情報公開をめぐる住民運動一覧

公開を求めたデータの内容	公開を求め拒否した行政機関	団体名と所在地域名
不公平税制の実態や税金の使途に関するデータ	大蔵省	不公平税制をただす会（東京都）
政府，自治体，大企業が保有する個人のプライバシーデータ	政府，自治体	プライバシーを守中央連絡会議（東京都）
学校給食の食品，包装，容器の安全性データ	市役所	日本消費者連盟藤沢グループ（神奈川県）
大気汚染に関する調査濃度データ，公害行政調査データ	地元自治体	関電多奈川火力公害訴訟団（大阪府岬町）
忠魂碑の市費による再建を決めた教育委員会の議事録。現在「知る権利」に基づき，閲覧不許可処分取消裁判を行っている		箕面忠魂碑違憲訴訟を支援する会（大阪府箕面市）
薬のクロマイの許可申請データ・副作用情報	厚生省	クロマイ訴訟原告（東京都杉並区）
農薬許可審査データ	農林省	情報かけこみセンター（東京都）
し尿処理場建設計画が決定後4日もたってから知らされ，反対運動も間に合わず，現在市議になり，ゴミ焼却場の排ガスデータの監視をしている		忌部山し尿処理場設置反対同盟（奈良県橿原市）
原子力施設や事故の内容，プルトニウム転換技術開発施設の放射能放出量と申請書，クリプトン回収技術開発施設の安全報告書と回収数量	科学技術庁・通産省	水戸平和問題懇談会
原発許認可申請添付データ特に海象調査書類	通商産業省	女川原発設置反対三町期成同盟会（宮城県）

公開を求めたデータの内容	公開を求め拒否した行政機関	団体名と所在地域名
新大隅開発計画に対する反対請願の取扱い，取組みさえ拒否されている	自治体	串間市志布志湾公害反対期成同盟会
十勝ダム，航空大移転等の開発計画と行政調査データ	市役所，運輸省	公害対策市民会議（北海道帯広市）
下水処理施設の財政支出明細，設計図，施行図など	市役所	芦屋市下水終末処理場完全実施化協議会（兵庫県）
下水処理場水質データ，工程フローシート，使用薬品	市役所	反公害ミニコミ「泥水」発行委員会（熊本県大牟田市）
地域開発計画，企業誘致計画，アセスメント内容，審議会構成メンバーや審議内容，排煙・排水データ	県庁	播磨灘を守る会（兵庫県）
合成洗剤による湾，河川の水質汚染データ	県庁など	青森県合成洗剤を使わないグループ（青森市）
事前調査データ，排出汚染データ	県庁など	豊前火力阻止環境権裁判を支援する会（福岡県）
薬品許可申請添付データ，厚生省入手の副作用情報，薬事審議会議事録	厚生省	薬害を告発する被害者と市民の会（豊島区関東薬問研内）
航空機事故原因調査資料特にフライトレコーダー	運輸省	一パイロット（神奈川県在住）
地盤凝固剤の安全性データ，被害影響調査結果	都庁	危険な仙川小金井分水路から市民の生命と水を守る会（東京都小金井市）
監獄法改正に関する法制審議会の議事録	法務省	救援連絡センター（東京都）
三多摩地区の開発計画の実態データ	東京都	三多摩問題調査研究会（東京都）
基地騒音に悩まされ「新騒音線引」告示の基礎資料が防衛機密をたてに拒否されている	防衛施設庁	横田基地公害訴訟団（東京都）
地方鉄道法にいう「企業目録見」	東京都	地下鉄7号線車庫，引込線建設反対連合会（東京都北区）
タバコの他人へ及ぼす有害性データ	専売公社	コンシュートピア創造群（東京都新宿区）
汐川干潟への野鳥飛来調査データ，低生生物調査データ	県企業局	汐川干潟を守る会
川崎製鉄工場の排出源テレメーターの量，濃度データ	千葉市役所	千葉市から公害をなくす会

公開を求めたデータの内容	公開を求め拒否した行政機関	団体名と所在地域名
巻原子力発電所許認可申請時の気象，地盤データ	通産省・科技庁	巻原子力発電所設置反対会議（新潟県）
観光開発計画内容を公開せよと10時間半交渉	県庁は拒否	生活と権利を守る市民の会（長野県茅野市）
学校給食の冷凍，加工食品の安全性データ	市教育委員会	安全食品消費者の会（東京都武蔵村山市）
道路公害汚染状況の生データ，日本道路公団の収支決算	日本道路公団	尼崎名神道路公害をなくす住民の会（兵庫県尼崎市）
南アスーパー林道北沢峠の工事設計書	環境庁	連峰スカイライン反対連合
自治体が調査した被害者リスト	県衛生部	兵庫県スモンの会
河口ゼキ計画の資料，長良川洪水の流量開発・土地利用の年次変遷，治水計画	水資源開発公団	長良川河口ゼキに反対する市民の会（岐阜県）
薬品，食品添加物の許可の情報	厚生省薬務局	薬を監視する国民運動の会
二酸化硫黄測定値，尼崎窒素酸化物対策委員会議事録，公害認定審査会議事録等	尼崎市	阪神医療生活協同組合（兵庫県尼崎市）

(2) 情報公開権利宣言と8原則の策定

 1980年8月には表1のとおり，国の行政機関における秘密文書と非公開文書の具体事例などのアンケート及び聞き取り調査を行い，情報公開をめぐる問題・課題の見える化が市民側で進められた。また，市民の動きは多様な背景の参加者を得て進められていたため，共通認識をどのように持つかが課題となり，情報公開法を求める市民運動では「情報公開権利宣言」の起草が提案され，1981年1月に採択された。

 権利宣言の採択を行った市民運動臨時総会の基調講演で，起草者の一人である清水英夫青山学院大学教授（当時）は，「どうしたら国民の知る権利が保障されるのか，あるいは官僚の情報支配・秘密行政を打破できるかという見地に立つ場合，我々は最低限必要なことは基本的な共通認識を持つことではないかということで，昨年（1980年）5月に一部の方から権利宣言の提

情報公開権利宣言　　1981年1月採択

「そもそも国政は、国民の厳粛な信託によるものであって、その権威は国民に由来し、その権力は国民の代表者がこれを行使し、その福利は国民がこれを享受する」と日本国憲法前文は述べている。憲法自身が指摘しているとおり、この言葉は人類普遍の原理であり国民主権の何たるかを明白にしたものである。

国政は国民のものである、という極めて平凡な真理にもかかわらず、国民主権の原理に反して、重要な国政情報は長いあいだ国民から遠ざけられてきた。その最も大きな原因は国民主権に本来内在する国民の知る権利が無視されてきたからである。国民の目と耳が掩われ、基本的な国政情報から隔離されるとき、いかなる惨禍に見舞われるかは、過去の戦争をとおして私たちが痛切に体験したところである。

すでに周知のように、公害・薬害等により国民の生命、健康、安全は脅かされ傷つけられてきたが、政府省庁による情報の不当な操作や秘匿がなければ、それらの原因は速やかに究明され被害も最小限にくいとめられていたはずである。さらに、ロッキード事件をはじめ頻発する高官汚職や公費の乱費も、密室政治を原因とするものであり、いまなお真相は濃い霧のなかにある。これが国民を主権者とする国政と呼べる状況であろうか。

現代国家の特徴とされる行政権力の著しい強化と肥大は、今日のいわゆる情報化社会において、いよいよ政府による情報の独占と管理とを決定的なものとするにいたった。しかし、これらの公的情報はもともと国民の共有財産であり、公開のもとにおくことが、国民に奉仕する政府の当然の責務にほかならない。

アメリカ合衆国憲法制定者の一人ジェームス・マディソンは、民主主義保障の条件として、政府の行為に参加する自由を指摘するにあたり、「人民が情報を持たず、またそれを獲得する手段を持たぬ人民の政治は、道化芝居の序幕か悲劇の序幕であり、あるいはその双方以外の何ものでもない」と述べた。また、一九七九年わが国も批准した国際人権規約は、表現の自由の権利は「国境とのかかわりなく、あらゆる種類の情報及び考えを求め、受け及び伝える自由を含む」と規定している。

私たちは、知る権利を具体的に保障する制度が人権と民主主義に不可欠であることを確信し、すべての公的情報を自由に請求し利用する権利を持つことをここに厳粛に宣言する。

情報公開8原則（1981年1月）

1．政府・地方公共団体その他の公的機関が保有する文書その他の情報は，原則として全て国民・住民に公開されること。
2．国民・住民はだれでも政府・地方公共団体その他の公的機関に対し情報公開を請求する権利を付与され，請求を拒絶された場合には，独立の行政委員会または裁判所に出訴でき，その当否について実質的判断を受けることができること。
3．非公開にできる情報を例外として定める場合には必要最小限度とし，例外条項は法律または条例で明確に定めることを要し，例外条項に該当することの立証責任は政府・地方公共団体その他の公的機関が負うこと。
4．国民の生命・健康及び心身の安全，その他国民生活に重大な影響を及ぼす事項に関連する情報，及びこれらの事項に関連する審議会・委員会等の記録は，絶対的に公開とし，いかなる理由によっても公開を拒絶することができないこと。
5．独占的公益事業（電気，ガス等）や公益的性格を有する事業について，その事業計画の決定，その他国民生活に重大な影響を与える事項に関連する情報は絶対的に公開とし，いかなる理由によっても公開を拒絶することができないこと。
6．個人に関する情報は，当該個人から請求があるときは公開しなければならないこと。個人に関する情報は，法律または条例で特に定めのある場合を除き非公開とすること。但し，公務員や公的機関の職員に関する情報はこの限りでない。
7．政府・地方公共団体その他の公的機関は，活動を記録する義務，文書その他の情報を保存する義務，情報の目録を作成する義務を負うこと。
8．情報の収集・処理・利用・公開に関し，国民・住民の参加による監視委員会を設けること。

案がなされた。(略)この権利宣言を共通の土台とし，今後の具体的な運動の出発点にしたいと考えている。そして，国に対し，自治体に対し，あるいは公的団体に対して，情報公開制度を一刻も早く制定していく足掛かりにしたいと思う」と述べている[30]。

また，権利宣言と同時に「情報公開8原則」も採択された。権利宣言は，情報公開制度が必要である根拠を示し，市民に情報公開の権利があることを宣言したものであるが，どのような仕組みであるべきかを明らかにするものとして起草されたのが，8原則だ。採択された1981年の市民運動臨時総会で，起草者の一人である秋山幹男弁護士が解説を行っている。それによれば，「情報公開制度の基本原則について私たちの間で一定の合意がなければ運動は進展しませんし，政府や自治体での立法化の動きに対して，情報公開制度の内容について私たちの見解をはっきり明示しておきませんと，私たち市民にとって意味のある制度ができないおそれがあります。私たちがアンケートや例会での報告を通じて，私たちがどんな情報非公開の問題にぶつかっているかを具体的に明らかにしてきましたが，8原則は，これらの問題を解決することを念頭に置いて作成されたものです。」とその作成趣旨を説明している[31]。

8原則は，以下のことを明らかにしている。特に，現在にも通じる重要なポイントは，原則4の国民生活に重大な影響を及ぼす事項に関連する情報についてはいかなる理由でも非公開にしてはならないことと，原則5の電力会社などの公益的性格を有する事業については，国民生活に重大な影響を与える事項に関連する情報はいかなる理由でも非公開にしてはならないこととしている点だ。原則4は，国及び自治体の情報公開制度に規定として一部取り入れられているが，十分に機能するところに至っておらず，電力会社などはいまだ情報公開制度の対象とはなっていない。

(3) 情報公開条例の広がりと市民活動
①世界に向けた発信
権利宣言と8原則は英語に翻訳され，UNESCO，OECD等の主要な国際

機関，情報公開法問題に取り組んでいる海外の団体，主要個人に郵送された。海外からは，手書きで反響が寄せられ，オーストラリア上院憲法委員会委員長のアラン・ミッセン上院議員，カナダ・オタワ州カールトン大学のローワット教授，ミズーリ大学情報自由センターのポール・フィッシャー理事などからあったと記録されている[32]。1980年代は，情報公開法の制定が徐々に世界でも広がり始めた時期だ。1766年のスウェーデンを始まりに，1951年のフィンランド，1966年のアメリカ，1970年のデンマークとノルウェー，1978年のフランスとオランダ，1982年のオーストラリア，カナダ，ニュージーランドと情報公開法が制定された。1980年代までに情報公開法を制定したのは，他には1987年制定のオーストリアのみで，世界の中でもまだ新しい取り組みだった。

　日本では，前述のとおり，1981年3月に発足した第二次臨調の第二部会で情報公開制度が検討の対象となったばかりであった。この第二次臨調は会議非公開で行われていたため，市民運動は，1981年3月16日に「臨時行政調査会の会議公開に関する要望書」を提出した。求めた事項は，①会議を公開して報道機関及び市民の傍聴を認めること，②議事録の公開と市民の閲覧を認めること，の2点だ。この要望に対して，後日担当官より「文書による回答はできない」として，電話で回答があったことが記録されている。回答内容は，①会議は公開しない。理由は，委員の自由闊達な意見交換を阻害するおそれがあるから，②会議録は公開できない。ただし，会議終了後，会議の結論及び過程については事務局長が記者クラブを通じて発表する，というものだった[33]。

　この回答を受けて，同年4月に改めて再要望書を市民運動が提出したが，やはり電話で，「要望書は臨調委員に資料として配布したが，何の意見もなかったので，回答は前回と同じである」との回答があったと記録されている[34]。行政改革の旗印を掲げている第二次臨調の会議と議事録を非公開とする理由は，現在でも審議検討過程の非公開で用いられるものであり，情報公開をめぐる問題には時代を超えた普遍性があることがわかる。

②より良い情報公開条例を求める地域の市民活動の広がり

　1980年代初めは，自治体での情報公開条例の制定の検討が進んだ時期である。1980年には，成立しなかったが広島県府中町で「府中町情報公開に関する条例案」が議員提案で議会に提出されるなど，情報公開を制度化する動きに広がりが見られるようになっていた（なお，府中町はのちに執行部より条例案が提出され，1983年4月に施行）。こうした動向と神奈川県などの条例検討の動向を受けて，自治体の情報公開条例の制定を推進する活動が進められた。1981年4月に自由人権協会が「情報公開モデル条例案」とその解説を発表し，行政主導で進む条例制定に対して，市民の意見を反映させるための材料を示した。

　情報公開条例の制定を市民の手で進めようと，各地で市民グループの結成，市民集会の開催や意見表明なども行われるようになった。福岡県春日市では，住民による条例制定の請願署名活動が行われ，1981年6月に議会が半年の審議を経て請願を採択している。これを受けて，春日市が条例制定の検討を行うための調査研究費を補正予算で計上し，条例制定が進められるようになるなど，市民側の取り組みの成果も見られるようになった[35]。また岐阜市では1982年に情報公開条例制定の直接請求が初めて行われた。

　1982年3月に開催された情報公開法を求めた市民運動の定例総会では，新運動方針として各地で条例制定をめざすことが確認された。この総会で記念講演を行った篠原一東京大学教授（当時）は，山形県金山町で情報公開条例が初めて制定され，条例化の検討が複数の自治体で進んでいる状況を受けて，「制度を利用しなければ今後の制度化にマイナスをもたらす。そこで制度を作る運動だけでなく，使う運動も行わなければならない」と述べた。また，「一つの自治体ですべての点について理想的な条例を実現させることはむずかしい。国との対決を一つの自治体だけが引き受ける結果にならないよう，それぞれの自治体の条例の内容には多様性があってよい。救済機関のあり方，請求権者その他の問題点について，それぞれの自治体が一つだけでも思い切った内容を盛り込むのがよいと思われる」として，情報公開制度の運動は「パーマネント・リフォームの運動である。必要な改正がすぐ行える体

制が必要である」と話し，市民側の取り組みのあり方について示唆した[36]。

情報公開法を求める市民運動では，条例化の検討が進む神奈川県に対して，より良い条例案とするよう問題点を指摘し具体的な意見表明を行っている。1981年に神奈川県情報公開準備委員会が発表した「情報公開制度に関する調査研究報告書」の条例案骨子には重大な問題があるとして，1982年に入って具体的に修正を求める事項を挙げて県に意見書を提出した。また，自由人権協会も神奈川県条例骨子案について大幅修正を求める提言をまとめて意見書として提出している。このような意見表明活動は，継続して取り組まれていった。

条例制度の取り組みが広がるにともない市民からの制度形成を目指して，1982年7月には情報公開条例を求める全国の団体が集まり，「住民運動交流集会」が開催された。そこでは各地での条例化に向けた市民の取り組み，自治体の動向，明らかになってきていたいくつかの自治体の条例案などについての比較検討などが行われた。その後，交流集会は毎年開催され，こうした場を通じて各地の活動と条例化の動向が集約され，また，制度の利用や運用上の問題が共有化されていくことになった（のちに，「全国市民運動交流集会」に名称を変更）。国では進まない情報公開法制定の動きに対し，市民にとって身近な自治体での条例化の取り組み，そして条例を使う活動は多様に展開されていくことになった。

③市民の第二次臨調への失望

国では，第二次臨調第二部会第二分科会が1983年1月に「行政情報の公開と管理その他行政手続制度の在り方及びOA等事務処理の近代化について」という報告を発表したが，そこでは情報公開法についてその内容や立法化の是非について研究組織を設けて前向きに検討すべきとのみ記述があり，非常に消極的であるとして，同月，市民運動が「情報公開に関する要望書」を第二次臨調にあてて提出した。そこでは，情報公開法に関する検討を行わずに研究組織の検討に委ねている点を，「重要な使命の一部を放棄して別種の機関に問題をたらい回しにした，とのそしりを免れないでありましょう」

と批判し，第二次臨調の最終答申には情報公開法の制定を答申することを求めた。

1983年3月の第二次臨調の最終答申でも，調査研究組織の設置をして前向きに検討との記載にとどまったため，中曽根総理大臣に宛て，情報公開法制定に向けた取り組みを直ちに始めることを求め意見を出した。具体的には，最終答申に基づき早急に審議会を設定し，全面公開で会議を行い，委員は市民からも広く募るなど市民参加の保障を求めた。1984年には有識者による「情報公開問題研究会」が設置されたが，非公開の会議で行われかつ6年にわたって検討を行ったが，法制化について具体的に何も行わなかったことは前述のとおりである。

④市民の情報公開をめぐる格闘

自治体で制定された情報公開条例を利用し，市民が情報公開請求をするようになると，公開される情報がある一方で，非公開決定される情報も出てくる。情報公開制度が制定されることの意義の一つは，非公開決定を不服申立てや裁判で争うことができるようになるということだ。日本で最初の情報公開訴訟は，埼玉県が県都市計画審議会の議事録を非公開とした決定を争うものだ。非公開の理由は，埼玉県都市計画審議会の運営規則で，会議自体が非公開とされており，「法律または条例の規定により明らかに公開することができない情報」に該当するということだった。1983年11月に浦和地裁に提訴された訴訟は，短期間で結審し，翌年6月に原告勝訴の判決が出され，そのまま終結した。

この日本最初の情報公開訴訟は，東京都情報公開懇談会が条例の検討を行っている期間中に提訴され，結果的に合議制機関が議決をした関係資料を非公開とする規定の議論を呼ぶことになった。東京都内では，条例化の検討を受けて「情報公開・東京連絡会」が結成され，情報公開法を求める市民動と共に活動をした。合議制機関情報の非公開規定や，請求対象情報など検討されている内容について，意見表明を繰り返してきた。

1984年3月に懇談会報告が公表され，東京都での条例化の検討が大詰め

となった同年4月には,「情報公開・東京連絡会」と市民運動が主催して市民シンポジウムが開催された。そこで問題点として指摘されたのが,当時,先に制定した川崎市情報公開条例が初めて請求権者を住民に限定せずに「何人も」と規定したのに対して,東京都はいわゆる「住民」に限定したこと,意思形成過程段階の決裁・供覧等を経ていない文書が情報公開請求対象外となったこと,適用除外規定の個人情報の範囲,法人に関する情報についての意見照会制度,そして非公開と審議会等が議決することにより資料や議事録等を不開示とする合議制機関情報に関する適用除外事項などである。また,東京都では懇談会の提言になって,「情報公開」から「情報開示」と用語が変更され,それも問題とされた[37]。

総じて,何のために情報公開条例を制定するのかという点に疑問が呈され,このまま条例化されることをいかに防ぐかが課題となった。しかし,9月に都議会に提出された条例案は,市民側が指摘する問題を改善することなく作られ,都議会は,実質審議4日で条例を成立させた。これを受けて,情報公開を求めた市民運動は「"悪例"の波及を市民の力で止めよう」と呼びかけ,東京都条例レベルの条例が各地に広がること,そして情報公開法の制定にも悪影響が及ぶことを懸念した。そこで情報公開の流れに逆行しないよう取り組みを進めることを確認し,各地にも呼びかけた[38]が,その後,東京都型の条例が広がっていくことになった。

各地の自治体で市民は情報公開条例を使い,非公開を不服申立て,裁判で争う取り組みが広がっていくなか,1985年に国家秘密法案が議員立法で提出されるという事態になり,情報公開法制定活動は事実上中断を余儀なくされ,国家秘密法制定反対運動に市民側の取り組みの多くの時間が費やされることになった。自治体での動向を別にし,1980年代後半は国家秘密保護法よりも情報公開法制定をと呼びかけつつも,実質的には国家秘密法制定反対運動に注力する状況となった。

4　小括

　以上のことから，1970年代〜80年代の情報公開制度をめぐる状況は，次のことがいえよう。

　国の政治レベルでは，汚職事件を契機として汚職・腐敗防止と政治の浄化のため情報公開制度の確立が政治テーマに上がったものの，政府・与党は情報公開制度制定の実現の意思はなかった。むしろスパイ事件を受けて国家機密保護法制定の検討が自民党内で始まり，議員立法で国会に提出されるに至っている。情報公開制度は，秘密保護が確立されてから検討という政治的認識もにじむ。結果的に，汚職事件による政治不信の高まりに対し，政治浄化，汚職・腐敗防止として情報公開制度は話題に上るが，実現ベースの議論が与野党間，あるいは国会と政府の間で行われることはなかった。情報公開の必要は否定しないものの時期尚早という認識が支配的で，自治体の情報公開条例化が進むようになっても大勢に影響することはなかった。

　政府においては，1979年に「情報提供に関する改善措置等について」により情報提供窓口の整備等が始まり，各省庁の文書課長等からなる「情報公開問題に関する連絡会議」が設置されたが，公開基準の検討など，具体的に情報公開を進めるための検討は一向に進まなかった。あくまでも行政サービスとしての情報提供で，市民の権利としての情報公開という視点はない。また，第二次臨調で情報公開の検討も行われたが，情報公開については情報提供の充実と専門的検討の必要性が最終答申の中心であった。この答申を受けて，有識者による「情報公開問題研究会」が1984年に設置されたが，研究会は1990年にようやく中間報告を発表するまで6年近くかけるなど，政府内部の動きはすべきことをいたずらに時間だけをかけている状況だった。政治が情報公開制度の確立とは逆方向に動いていたことと無縁ではないだろう。

　一方，自治体は国の極めて消極的な動きとは異なり，情報公開条例の制定が進んだ。その要因は，市民からの情報公開条例制定の要求だけでなく，むしろ首長のリーダーシップが条例制定を推進した一面がある。自治体は首長

が住民から直接選挙で選ばれ，政治的争点として情報公開制度の制定がなり得たこと，住民自治の観点から住民参加を進める動きがあったことがその背景としてあげられる。神奈川県で情報公開条例が制定されたことで，各地に制定の動きが広がった。しかし，情報公開制度の導入という新しい政策を受け入れる条件として，請求対象文書の範囲を限定し，非公開範囲も広く規定するなど，大きな変化を避ける条例が広がり，情報公開への警戒観もにじむものであったと言える。

市民社会では，様々な問題に取り組む団体，個人の間で，情報公開を共通課題化することに成功したと言ってよいだろう。政府や自治体の情報非公開の壁に対し，非公開体質を追及しつつその問題解決の手段として情報公開制度という新たな制度の制定を求めたことは，新しい取り組みだった。また，国レベルでの制度化は動かなかったものの，自治体で条例化が進んだことは，結果的に日本の市民社会に情報公開を根付かせることになった。市民生活に直接かかわることの多い自治体は，情報公開を求めるという新しい権利を市民が使っていく良い実践の場になった。国では国家秘密保護法案の国会提出という事態を受けて，情報公開を進める取り組みではなく，秘密強化に反対することに多くの時間を割くことになり，国レベルでの情報公開法制定の活動は後退を余儀なくされたことは，大きな損失だった。しかし，情報公開制度を作り使うという実践の場としての自治体で市民の取り組みが，日本における情報公開制度の定着を推し進めていったと言える。

【注】
1) 清水英夫編『情報公開と知る権利』三省堂，1980年，240頁。
2) 『情報公開』（情報公開法を求める市民運動機関紙）創刊号，1980年5月31日。
3) 『情報公開』第20号，1984年12月15日。
4) 『情報公開』第2号，1980年7月13日。
5) 同上
6) 『情報公開』第35号，1988年1月15日発行。

7)（2）情報提供の充実の中には、「公文書等の国立公文書館に対する移管及び国立公文書館における公開措置を促進する」といった，今に通じる事項が実施すべきものとして挙げられている。
8)「情報公開問題研究会中間報告」総務庁情報公開問題研究会，1990年。
9)『情報公開』第3号，1980年9月13日。
10)『朝日新聞』1983年1月9日。
11) 総務庁情報公開問題研究会「情報公開問題研究会　中間報告」。
12) 中出征夫『情報公開立法史』公人社，2004年，10頁。
13) 神奈川県県政情報室編『かながわの情報公開』ぎょうせい，1984年，158頁。
14) 当時のアメリカで行われた調査の様子は，現地に派遣されていた中出征夫氏による前掲『情報公開立法史』の43～125頁に詳しい。
15) 小室大「埼玉県条例の施行状況」兼子仁・関哲夫編『条例検討シリーズ6　情報公開条例』北樹出版，1984年，85頁。
16) 前掲『かながわの情報公開』159頁。
17) 前掲『かながわの情報公開』160-162頁。
18) 前掲『かながわの情報公開』170-171頁。
19) 前掲『かながわの情報公開』174頁。
20) 中出征夫，前掲書，154頁。
21) 前掲『かながわの情報公開』170-171頁。
22) 安藤博「金山町の情報公開制度」『総合特集シリーズ19　情報公開と現代』法学セミナー増刊，日本評論社，1982年。
23) 安藤博「金山町の現地に見る　日本初の情報公開制度」『総合特集シリーズ19　情報公開と現代』法学セミナー増刊，日本評論社，1982年。なお，条例が施行された1982年4月1日は，マスコミが集まり，請求者第一号が登場し，59年度にはぜひとも実施せよという知事の命を受けた東京都庁の職員2人が先進地視察に来ていたことなど，当時の様子がわかる記事である。
24) 安藤博，前掲「金山町の現地に見る　日本初の情報公開制度」。
25) 秋山幹男「情報公開をめぐる市民運動」『ジュリスト臨時増刊　情報公開・プライバシー』1981年6月5日号，有斐閣，78頁。
26) 同上，78頁。
27) 同上，78-79頁。
28)『情報公開』創刊号，1980年5月31日。
29)『情報公開』創刊号，1980年5月31日。なお，同様のアンケートは1981年にも行われている。
30)『情報公開』第5号，1981年3月7日。
31) 同上。

32)『情報公開』第6号, 1981年6月7日。
33) 同上。
34) 同上。
35)『情報公開』第8号, 1981年12月17日。
36)『情報公開』第10号, 1982年6月7日。
37)『情報公開』第17号, 1984年6月10日。
38)『情報公開』第19号, 1984年10月25日。

第2章
情報公開制度の広がりと法制化

1 1990年以降の情報公開制度をめぐる動向

(1) 国における情報公開法制化の動き

　第二次臨調の最終答申を受ける形で1984年に行政管理庁に設置された「情報公開問題研究会」は、1990年8月にようやく中間報告を発表した。中間報告の序論には、「中間的整理は、研究会におけるこれまでの検討を基に、制度化に際して検討されなければならない主要な課題を整理し、それぞれの課題をめぐって述べられた意見等を記述したものである。したがって、各課題についての対処の方向や我が国における情報公開制度の在り方を具体的に結論付けるものではない」とあり、論点整理を行うにすぎないことが強調された。

　中間報告後の10月に、各省庁文書課長等で構成する「情報公開問題に関する連絡会議・公開基準部会」で「行政情報公開基準」の策定のための具体的な検討が始まった。また、同年12月の「平成3年行革大綱」で「行政情報の公開については、公開基準の検討・策定を図りつつ文書公開範囲の見直しを行う等行政運営上の改善に関する具体的方策を推進する」とされ、基準策定は決定事項となった。ただ、公開基準の策定は、1979年閣議了解「情報提供に関する改善措置等について」で検討事項として挙げられていたので、具体的な策定着手までに実に10年以上かかったことになる。

　1991年12月に、情報公開問題に関する連絡会議が「行政情報公開基準について」を申し合わせ、この基準に従って行政情報の公開が行われることになった。しかし、この公開基準は情報公開制度でいう非公開事由を共通の非公開情報として列挙し、さらに文書累計ごとに非公開とする情報を広範に

列挙していたため，情報公開が本当に進むのか疑問が持たれた。ただし，基準は文書累計ごとに非公開とする場合を示しているだけでなく，項目によっては公開する情報を示している場合もあり，その点は前進ともいえるものだった。

行政情報公開基準（概要）

I 一般的事項
  (1) この公開基準は，行政機関が管理している書類，図画，写真，フィルム，磁気テープ等（以下「文書」という。）であって，決裁手続等の事案決定手続が終了しているものについて，行政機関が国民一般の請求に応じて公開又は非公開の判断を行うための共通的な基準を示したものである。
  (2) 法令の規定により公開する文書及び法令の規定により公開することができない文書の公開・非公開の範囲は，当該法令の規定によるものとする。なお，法令の規定により非公開とする場合，国家公務員法等の守秘義務規定における秘密については，この公開基準も踏まえ，適切な運用を図るものとする。
  (3) Ⅱの各項目の文書において，次のいずれかに該当する情報が記録されている場合は，非公開とすることができる。
     (1) 個人に関する情報であって，特定の個人が識別され，若しくは他の情報と照合することにより識別され得るもの又は特定の集団等に関する情報であって，公開することにより当該集団等に属する個人の権利利益を侵害するおそれがあるもの。ただし，従来から公にされておりかつ公開しても個人の権利利益を不当に侵害するおそれがないと認められる場合並びに国民の生命，身体，健康及び財産・生活の保護のため公開することが特に必要と認められる場合を除く。

(2) 法人その他の団体に関する情報であって，公開することにより法人等の競争上の地位，財産権その他正当な利益を害するおそれがあるもの。ただし，事業活動により生ずる国民の生命，身体若しくは健康への危害又は財産・生活の侵害から保護するために公開することが特に必要と認められる場合を除く。

(3) 公開することにより国の安全が害されるおそれ，他国若しくは国際機関との信頼関係が損なわれるおそれ，通貨の安定が損なわれるおそれ又は外交上不利益を被るおそれがある情報

(4) 公開することによる人の生命，身体及び財産の保護，犯罪の予防，捜査その他公共の安全と秩序の維持に支障を及ぼすおそれがある情報

(5) 事務事業に係る意思形成の過程において作成し又は取得した情報であって，公開することにより当該事務事業に係る適正な意思決定に著しい支障を及ぼすおそれがあるもの

II 文書の種類ごとの公開基準（項目のみで他略）
 1 法規類関係文書
   (1) 法令，公示・告示
   (2) 訓令・通達及び法令疑義照会・回答書
 2 閣議等関係文書
 3 人事関係文書
   (1) 人事に係る個人情報を記録した文書
   (2) 人事に関するその他の文書
   (3) 職員団体等情報を記録した文書
 4 予算・決算・会計関係文書
   (1) 予算
   (2) 決算
   (3) 会計

5 契約関係文書
　　(1) 入札参加手続・結果関係文書
　　(2) 予定価格関係文書
　　(3) 締結過程・結果関係文書
6 国有財産，物品管理関係文書
　　(1) 国有財産
　　(2) 物品管理
7 その他の共通管理業務関係文書
8 審議会等関係文書
9 会議等関係文書
10 行政計画関係文書
　　(1) 行政計画
　　(2) 実施状況に関する文書
　　(3) 計画策定過程における文書
11 研究関係文書
12 立ち入り検査，税の賦課・徴収関係文書
　　(1) 立入検査，取締等
　　(2) 税の賦課・徴収
13 指導監督等関係文書
　　(1) 指導監督
　　(2) 技術・経営等の指導・助言
14 許認可関係文書
　　(1) 審査手続，審査基準に関する文書
　　(2) 個々の申請，審査，決定に関する文書等
15 資格試験関係文書
16 公共事業（直轄事業）関係文書
17 現業関係文書
18 補助金等関係文書

(1) 補助金のしくみに関する文書
　　　(2) 個々の申請における補助金執行手続等に関する文書
　　　(3) 融資に関する文書
　19　給付等関係文書
　　　(1) 保険事業
　　　(2) 支給（金銭支給，現物支給）
　　　(3) 施設の管理運営（公共施設の管理運営を通じたサービスの提供）
　20　対外関係に関する文書
　21　業務データ関係文書
　　　(1) 統計調査結果，観測データ等
　　　(2) 業務統計
　22　苦情・陳情関係文書
　　　(1) 処理手続に関する文書
　　　(2) 個別の苦情・陳情等に関する文書
　23　不服申立て，訴訟関係文書
　　　(1) 行政機関による紛争解決に関する文書
　　　(2) 訴訟に関する文書

【別紙】公開基準の運用にあたっての留意事項（略）

　状況が大きく動き始めたのは，1993年6月に「行政情報公開法案」を参議院で共同提案していた社会党・公明党・民社党・民改連・社民連・日本新党が，1993年7月の衆議院選挙後に細川連立政権を発足させたことが契機だ。選挙に先立つ同年7月の8党派覚書には，「協議すべき当面の重要政策の課題について」として「行財政改革に積極的に取り組み，規制緩和，補助金の見直し，また情報公開を推進する」が挙げられた。
　しかし，同年10月の臨時行政改革推進審議会の第三次行革審最終答申は，「……著しく立ち遅れている我が国の行政の情報化について，個人情報の保護に万全を期しながら，一層積極的かつ戦略的に推進するとともに，併せて，

行政情報公開の推進についても、さらに検討を進めるべきである。」と言及するだけで、情報公開法制定に前向きではなかった。

同年12月に連立与党内に「情報公開法制定のためのプロジェクト・チーム」が発足し、1994年2月に閣議決定された行革大綱「今後における行政改革の推進方策について」では、情報公開制度の検討に具体的に言及し検討の枠組みも示された。行革大綱は前文で、「内外情勢の展開を踏まえ、変化の対応力に富み、簡素で効率的かつ国民の信頼を確保し得る行政を確立するため、行政の制度・運営について、徹底した見直しを行い、その改革を進めていく必要がある。このため、今後、下記の方針により、第三次臨時行革推進審議会の最終答申等を尊重しつつ、行政改革を推進する……」と述べている。第三次行革審最終答申は情報公開法の制定について何ら前向きなことを述べていなかったので、1994年2月の行革大綱が検討の枠組みを示したことによって、「政府が行政情報公開制度の『本格的検討』を明言したことが細川政権の最大の成果」[1]とも評価されている。

今後における行政改革の推進方策について（抄）

1994年2月15日閣議決定

3　行政情報公開の推進，行政手続の適正化

　行政情報の公開に係る制度について本格的検討を進めるとともに、行政手続法の円滑かつ的確な運用を図る。

(1) 行政情報の公開に係る制度について本格的な検討を進める。下記7の「行政改革委員会」（仮称）において調査審議を行うこととし、政府部内においてこのための所要の準備を速やかに進める。

7　「行政改革委員会」（仮称）の設置

　政府による規制緩和等行政改革の実施状況を監視し、必要に応じて意見を述べることができる「行政改革委員会」（仮称）を設置することとし、今通常国会に法案を提出するため所要の準備を進める。

同3月には総務庁に行政情報公開制度検討室が発足し，行政改革委員会設置法案が国会に提出されるなど，法制の検討に向けて政府が動き出した。その後，細川政権が退陣し，4月に羽田政権，6月には村山政権と政権が変わっていくが，情報公開法の制定方針は引き継がれていった。自民党，社会党，新党さきがけによる村山政権発足に際しての「新しい連立政権の樹立に関する合意事項」では，「行政改革と地方分権の推進」として「縦割りの行政の弊害を除去し，簡素で公正かつ透明な政府を実現する。一括採用など公務員制度を改革し，国の行政組織，権限のあり方，経済的規制のあり方を抜本的に見直し，特殊法人の整理・合理化を推進する。行政監察体制を強化するとともに，政府による規制緩和・地方分権等行政改革の実施状況を監視するための第三者機関を設置する。また，情報公開法の早期成立を図る。」と法の早期成立が明言された。

行政改革委員会設置法案の国会修正で，この合意事項が反映され，行革委員会の所掌事務として「委員会は行政機関の保有する情報を公開するための法律の制定その他の制度の整備に関する事項を調査審議する」（第2条第2項）が追加された。また，附則も修正され，第4項として情報公開に関する意見具申の期限が追加され，「行政機関の保有する情報を公開するための法律の制定その他の制度の整備に関する第2条第3項の意見具申は，附則第1項の政令で定める日から2年以内に行うものとする」とされた。

(2) 行政改革委員会行政情報公開部会での検討

1994年12月に発足した行政改革委員会に，情報公開法制について検討するための専門的な検討を行う場として行政情報公開部会（部会長　角田禮次郎元最高裁判事）を設置した。1995年3月に第1回の会議が開催され57回の会議と7回の小委員会での議論をへて，1996年11月に「情報公開法要綱案」と「情報公開法要綱案の考え方」をまとめ，行政改革委員会に報告し，あわせて公表した。部会の会議は非公開で行われ，事後に審議概要を公表するというスタイルで検討が進められた。要綱案がまとめられる過程では同年4月に「情報公開法要綱案（中間報告）」を公表し，パブリックコメ

ントを実施したほか，各省庁，企業，経済団体，日弁連，消費者団体，市民団体などからのヒアリングも行われた。

　部会の検討の経過は公表されている議事概要の他，情報公開請求により後に公開された議事録，主要資料をまとめた資料集，そして当時の部会配布資料からある程度たどることができた。1995年7月14日開催の第16回会議では，資料として「これまでの論議において述べられた主要な意見」が配布され方向性が示された。この資料を基にしたフリーディスカッションが行われており，この回の審議概要を見ると，部会長が委員間の共通認識として以下の点を提示し，委員からの異論がなかったとされている。

・部会報告の内容（すなわち情報公開制度の定義）としては，行政機関の保有する情報に対する開示請求権を認める法律（具体的には法律の要綱）を主たる内容とすることを各専門委員が確認しあう必要がある。
・「知る権利」に関する憲法上の議論については，引き続き検討するが，開示請求権を認め，これを制度化することを討議する際には，その背景には憲法第21条などの趣旨があることを前提とすべきでないか。
・開示請求権者の範囲は，原則的に外国人をも含むこととすべきではないか。
・対象機関からは国会と裁判所は除く。
・不開示情報の範囲について，その定め方としては，事項的な類型と定性的な類型とを組み合わせることになろうが，解釈運用が分かれる余地のないよう，できるだけ明確に定めるべきではないか。
・不開示決定に対する救済制度については，不開示決定に対して，当然司法救済が認められることを前提とするが，司法救済と並んで，効果的な行政救済制度を考えることとすべきではないか。
・何らかの形で情報提供者等第三者の保護のための仕組みを考えることとしてはどうか。
・地方公共団体の情報公開制度については，原則として，その自主性，自立性を尊重すべきではないか。
・文書管理の在り方について，何らかの形で考えることとしてはどうか。

この時点で，国会と裁判所が情報公開法の対象から除かれることが確認さ

れ，請求権者は「何人も」とする方向が示されていた。非公開となった場合の行政救済制度，第三者から取得した情報については，事前意見照会の手続の必要性を認識した議論が行われていたこともわかる。「これまでの論議において述べられた主要な意見」（1995 年 7 月版）では，開示請求の対象機関については特殊法人等の扱いを中心に以下のような部会委員の意見が示されている。

- 行政機関のほか，国会，裁判所，会計検査院，特殊法人等をどう取り扱うか。行政機関の中でも，現業機関等をどう取り扱うか。
- 特殊法人を情報公開制度の対象とするかどうかについては，特殊法人には，行政代行型，事業型など，様々なものがあることを踏まえ，さらに検討する必要があるのではないか。
- 特殊法人のディスクロージャーの問題は，財務・経営状況についての公開を義務付ける制度の問題であって，国民に開示請求権を与える情報公開制度の問題とは異なるのではないか。

情報公開請求の対象となる文書の範囲については，以下の意見があったことが示されている。

- 都道府県条例には，事案決定手続の終了を要件としているものとないものとがあることに留意する必要があるのではないか。
- 情報が誰のものかを決めることは非常に困難であるから，実施機関が物理的に保有している情報を制度の対象とすべきではないか
- 公開の対象は，文書であるか，それとも情報であるかを検討する必要があるのではないか。
- これから制度を検討するにあたっては，電子情報化への対応を念頭に置く必要があるのではないか。

不開示情報の範囲は，国家公務員の守秘義務との関係で複数の意見が出されている。

- 不開示情報の範囲と国家公務員法等における守秘義務の範囲との関係についてはいろいろな考え方があるが，立法論的には，情報公開法を立法する場合に，両者を一致させるかさせないかは，どうすれば合理的であるかを検討する必

要があるだろう。
- 職務上の秘密が、情報公開法により開示されたとしても、実施機関が自分で秘密解除したこととなるので、問題ないのではないか。
- 公務員が公務員法上の義務に違反することと、実施機関が自らの権限行使の基準を逸脱することは別の問題であって、実施機関が自らの権限行使を誤ったからと言って、それを担当した公務員が当然に有責となることはないのではないか。
- （プライバシー等を除いて）実質秘が客観的に存在するか疑問であり、形式秘の指定が先行しないと実質秘になり得ないものがあるのではないか。
- 守秘義務の範囲と不開示事項の範囲とを一致させるかさせないかは、立法政策の問題ではないか。守秘義務に関する最高裁判例の読み方はいろいろあろうが、指定秘という概念は、実質秘であることの推認のための過渡的な概念であり、秘密には実質秘しかないのではないか。だから、実質秘と不開示事項を一致させることはありうるのではないか。

不開示規定一般については、規定の仕方そのものと個別の不開示情報に関して以下のような意見が示されている。
- 不開示情報の範囲については、外国法、条例の例を参考にしながら、できる限り個別具体的に定めるという方法がよいか、それとも、少し簡略化して定め、説明を付けるという方法がよいか。
- 不開示情報の範囲については、運用する側、あるいは訴訟において裁判所が困ることのないように、できるだけわかりやすく定める必要があるのではないか。
- 不服申立件数、訴訟件数が膨大なものとなることを防ぐためには、請求を受けた機関がある程度容易に判断できるよう、不開示事項をできるだけ明確に規定することが望ましいのではないか。
- 請求された文書が不開示事項に該当しても、裁量によって開示することを認めるか否かという問題を検討する必要があるのではないか。
- 国の安全に関する情報の取り扱いは、条例にはない問題で、アメリカの情報自由法においても特殊な定め方になっており、非常に難しい問題ではないか。

- 企業関係情報については，トレード・シークレットに加え，ノウハウ，仕入価格・人件費等のコスト，経営指標の取り扱いをどうするか等，非常に難しい問題ではないか。
- 企業関係情報の中でも，許認可，公益事業の価格・参入規制に関連するものについては，オープンにすべき相当高い公益性を有しているとは考えられないか。
- 意思形成過程情報について，意思決定前の段階では開示しないとしても，意思決定後のある時点で開示するべきではないか。
- 意思形成過程情報について，意思決定が終了していなくても，意思形成過程のどの段階の情報であるかということを明確にした上で開示すれば，必ずしも国民に誤解を与えることはないのではないか。

　不開示等に対する権利救済制度は，行政救済制度として自治体の情報公開条例と同様の「中立的な第三者性を持った合議制機関」が必要という共通認識のもとで議論されていた。意見が分かれていたのは第三者機関の位置づけだ。自治体との相違として「地方公共団体では，地方自治法上裁決権をもつ独立機関を設置できないという制約があることから，諮問機関とされているが，国の場合には，裁決機関とすることを議論する必要があるのではないか」との意見もある一方で，「非常勤の学識経験者からなる機関が，政治的な判断が必要となりうる最終的な決定を行う責任を負えるかという問題があるのではないか」との問題提起もされている。他にも，「統一的審査機関を置く場合，各省庁分担管理制度の下でどこに置けばよいのか。各省庁ごとに審査機関を置くとすることも，あまり現実的ではないのではないか」との意見もあり，現行の統一的な情報公開審査会を内閣府に設けるという情報公開法制の枠組みとなる，着地点を想定した論点が出されている。

　司法救済は，インカメラ手続も検討されたが，「司法審査におけるインカメラ手続（裁判官のみによる審理手続）の導入については，憲法上難しい問題はあるが，検討に値するのではないか」としつつ，「日本でも，いろいろな工夫により，裁判所は，情報の大体の中身を推測することが可能であって，インカメラ手続がなくても不開示決定の適否を判断できるし，またしている

のではないか」と，情報公開条例の下での情報公開訴訟がインカメラ手続なしに争われているので，裁判所は判断が可能との意見があった。

　情報公開請求にかかるコストは，「請求の処理にかかったコストにある程度見合うようコピー代以外も徴収することを考えるか，それとも民主主義の費用としてコピー代だけ徴収すればよいと考えるか」との意見が出された。

　これらの主要な意見には，現行の情報公開法制でもいまだ課題として指摘され，あるいは改正すべき論点と考えられているものが含まれている。ここで主要意見として示されたものは，その後の審議を経て1996年に「情報公開法についての検討方針」がまとめられた段階で，複数の選択肢あるいは論点から一つの方向性に集約され，同4月に公表された「情報公開法要綱案（中間報告）」となった。

(3) 情報公開法要綱案をめぐる省庁間の調整

　中間報告までの過程で，各省庁には「情報公開法要綱案（第一次部会案）」の検討用資料抜粋が配布され，「意見等調査」が行われた。時系列からすると，1996年3月開催の部会で検討された「情報公開法要綱案（第一次部会案）」について意見等調査が行われていたと思われる。

　部会で配布された資料「意見等調査の結果（特記的事項）（未定稿）」では，情報公開法制をめぐる主要な論点に対する各省庁の考えがポイントのみまとめられている（ポイントだけでなく，「各省からの意見等」として各省庁から提出された意見が束ねられた資料が別途作成されている）。意見からは，部会の取りまとめの方向について多数の省庁が表立って強硬に反対するものは見当たらないが，一部の省庁が抵抗を示している事項がある。たとえば，請求対象文書である行政文書の定義は，当時の多くの自治体情報公開条例と同様の決裁供覧等に限定すべきと，部会が決裁供覧等の手続を経ていることを要件としないこととしていたのに対し，警察庁・厚生省・労働省が主張している。不開示規定についても意見が出されているが，抜本的な修正を求める意見はなかった。

　しかし，1996年4月24日に部会が「情報公開法要綱案（中間報告）」を

公表し，部会で再び関係省庁や関係団体のヒアリングが実施されると，今度は各省庁が，中間報告からの後退を明らかに求める意見を出していることがわかる。7月5日開催の第44回部会の資料である「中間報告要綱案に対する各省庁からの意見整理」によると，たとえば，行政文書の定義について，中間報告が「組織的に用いる文書で行政機関が保有しているもの」とし，決裁供覧文書という要件を外したことについて，第一次案で決裁供覧とすべきとしていた警察庁，厚生省，労働省に加え，防衛庁，科学技術庁，外務省も同様の意見を述べ，一方で厚生省は「『組織的に用いる』の基準を明確にすること」という意見となっていた。部会の行政文書の定義の検討には，1996年1月に発見された郡司ファイルの存在が少なからぬ影響を与えたと言われている。薬害エイズ事件で非加熱製剤の使用継続を決めた審議会の時点で，その危険性を政府が認識していたことを示す証拠となったもので，このファイルが決裁供覧を経ていない文書であったからだ。同年3月に薬害エイズ被害者と政府の間で和解が成立しており，厚生省の意見の変化は，こうした動きを受けてのものとも言えるだろう。

　非公開とする個人情報については，公務員に関する情報の公開する範囲について意見が集中している。中間報告が，「公務員の職務遂行に際して記録された情報に含まれる当該公務員（一定の範囲の者）の官職および氏名」を公開するとしたことに対し，官職・氏名を公開する範囲を定める「一定の範囲の者」について課長相当職以上とすべき，あるいは警察庁や防衛庁からは官職・氏名の公開はそもそも職務遂行に支障があるとする意見も出されている。

　中間報告の中で，市民側から批判された項目が，非公開とする法人情報の規定のうち「公にしないとの約束の下に任意に提供され，現に公にされていないもの」を非公開とする部分だが，これについては，支持する意見が多い。

　外交・防衛に関する情報に係る非公開規定は，「他国若しくは国際機関との……おそれがあると認められる相当の理由がある情報」との中間報告に対し，防衛庁，外務省が主語として「行政機関の長が」を入れるべきと主張している。公にすることによる支障は，行政機関の長を認定主体とすべきで，

司法審査の程度がそれにより異なると外務省は意見の理由を述べている。公共の安全等情報にかかる非公開規定も，「……おそれがあると認められる相当の理由がある情報」との要件であるが，法務省が行政機関の第一次判断が尊重されるべきこと，運輸省（海上保安庁）が「行政機関の長が」の主語を加えるべきと主張している。

　審議検討情報（意思形成過程情報）に係る非公開規定は，公正取引委員会，国家公安委員会が会議自体の非公開と議事の内容の非公開の確保を求め，大蔵省，労働省，建設省が審議会等の議事録等の公開・非公開の判断は審議会が自ら行うべきであるとの意見を出している。文書の存否自体を回答しない存否応答拒否の規定は，市民側からは強く批判されていたが，公正取引委員会，警察庁，防衛庁，法務省，外務省，通産省，労働省と意見を出したすべての省庁から規定を維持すべきと支持を得ている。

　開示請求の手続に関するものとしては，「著しく大量な行政文書の開示請求」があった場合の決定期間の延長の措置について，行政文書の量が大量であるだけでなく，多数の開示請求が一時あるいは短期間に行われた場合，あるいは同一人からの多数の請求がなされた場合も含むべきとの意見が公正取引員会，警察庁から出されている。

　非公開になった場合の不服申立てと，「不服審査会」へ諮問しないと申立てに対する裁決・決定ができないとする中間報告について，訴訟の提起の前に不服申立てを前置とすべきとの意見が法務省，外務省，建設省から出され，そもそも不服申立てからの除外を求める意見が会計検査院から，審査会への諮問からの除外を求める意見が人事院から出されている。「不服審査会」の権限として，非公開文書をインカメラで審査をすることについては，非公開文書の提出義務から審査活動に関する情報を除外してほしい（公正取引委員会），公共の安全と秩序の維持に重大な支障をきたす旨を記した書面を提出した場合は除外（警察庁，運輸省），諮問庁による処分理由の説明では十分な審理が行えない場合などに限って権限行使ができるとすべき（防衛庁），インカメラができる行政文書に限定を付すべき（法務省），真に秘密度の高い情報，特に存否を明らかにしえない文書やわが国の安全や重大な利益に関

わるもの等については提出を要しないなど定めるべき（外務省）など，制限・限定を求める意見が出されている。

これらの中間報告段階での各省庁からの意見や，市民団体も含む関係団体からの意見も踏まえ，部会でさらに検討されて発表されたのが「情報公開法要綱案」と「情報公開法要綱案の考え方」だ。中間報告からの主な変更は表1のとおりとなっている。

表1　要綱案と中間報告の相違点

要綱案	中間報告
第6　不開示情報 　第5に規定する不開示情報は，次の各号に掲げる情報とすること。 （1）個人に関する情報（事業を営む個人の当該事業に関する情報を除く。）であって，特定の個人が識別され又は他の情報と照合することにより識別され得るもの。ただし，次に掲げる情報を除く。 イ　法令の規定により又は慣行として公にされている情報又は公にすることが予定されている情報 ロ　氏名その他特定の個人が識別され得る情報の部分を除くことにより，開示しても，本号により保護される個人の利益が害されるおそれがないと認められることとなる部分の情報 ハ　公務員の職務の遂行に係る情報に含まれる当該公務員の職その他の地位に関する情報 ニ　人の生命，身体，健康，財産又は生活を保護するため，開示することがより必要であると認められる情報	第6　不開示情報 　第5に規定する不開示情報は，次の各号に掲げる情報とすること。 1）個人に関する情報（事業を営む個人の当該事業に関する情報を除く。）であって，特定の個人が識別され又は他の情報と照合することにより識別され得るもの。ただし，次に掲げる情報を除く。 イ　法人等に関する情報に含まれる当該法人等役員の肩書及び氏名 ロ　公務員の職務遂行に際して記録された情報に含まれる当該公務員（一定の範囲の者）の官職及び氏名 ハ　行政機関により従来から公にされているもの又は公にすることを予定されているもの ニ　人の生命，身体，健康，財産又は生活を保護するため，開示することがより必要であると認められる情報
（2）法人その他の団体（国及び地方公共団体を除く。以下「法人等」という。）に関する情報又は事業を営む個人の当該事業に関する情報であって，次に掲げるもの。ただし，当該法人等又は当該個人の事業活動によって生ずる人の生命，身体若しくは健康への危害又は財産若しくは生活の侵害	2）法人その他の団体（国及び地方公共団体を除く。以下「法人等」という。）に関する情報又は事業を営む個人の当該事業に関する情報であって，開示することにより当該法人等若しくは当該個人の競争上の地位，財産権その他正当な利益を害するおそれがあるもの又は公にしないとの約束の下

から保護するため，開示することがより必要であると認められるものを除く。 イ　開示することにより当該法人等又は当該個人の競争上の地位，財産権その他正当な利益を害するおそれがあるもの ロ　行政機関からの要請を受けて，公にしないとの約束の下に，任意に提供されたもので，法人等又は個人における常例として公にしないこととされているものその他の当該約束の締結が状況に照らし合理的であると認められるもの	に任意に提供され，現に公にされていないもの。ただし，当該法人等又は当該個人の事業活動によって生ずる人の生命，身体若しくは健康への危害又は財産若しくは生活の侵害から保護するため，開示することがより必要であると認められるものを除く。
（3）開示することにより，国の安全が害されるおそれ，他国若しくは国際機関との信頼関係が損なわれるおそれ又は他国若しくは国際機関との交渉上不利益を被るおそれがあると認めるに足りる相当の理由がある情報	3）開示することにより，国の安全が害されるおそれ，他国若しくは国際機関との信頼関係が損なわれるおそれ，通貨の安定が損なわれるおそれ又は他国若しくは国際機関との交渉上不利益を被るおそれがあると認められる相当の理由がある情報
（4）開示することにより，犯罪の予防・捜査，公訴の維持，刑の執行，警備その他の公共の安全と秩序の維持に支障を及ぼすおそれがあると認めるに足りる相当の理由がある情報	4）開示することにより，犯罪の予防・捜査，公訴の維持，刑の執行，警備その他公共の安全と秩序の維持に支障を及ぼすおそれがあると認められる相当の理由がある情報

　中間報告に対する各省庁の意見を受けた変更は，主に非公開規定に関するものだ。個人情報であっても公開するとされていた公務員の官職・氏名が，「職その他地位に関する情報」に修正され，氏名公開の原則が削除され，「慣行として公にされている情報」として公になっている公務員の氏名のみ公開されるものとなった。また，法人情報は「公にしないとの約束の下に任意に提供され，現に公にされていないもの」を非公開とする規定から，要件が足されて中間報告よりは非公開範囲が限定された。中間報告は，非公開約束をしたことが基本的な要件であったが，「情報公開法要綱案の考え方」は「非公開約束の下に提供された情報が，当該情報の性質上，法人等又は個人における常例として公にしないこととされているものである場合など，公にしないことにしてほしいという法人等の申出が常識的にも理解できる場合に限る旨の要件を付加する……」と，中間報告段階よりは限定的な要件を加えたと

説明している。

　外交・防衛情報，公共の安全等情報にかかる非公開規定は，「おそれがあると認められる相当の理由がある情報」から，「認めるに足りる相当の理由がある情報」と適用する要件がさらに緩和されたが，「行政機関の長が」と主語を加えるべきという各省庁からの意見はこの時点では採用されていない。なお，後に法案化される過程で，「行政機関の長が」という主語が加えられた。

　審議検討情報としての非公開規定は，審議会等の議事録の公開・非公開の判断は審議会が自ら行うべきという各省庁の主張は明確に否定された。「考え方」で，「審議会に関する情報の開示・不開示の判断は，当該審議会の議決等により決せられるものではなく，当該審議会の性質及び審議事項の内容に照らし，個別具体的に，率直な意見の交換等を『不当』に損なうおそれがあるかにより判断されることになる。」と特にその趣旨が説明されている[2]。その他にも，中間報告に対して各省庁から様々な意見が出されていたが，修正されずに要綱案となった。

(4) 行政改革委員会行政情報公開部会での議論―原発関係を中心に

　行政改革委員会行政情報公開部会の検討では，原子力発電所に関する情報について具体的な議論が行われたわけではないが，原子力を所管する省庁から関係する意見が出され，ヒアリングでも見解が述べられている。また，東京電力へのヒアリングも実施されており，情報公開に対する当時の一定の見解が示されている。

　第14回部会（1995年6月30日開催）で科学技術庁からヒアリングが行われ，主に原子力分野についての意見が聴取された。後日公表された議事概要では，以下のような説明と質疑があったことが記録されている。

第 14 回部会（1995 年 6 月 30 日開催）議事概要（抜粋）

(2) 科学技術庁から原子力分野における情報公開を中心に説明が行われた。その主な内容は次のとおりである。
○原子力の研究開発利用の原則を定める原子力基本法（昭和 30 年制定）において原則として「成果を公開」すると定めており，原子力委員会の策定した平成 6 年 6 月の長期計画においても，「正しい情報や知識を的確に国民に伝え，国民の中に安心感が醸成され得るよう可能な限り，情報の公表，情報の提供を促進するなど国民に理解と協力を得ていくための施策」の充実を定めている。
○核物質防護，核不拡散，財産権保護等の制限条件はあるが，公開を原則とすることが政策である。
○原子力技術の巨大科学技術システムとしての特徴，原子力施設の安全性に対する漠然とした不安，といった状況，背景の下に，研究開発の基本方針，長期計画，白書，情報ネットワークを通じての公表，許認可情報の公開資料室，国会図書館での公表，事故情報，各委員会資料，報告書の公開等，多様な方法により積極的な情報提供に努めている。
○しかし，(1) 原子力平和利用技術は核兵器等の技術に転用されるおそれがあること，(2) 核物質の不法な取得，使用は国際的テロなどの潜在的な危険があること，(3) 原子力施設等の事故は世界的な規模に広がる可能性があり，原子力施設の安全確保及び妨害破壊行為への防護措置が国際的に要請されていること，から情報の適切な管理が要請されており，以下のような情報の公開を制限すべきものとしている。（その場合でも真に支障のある部分を部分的に開示しないという形で，可能な限り情報を公開するよう努めている。）
①核物質の盗取，原子力施設や核物質輸送に対する妨害破壊行為を未然に防ぐために慎重に取り扱うべき情報（核物質防護）—「核物質の防護に関する条約」及び IAEA ガイドライン等により核物質輸送情報の慎重な

取扱いが国際的に要請されている。
②公開することにより核兵器の開発等に利用されるおそれのある情報（核不拡散）—「核兵器の不拡散に関する条約（NPT）」及びIAEAのロンドン・ガイドラインにより，原子炉等の技術情報を適切に管理する必要があるとされている。
③公開することにより法人等の正当な経済的利益を損なうおそれのある情報（財産権の保護）
④情報提供国，国際機関等より開示制限の課されている情報で，公開した場合，国際的信頼を損なうおそれのある情報（外交上の制約事項）

（主な質疑応答）
○核燃料の輸送に関連し，情報公開との関係で自治体に対して指導等をしているのか。
→平成4年に原子力安全局長から都道府県知事，事業者に対して核燃料物質の輸送に関する情報の取扱いについて要請する文書を出しており，前述のような観点から情報開示制限をせざるを得ないことについて御理解をいただき，協力していただくようお願いしている。
○公開請求された情報が核兵器を開発する可能性のある国に情報が流れるというときは，NPT条約に抵触することになるのか。
→そのような開示はNPTの精神に照らしても望ましくない。

　科学技術庁の基本スタンスは，制約はあるが情報提供に努めているということであり，原子力委員会，原子力安全委員会の会議資料や議事録を公開していることなどを説明している。しかし，部会で配布された科学技術庁作成の「原子力分野における情報公開について」によると，「留意事項」として，「委員会，専門部会の審議過程における逐一の質疑応答等の公開については，出席者の自由な議論を阻害し，あるいは，核物質防護等の観点から支障を及ぼすおそれがあることから概要の公開に努める」とある。委員会等の会議の経過をたどれる議事録そのものの公開をしていたわけではないことがわかる。

同じ科学技術庁資料では,「核物質防護上の観点から適切な管理が必要な情報」として 10 項目が挙げられている。

1　核物質防護上重要な施設の建屋図面に関する防護上重要なデータ
2　核物質防護区域の範囲
3　核物質防護区域の監視に関する事項
　(1) 侵入警報装置,監視装置の位置,種類,性能,配線,電源等に関すること
　(2) 巡視の頻度,経路等に関すること
4　核物質防護に係る出入り管理方法に関する事項
　(1) 検査の場所,方法に関すること
　(2) 検査装置(金属探知器,核物質検出器等)の性能等に関すること
　(3) 鍵の種類,構造,管理,暗証番号等に関すること
5　核物質防護に係る核物質の管理に関する事項
　(1) 核物質の貯蔵方法等に関する核物質管理上の重要事項
　(2) 貯蔵施設に係る侵入警報装置,監視装置の位置,種類,性能,配線,電源等に関すること
　(3) 貯蔵施設の巡視の頻度,経路等に関すること
6　核物質防護上必要な連絡に用いる装置の種類,系統等に関すること
7　核物質防護に係る緊急時の対応計画に関すること
8　核物質防護上の組織体制に関すること
9　従業員に対する核物質防護上の教育訓練の内容に関すること
10　核物質防護規定及びその具体的運用に関すること

また,「原子力施設の安全規制行政に係る情報」として資料で明らかにされた情報とその公開状況をまとめると,原子炉を設置する場合は次のようになっている(表2参照)。

「公表」とされている文書類が一見多いが,報告書,申請書などの最終段

階の文書や月報や白書などの一定の取りまとめがされた情報が公表の中心だ。設計及び工事の方法の認可申請書や保安規定などは「社会的に関心が高い施設について公開準備中」、「その他許認可等関係文書」は、「要求があれば検討する方針」とあり、一定の結論を示すものは公表、それ以外は非公表あるいは求めがあれば検討という対応が行われていたことがわかる。

なお、部会の質疑で核燃料物質の輸送について述べられている当時の背景として、1980年代後半から1990年代にかけては、使用済み核燃料から国外で抽出されたプルトニウム燃料が、街中をトラックで輸送されていることに対して、情報公開を求める取り組みとして自治体に関係文書の情報公開請求が行われていた。これを受けて、1992年に科学技術庁が自治体に向けて

表2　原子炉を設置する場合

	情報	公開状況
国が自ら作成するもの	行政庁の安全審査書	公表（原子力安全委員会）
	原子力委員会、原子力安全委員会資料（答申、各種専門委員会報告書、安全審査指針、議事録等）	公表（原子力委員会及び原子力安全委員会月報等）
	参酌状況報告書	公開ヒアリングにより原子力安全確保に係る情報を積極的に公表
	安全審査指針	公表（プレス発表、安全審査指針集等）
事業者から国が入手する情報	（立地選定の第一次公開ヒアリング、電源開発調整審議会）	公開ヒアリングにより原子力安全確保に係る情報を積極的に公表
	原子炉設置（変更）許可申請書	公表（当庁情報公開資料室、国立国会図書館、県〈県庁及び県立図書館〉）
	設計及び工事の方法の認可申請書	社会的に関心の高い施設について公開準備中。一部はすでに公開
	保安規定	設工認申請書と同様
	放射線被ばく管理報告書	公表（原子力安全白書）
	定期検査に関する報告書	公表（定期検査実施結果報告）
	事故報告書	公表（事故状況、事故原因及び対策報告）
	その他の許認可等関係文書	要求があれば検討する方針
	放射性廃棄物管理に関する報告書	公表（原子力安全白書）

情報公開を制約する通知を出し，核燃料輸送の問題に関心が集まっていたというものがある。通知前は一部情報を公開していた自治体もあったが，この通知で自治体が情報を公開しなくなったという問題が起こっていた[3]。

原発に関連するものとしては，第23回部会（1995年10月27日開催）で通商産業省のヒアリングが行われ，「原子力発電所設置などに係る情報公開については，既に環境影響調査書，環境審査報告書の公開，公開ヒアリングの実施，原子炉設置許可申請書の公開などを行っている。工事計画認可申請書についても，技術情報が多く含まれてはいるが，核不拡散，核物質防護，財産権の保護など支障あるものについて，マスキングを行い，公開を始めたところである。」と説明されている。部会で配布された資料には，資源エネルギー庁公益事業部作成の「原子力発電所設置に係る情報公開への取り組みの状況」があり，それによると，「実用発電用原子炉施設に係るトラブル報告書」の公開は1994年から新たに実施，同様に実用発電用原子炉の安全性に関するものについては，請求があれば非公開情報を除いて可能な限り公開することを1994年より開始したとある。また，1995年9月から，工事計画認可申請関係書類の公開（一部非公開）を始め，モデルプランとして，柏崎刈羽3号，大飯3号を選定して一部公開したとしている。非公開情報は，核物質防護に関するものとして国際的ガイドラインに準じたものと，行政情報公開基準の一般的事項に該当するものだと説明している。

第15回部会（1995年7月7日開催）では，東京電力に対してヒアリングが行われている。主に電力事業者として，原発に限らず許認可申請等で多くの情報を提出していることなど，議事概要には以下のとおり説明したと記録されている。

　　○電気事業法，原子炉等規制法など様々な法令に基づく許認可申請書，届出書，報告書やそれに伴う説明資料など，様々な情報を行政機関に対し提出している。これらの中には企業秘密，プライバシー，設備保安，核物質等防御などに関わる情報も含まれている。

　　○会社自らも，電気施設に対する住民の理解，電気料金に関する消費者の理解などを得るために，電力需給の概要，原子力発電所運転管理年報の刊行や

各種資料の縦覧，公聴会・説明会などの実施を通じて情報の提供に努めており，企業秘密，設備保安などの点で問題のないものは公表することにしている。

また，電気料金に関するものとして，法律に基づき供給規程変更認可申請書及び添付書類を申請から認可の前まで公開しており，環境アセスメントについても通産省の省議により環境影響調査書の縦覧を行っている。

また部会に提出された資料では，行政に提出している書類のうち，「公開すべきでないと思われる資料の事例」を示し，「使用済み核燃料再処理引当金単価承認申請書」「核燃料物質実在庫明細報告書」「核燃料物質収支報告書」「運転計画書」「核燃料輸送運搬確認申請」を挙げた。

科学技術庁に対しては，部会で中間報告後にもヒアリングが行われた。第43回部会（1996年6月28日）で，中間報告を受けて原子力に関連して「一般的には不開示情報には該当せず，公開可能な情報であっても，当該情報を特定の請求者（例：紛争当事国，テロリスト集団）に提供することにより，国の安全が害されるおそれ，他国若しくは国際機関との信頼関係が損なわれるおそれ，又は公共の安全と秩序の維持に支障を及ぼすおそれがあると判断される場合には，不開示とすることができる旨の規定を設けるべきである。」と意見を述べている。

なおこれに関連して，「テロリスト等からの開示請求は，むしろ請求を受理して，彼らからこのような情報の請求があったということが分かった方がよいのではないか。禁止すれば，他の名前で請求が行われるから，結局は無意味ではないか。」との委員の質問に対して，「開示を拒否するのは困難であることは理解しているが，核物質関係の情報をみすみす渡すことには懸念がある。」と回答している。情報公開法にこのような規定が設けられているわけではないが，原子力にかかる行政機関の非公開にあたっての判断として，特定の背景を持つ請求者にも公開できるかという判断基準が，運用に際して考慮する考えを示唆する意見である。

情報公開との関係でいえば，科技庁，通産省，東電ともに「核物質防護」を中心に意見を述べており，この「核物質防護」の範疇に何が入っているのかによって，情報公開の範囲が大きく左右される考え方が示されている。し

かし，一方で情報公開制度に関する議論では，「核物質防護」とは何かということの議論にはなっていなかった。情報公開法施行後，原発に関する非公開は，主に企業秘密・ノウハウとしての保護，核セキュリティ上の支障を理由とするものが散見され，また2005年の原子炉等規制法の改正で秘密保持規定が核セキュリティのために設けられた。情報公開との関係は難しい問題を含んでいることは確かで，常に両者のバランスの問題となるが，現実にはトラブル隠しやその原因を軽微なものであるかのような情報操作的な対応，安全性に関する情報の選択的公開など，核セキュリティ以前の問題があり，この分野の情報公開は情報公開制度だけでなく政策的に進める必要がある。

2　情報公開法案の策定と政治の動き

(1) 消えた議員立法での情報公開法制定の機運

1996年11月1日に行政改革委員会行政情報公開部会がまとめ発表した「行政情報公開部会報告」は，「情報公開法要綱案」と「情報公開法要綱案の考え方」で構成され，後者は部会の各項に関する解釈を示したものだ。報告は行政改革委員会に意見具申され，同年12月16日に行革委員会が「情報公開法制の確立に関する意見」として要綱案とその考え方を内閣に提出した。行革委員会として，意見具申の冒頭に，「特に次の点を強調しておきたい」として以下のことを述べている。

> 「第一に，情報公開法制は行政文書に対する開示請求権制度を新たに整備し，政府の行政運営の公開性を向上させ，政府の諸活動を国民に説明する責務が全うされるようにするものである。したがって，行政文書の公開範囲を可能な限り広げる必要があることは，当然のことである。他方，行政文書の中には，個人のプライバシー，企業秘密，国の安全にかかわる情報等のように国民の利益のため保護すべき情報も含まれており，これらもまた適正に保護される必要がある。本要綱案の不開示情報の各基準と原則開示という枠組みは，このような双方利益の適切な調整ということに特に留意して検討した結果である。

第二に，不服審査会は，不服申し立ての決定又は裁決に当たって，第三者的立場から合理的かつ客観的評価を加味するものであり，開示請求権制度の要（かなめ）となるものである。このため，その重要性に対応して充実した機能と適切な組織を整備する必要がある。
　第三に，情報公開法制が的確に運用されるためには，行政文書が適正に管理されていることが前提であり，その仕組みの整備が不可欠である。」
　加えて，「政府は，要綱案とその考え方に沿って速やかに立案準備を進め，国民の期待に応え，できるだけ早期に法律案を提出するよう要請する。」と結んでいる。同 25 日に閣議決定された「行政改革プログラム」では，「『情報公開法制の確立に関する意見』を最大限に尊重し，できる限り早期に法律案をまとめるべく作業を進め，平成 9 年度内に所要の法律案の国会提出を図る。」とされた。法案を提出することが閣議決定で確定したことは歓迎された。一方で，行革委員会意見具申後早々に政府が 1997 年度中の法案提出，すなわち 1998 年 3 月まで提出するという方針を示し，閣議決定を行ったことで，早期法案提出，あるいは議員立法での法制定を求める意見があがった[4]。政府内での調整に時間がかけられると要綱案からも後退し，骨抜きにされるのではないかという懸念があったからだ。
　細川政権からはじまった情報公開法の検討・制定への流れは，自民党，社民党，新党さきがけ（自社さ）の連立政権に引き継がれていたが，法案の早期提出の可能性，そして議員立法の可能性について与野党の考えをきく機会が市民側で設けられた。1997 年 1 月 30 日に情報公開法を求める市民運動主催の「どうする情報公開法　各党の意見」に連立各与党の国会議員も参加し，法の制定時期と方法についての見解が述べられている[5]。
　自民党から出席した丹羽雄哉衆議院議員は，「情報公開法をできるだけ早く国会に提出されるということは，与党三党の合意事項でございます。……私自身は，情報公開法の制定は行政改革を進めていく上で一つの尖兵になる，不可欠であると考えておりますので，なるべく早く法を制定し，一日も早い施行が望まれると考えております。しかし，まったく新たな考えに基づく，極めて影響範囲の広い法案であり，事務的，技術的に調整しなくてはならな

い分野が大変多いというのも事実でございます。今国会に間に合うように最善の努力はしたいと思いますが，私は，要は情報公開を求める国民にとって，期待に応えられる中身であることが何よりも大切だと思っております。」と述べている。議員立法の可能性については，「各省庁の抵抗によって骨抜きにならないよう，政治がリーダーシップをとることが何よりも必要で，もし大幅に後退するようなことがあれば，与野党をこえて相談しまして，議員立法で提出することも検討したいと考えております。」と慎重な発言をしている。

同じく連立政権にいた新党さきがけの堂本暁子参議院議員は，「ほとんど今丹羽先生が言われたので，同じ状況にあると思っています。……日本の立法府の大変弱いところで，これは新しい発想，今までの行政機能を本質的に変えるほど，近代化するほど，それほど大きな意味を持つ法律です。それをきちっと，私たちが短期間に，しかも作り上げるということができれば，それに越したことはない。ところが，なかなかそういうところまでできなくて，行政改革委員会の方に投げてしまわれたという経緯がございます。……どうやって閣法の立法作業を私たちが監視し，そして骨抜きにしないことがどういう形でできるか。……日本が省庁間の調整作業をやると，めったに調整ができたものを変えないわけです。……この調整が行われることが特にこの法律については怖いと思っておりますので，また皆様の知恵を拝借しながら，刻々と立法作業を，私たち特に与党の側として見守っていかなければならない……」と述べている。

社民党から参加をした辻元清美衆議院議員は，「鉄は熱いうちに打てという言葉がありますが，そういう気持ちでおります。……今ここで熱いうちに良いものを作りたいと思っています。今ここで私も含めて6名が話した中で，共通点があるわけです。……そこをどこまで行革委員会のまとめた案に盛り込むか。また，要綱案には良い面がたくさんありますので，先ほどから骨抜きにならないように，私たちがどう足並みをそろえるかということにかかっていると思います。」と述べている。

野党から参加をしていた民主党の千葉景子参議院議員は，議員立法が原則としつつ，要綱案を生かしてこのチャンスをものにしたいと述べ，「できる

だけシンプルにこの法律を早く立ち上げて，様々な問題点，あるいは他の法律との整合性を順次見直していくという方法が，骨抜きにならないのかなあと思います。……他制度や法律との整合性をしないわけにもいかない部分もありましょうから，他制度や法律との整合性などもできるだけオープンに議論をするのがよいと思います。そのためにも，できるだけ早い段階でこの法律の姿が見えるようにするという考えをもって頑張っていきたいと思います。」と発言している。

新進党から参加をした倉田栄喜衆議院議員は，「わが党は，ともかく今回の通常国会に議員立法として提出できるよう準備を進めたいと考えております。」と述べ，また，「関係法律との関係，今ここに存在している法律との関係を全部精査していくことになりますと，関係省庁の力を借りなくては，現実問題としてできないということもその通りだと思います。……通常国会に間に合うように準備をすることになれば，まさに2段階に分けて考えざるをえない。本体としての情報公開法を先に作り，関係法律との整備を後でさせていただくということで，現実的にやらざるを得ないものかなと考えております。」と説明した。

日本共産党から参加をした笠井亮参議院議員は，「……こういう問題は機運を逃さずに一刻も早く，実現に向けて動きだすべきだと思っております。……実は，来週あたりにお手元の法案を再提出しようと今準備を進めているところで，今度の通常国会でとにかく議論を始めたいというのが気持ちです。」と述べ，過去に提出した情報公開法案を再度提出する考えであることを説明した。同時に，「……皆さんが使いやすくて，作ってよかったというものができなければと思いますので，こういう6党の場，それから皆さんとの議論の場を大事にしながら，力をあわせて，とにかく国会での審議をスタートさせるという立場で力を尽くしていきたい」とも述べている。

議員立法で情報公開法をという議論は以前からあり，過去に野党が何度も情報公開法案を提出しているところだが，実際の法制定が現実的な段階になって議論されるようになったのが，情報公開法の制定に伴い関係法令の整備も行う必要があるということだった。政府による情報公開法案提出が

1997年度中になったことについて，「『関係する法律が多く，法制化に時間がかかる』というのが政府の言い分だが，できるだけ法制化を先延ばししたいと，あわよくば立法化の過程で骨抜きにしたいという魂胆があるのではないかと疑いたくなる。」[6]との報道もあり，では野党が議員立法を目指す場合にそれをどうするのかということに目が向けられるようになった。そのためか，シンポジウムでの各議員の発言には，議員立法で法案提出を目指すという強いトーンはない。むしろ，要綱案が悪くない内容であるという評価が市民側も含めて一般的にあるため，それを活かして確実に制度化しようという認識が政治の中に生まれていたと言えた。

(2) 対案としての野党法案と野党内での調整

シンポジウム後間もなく，2月7日に日本共産党が独自の情報公開法案を国会に提出した。他の野党も独自の情報公開法案の検討に着手したが，これらは情報公開法要綱案をベースにしたもので，要綱案では積み残された課題，あるいは問題があると指摘されているものは政府提案の法案でも解決されないことを見越して，政府法案の対案として検討が行われていた。独自法案の検討を1997年前半から行っていたのは新進党，民主党の2党で，筆者の手元にある当時の資料によれば，民主党は少なくとも1997年3月初めには情報公開法案要綱が作成されており，新進党は1997年4月下旬には情報公開法案要綱を作成していたことが確認できる。同6月には法案の取りまとめが行われ，法案がそれぞれから公表された。

要綱案で積み残された課題として，情報公開法制を推進する各種団体等から指摘されていたのは，主に次の点だ。

①目的規定に「知る権利」が明記されていない
②情報公開請求対象文書である「行政文書」の定義
③情報公開請求に対する決定期限が長い（30日間）こと
④決定期限延長が長期にできること
⑤非公開情報について
・個人情報が「個人識別型」で範囲が広いこと

・法人情報のうち非公開約束で取得した情報を非公開としていること
・防衛，外交，治安維持情報に非公開判断に広範な行政裁量が認められていること
・意思形成過程情報に関する非公開規定は必要か否か

⑥存否応答拒否の規定の是非

⑦情報公開請求にかかる手数料問題

⑧情報公開訴訟の裁判管轄問題

⑨情報公開訴訟手続でのインカメラ審理の導入

⑩特殊法人等を対象としていないこと

⑪国会・裁判所の情報公開（いずれも対象としていない）

　民主党・新進党の各法案と要綱案の違いは，新進党が整理した表がある。その表に挙げられている項目に加えて，民主党案と新進党案の相違として挙げられるのは，裁判手続に関するものだ。新進党案が裁判管轄の拡大と訴訟手続でインカメラ審理の規定を設けていたのに対し，民主党案は裁判管轄のみ規定をしていた。

①不開示情報の限定

	新進党案	民主党案	政府案要綱
行政資料・文書の定義	行政情報＝行政機関が保有する情報　行政資料＝行政機関の職員が作成し，又は取得した文書，図画，写真，フィルム，磁気テープ，磁気ディスク，光ディスク，その他の採録物であって当該行政機関が保有するもの	行政文書＝行政機関の職員が職務上作成・取得したものであって，行政機関が保有するもの	行政文書＝行政機関の職員が作成・取得したものであって，職員が組織的に用いるものとして，行政機関が保有しているもの
不開示情報の扱い，公益との関係	開示しないことができる。公益優先の場合は開示義務	開示しないことができる。公益優先の場合は開示義務	開示してはならない。公益優先の場合は開示可能
個人情報	公務員は職と氏名を公表	公務員は職と氏名を公表	公務員は職を公表
法人情報	正当な利益を害することが明らかな場合	正当な利益を害することが明らかな場合	正当な利益を害することおそれがある場合

	新進党案	民主党案	政府案要綱
法人情報の非公開特約	削除	締結時かつ開示請求時に合理的な約束	締結時に合理的な約束
防衛・外交情報	国の安全などが害されることが明らかで，国際機関との信頼関係や交渉上の不利益を被ることが明らかな情報	国の安全などが害されるおそれが明らかな情報	おそれがあると認めるに足りる相当の理由がある情報
犯罪情報	支障を及ぼすことが明らかな情報	支障を及ぼすことが明らかな情報	おそれがあると認めるに足りる相当の理由がある情報

	新進党案	民主党案	政府案要綱
意思形成過程情報	支障を及ぼすことが明らかな情報	なし	支障を及ぼすおそれがある情報
行政運営情報	支障を及ぼすことが明らかな情報	支障を及ぼすことが明らかな情報	支障を及ぼすおそれがある情報
国会・裁判所・地方公共団体の運営情報	削除	支障を及ぼすことが明らかな情報	なし
存否不回答処分	外交・防衛情報に限って認める	なし	存否を回答することが開示と同様の害を及ぼす場合
不服申立て制度	総理府に行政情報開示不服審査会を置く	総理府に不服審査会を置く	総理府に不服審査会を置く

② 特殊法人

	新進党案	民主党案	政府案要綱
情報公開を請求できる特殊法人の範囲	総務庁設置法第4条11号に規定する法人のうち商法の適用を受ける法人であり，その性格，業務の内容等が政府に支配されていないものとして政令で定めるもの以外の法人	特殊法人のうち，その性格，業務の内容及び国との関係等を考慮して政令で定める	なし

③ 「知る権利」の明記

	新進党案	民主党案	政府案要綱
法の目的	行政運営の公開性の向上，政府の説明する責務の完遂，知る権利の保障，監視・参加の充実	行政運営の公開性の向上，政府の説明する責務の完遂，知る権利の保障，監視・参加の充実	行政運営の公開性の向上，政府の説明する責務の完遂，監視・参加の充実

④今後の措置

	新進党案	民主党案	政府案要綱
今後の措置	行政機関の文書管理に関する法律を定める。行政機関に情報管理専門官を置く	上記以外の特殊法人を含め、国の施策に準じて情報公開を総合的に推進するための必要な措置を講ずる	法制上の措置等必要な措置を講ずる

　太陽党も独自の情報公開法案の検討をはじめ，その後，民主党・新進党・太陽党が共同で情報公開法案を提出すべく協議が行われ，1997年11月14日に「行政情報の公開に関する法律案」を共同で国会に提出した。3党共同提案の法案は，要綱案を比べて前記表の項目（一部追加）に照らして次の点が異なった。

①不開示情報の限定

	三党案	政府案要綱
行政資料・文書の定義	職務上作成，取得し，行政機関が保有するもの（組織共用文書より広い。）	職務上作成，取得し，組織的に用いるものとして行政機関が保有しているもの（組織共用文書）
不開示情報の扱い，公益との関係	開示しないことができる。公益優先の場合は開示義務	開示してはならない。公益優先の場合は開示可能
個人情報	プライバシー型。公務員は職と氏名を公表	個人識別型。公務員は職を公表
法人情報	正当な利益を害することが明らかな場合	正当な利益を害することおそれがある場合
法人情報の非公開特約	規定を置かない	締結時に合理的な約束
防衛・外交情報 犯罪情報	「害されること」「損なわれること」「不利益を被ること」が「明らかである情報」に限定。防衛・外交情報については，作成・取得から20年を経過しないものに限定。	支障を及ぼすおそれがあると認めるに足りる相当の理由がある情報
意思形成過程情報	規定を置かない	支障を及ぼすおそれがある情報
行政運営情報	支障を及ぼすことが明らかな情報	支障を及ぼすおそれがある情報
存否不回答処分	個人情報・外交防衛・犯罪捜査情報に限って認める	存否を回答することが開示と同様の害を及ぼす場合

| 不服申立て制度 | 総理府に行政情報開示不服審査会を置く | 総理府に不服審査会を置く |

② 特殊法人

	三党案	政府案要綱
情報公開を請求できる特殊法人の範囲	特殊法人のうち、政府の支配が弱い法人を政令で除外してその他は対象	なし

③「知る権利」の明記

	三党案	政府案要綱
法の目的	行政運営の公開性の向上、政府の説明する責務の完遂、知る権利の保障、監視・参加の充実	行政運営の公開性の向上、政府の説明する責務の完遂、監視・参加の充実

④ 今後の措置

	三党案	政府案要綱
今後の措置	行政機関の文書管理に関する法律を定める。行政機関に情報管理専門官を置く	法制上の措置等必要な措置を講ずる

⑤ その他

	三党案	政府案要綱
手数料	写しの交付のみ実費の範囲内で徴収	行政文書の開示に関する手数料を徴収
裁判関係	裁判管轄を請求者の住所地を管轄する裁判所でも提訴可能。インカメラ審理手続を導入	不開示等の決定を行った行政機関の所在地を管轄する裁判所にのみ提訴可能

(3) 情報公開法案の作成と与党協議

　政府内での法案化の作業状況が報道などを通じて伝えられるようになったのは、1997年12月からだ。同23日に朝日新聞が情報公開法政府原案の要旨を報じ[7]、同29日に読売新聞が同じく政府原案要旨を報道した[8]。いずれの記事も、政府原案は部会の要綱案に基本的に準じているものの、問題点もあることを指摘している。両紙ともに指摘していたのが、外交・防衛、犯罪捜査に係る情報の不開示の判断を「行政機関の長」に一義的にゆだねるこ

とを規定化する案が作成されているということだ。前述のとおり，部会の中間報告に対し，複数の省庁から「行政機関の長」と加えるよう意見が出されていたところであり，それが法案作成段階で反映されていたということであった。

また，朝日新聞が指摘していたのは，要綱案段階では手数料を「開示に関する手数料」としていたところ，原案では「開示請求手数料」と「開示実施手数料」となっていることだ。前者の手数料は，自治体の情報公開条例では徴収されていなかった手数料の徴収だった，請求書を出すために手数料を支払うことが求められることになるため，請求者の立場からすると使い勝手の悪いものになることを指摘している。読売新聞は，公務員の氏名の公開原則が規定されていないことを指摘している。法案が検討されていた当時は，全国各地の自治体でいわゆる官官接待が問題になっており，公務員の氏名公開が情報公開制度の規定上も解釈上も問題になっていた。記事は，国ではこうした場合の公務員の氏名が公開されないことを指摘していた。

政府内での法案化作業状況が伝えられるようになった1997年12月は，法案化作業を所管している総務庁と関係省庁の間の協議が始まった時期だ。特定非営利活動法人情報公開クリアリングハウスが，2001年4月4日付けで総務省に情報公開請求を行って入手した各省協議に関する行政文書によれば，原案が以下のタイムラインで提示されて協議が行われていた。

表3 関係省庁間協議タイムライン

日付	事項
1997年12月12日	法第2条〔定義，第2章（行政文書の開示），第4章（補則）〕関係法律との調整
1998年2月3日	法第3章第1節・第3節（不服申立て等）行政文書の管理方策の整備
1998年2月6日	法第3章第2節（不服申立て等）
1998年2月17日	本法，整備法
1998年2月24日	整備法

表3からわかるとおり，いくつかのパートに分かれて協議されており，情報公開法の目的規定である第1条は2月17日まで案として示されていない。ようやく明らかになった原案で，部会の要綱案にあった方目的としての「監視・参加」という文言が「的確な理解と批判」という言葉に置き換えられたことがわかった。目的規定をめぐっては，「知る権利」の明記が議論されてきたが，加えて「監視・参加」の明記という問題が加わることになった。

　政府内での協議と並行して，与党間の協議，政府と与党の協議に向けて与党各党内で検討が始まった。自民党は1997年12月中旬に内閣部会情報公開法制に関する小委員会を設け，総務庁から法制化の状況についての説明を聴取し，有識者ヒアリング，関係団体ヒアリング，主要検討課題の審議等を1998年2月にかけて行う予定で検討を始めた。社民党は，2月24日に党行政司法部会内閣特別部会で考え方の取りまとめを行っている。そして，2月25日午前中に情報公開法・与党協議会の第1回が開催され，自民党，社民党，新党さきがけの与党3党による協議が本格的に始まった。協議会のメンバーは，自民党が小杉隆，御法川英文各衆議院議員，鎌田要人参議院議員，社民党は辻元清美衆議院議員，新党さきがけは堂本暁子参議院議員であった。与党3党による協議の結果，「三党合意事項」が3月23日付けでまとめられた。

三党合意事項

平成10年3月23日
自由民主党
社会民主党
新党さきがけ

　与党三党は，「行政機関の保有する情報の公開に関する法律案」及び「行政機関の保有する情報の公開に関する法律の施行に伴う関係法律の整備等に関する法律案」の両法案の一日も早い制定を国民が切望していることを踏まえ，その早期制定を図るとともに，以下の事項について適切な措置を講ずるものとする。

記

1. 特殊法人を対象とする情報公開法について，政府は，両法案制定後，正式の検討機関を設け，今後具体化が予定されている「独立行政法人」との関係を整理しつつ，速やかに検討を進め，国会審議を通じ，両法案制定後2年以内に，所要の法案を国会提出する旨附則に明記すること。
2. 審査基準の策定・公表，決定に際しての理由の明記等の措置を適切に講ずることにより，行政機関の恣意的運用を排すること。
3. 手数料については，実費の範囲内で適正な額とすること。ただし，本制度が濫用されないよう十分配慮すること。
4. 国民が利用しやすい制度・運営を確保すること。特に，不服審査会の審査に当たっては，委員が地方に出向いて意見を聞く仕組みを活用すること。また，開示・不開示の決定権限の地方出先機関への委任を進めること。
5. 土地管轄その他訴訟制度上の課題については，その実情を把握しつつ検討を行うこと。
6. 本法の趣旨に則り，地方公共団体の条例の制定，見直しが進められるよう要請すること。

以上

　三党合意事項で法案の修正が必要なものは，特殊法人を対象とする情報公開法の検討について附則に明記をすることのみだ。当時，特殊法人改革が進められ，「特殊法人の財務諸表等の作成及び公開の推進に関する法律」が1997年6月に施行され，1996年度分から財務諸表等の公開が始まった。また，「特殊法人等の整理合理化について」が1997年6月6日，9月24日，12月26日と順次出され，整理合理化を行う法人や整理合理化の共通事項が示されていた。また，1997年12月に行政改革会議が最終報告を発表し，省庁再編，独立行政法人制度の創設などが提言され，1998年2月にはこれらを実施するための中央省庁等改革基本法案が国会に提出される状況であっ

た。そのため，特殊法人のみならず，行政機関の行っていた業務が一部移管される予定の独立行政法人も視野に入れた情報公開法の制定は，情報公開法案に関する与党協議の中でも比較的前向きに検討された。

1998年3月27日に情報公開法案は閣議決定され，国会に提出された。そして，政府法案の国会提出がされたその日，民主党，平和・改革，自由党，無所属の会の野党4会派が，「行政情報の公開に関する法律案」を共同提案した。1997年11月に民主党，新進党，太陽党の野党3党共同で法案を提出していたが，1997年末に新進党が解党し，太陽党も新進党の分党を受けてできた政党と会派を組むなどしたため，野党3案を引き継いで，新たな枠組みでの法案提出となった。

3　情報公開法の成立

(1) 情報公開法案修正の最終攻防

3月27日に提出された法案は4月28日に衆議院本会議で趣旨説明が行われ，同30日に内閣委員会で提案理由説明，実質的に審議入りしたのは5月12日であった。

情報公開法案の国会審議は，第142回国会（1998年1月～6月），第143回国会（同7月～10月），第144回国会（同11月～12月），第145回国会（1999年1月～8月）と4つの会期をまたいで行われた。第143回国会は金融国会とも呼ばれ，バブル崩壊後の不良債権処理問題に端を発した金融機関の経営危機への対応のため，金融早期健全化法，金融再生法などの法案が提出され，国会での情報公開法案審議はほとんど進まなかった。その代わり，法案修正を模索する動きが国会審議の外で進むことになった。実質的に情報公開法案の成立に向けて審議が動き始めたのは，第145回国会からであるが，1998年秋から政府案の修正を獲得すべく，様々な動きが出てくることになる（なお，国会における審議状況は表4を参照）。

野党4会派が法案を共同提案し，日本共産党も独自の法案を提出したため，法案は審議入りした段階から争点はある程度明確であった。特に野党4会

第2章　情報公開制度の広がりと法制化　　79

表4　情報公開法案の審議経過

1998年 4月28日	衆議院本会議　趣旨説明・質疑
同　 4月40日	衆議院内閣委員会　提案理由説明
同　 5月12日	同委員会質疑
同　 5月15日	同委員会質疑
同　 5月27日	同委員会参考人質疑
同　 6月4日	同委員会質疑
同　 6月18日	衆議院本会議　閉会中審査を決議
同　10月13日	衆議院内閣委員会質疑
同　10月16日	衆議院本会議　閉会中審査を決議
同　12月14日	衆議院本会議　閉会中審査を決議
1999年 2月12日	衆議院内閣委員会　法案を一部修正し全会一致で可決
同　 2月16日	衆議院本会議　全会一致で可決。参議院へ送付
同　 3月5日	参議院本会議　趣旨説明・質疑
同　 3月9日	参議院総務委員会　提案理由説明
同　 3月11日	同委員会質疑
同　 3月23日	同委員会質疑
同　 3月24日	同委員会参考人質疑
同　 4月27日	同委員会質疑。法案を一部修正し全会一致で可決
同　 4月28日	参議院本会議　賛成多数で可決（反対1）。衆議院に回付
同　 5月7日	衆議院本会議　回付案に全会一致で同意。成立

派の法案は，情報公開法制を推進する市民団体などの意見を取り入れた上で作成されていたため，政府法案が修正できるのか否かと，早期成立が主要な関心であった。その中でも，情報公開法が成立した後に制度を利用することになる市民側が特に強く要請していたのが，手数料問題と裁判管轄問題の2つだ。

　1998年9月半ばから，野党各会派の法案提出者が中心となって，野党全会派の衆参両院の情報公開法担当の常任委員会理事・委員に呼びかけ，政府

案に対する修正案の協議が始まった[9]。その結果，政府法案に対する12項目の修正要求を自民党に対して出し，9月29日にその回答が出された[10]。それを受けて同日，野党各党から広く国民の意見を聞きたいとの呼びかけがあり，急きょ情報公開法を求める市民運動が市民集会を設定した[11]。その際に，提示されたのが修正12項目とそれに対する自民党の考え方だ。

表5　野党修正案に対する回答

野党の修正要求	回答
1　目的 ①「知る権利」の明記 ②「監視と参加」の明記	（政府案どおりとする。） ①「知る権利」は，憲法解釈の問題で，内容が確定していないので，法律に規定することは困難。 ②　政府案は，行政改革委員会意見の趣旨を的確に表す表現としたもの。 　政府案では，憲法上の理念である「国民主権の理念にのっとった」制度であること及び政府の説明責任を明記しており，開示請求権が重要な権利であることは明らかにされている。
2　対象機関 「特殊法人」を対象に追加	附則修正：「本法公布後二年を目途として，法制上の措置を講ずるものとする。」 　特殊法人は，公団・事業団，NTT等の特殊会社，共済組合，NHKなど様々。開示請求権の対象とすべきかどうかは，個別法人ごとに吟味が必要。法案成立後，速やかに正式の検討機関を立ち上げ，法制化に向けた専門的な検討を行う。
3～7　不開示情報	附帯決議：「開示・不開示の審査基準の策定・公表，不開示決定の際の理由の明記等の措置を講ずる」
3　個人情報 　　「公務員」の氏名の公開	公務員には多種多様な職種があり，氏名の公開は公務員の私生活等に影響を及ぼしかねないことから，一律に公開することは不適当。慣行として公にされている情報に当たるものは開示される。なお，必要があれば，国会答弁等で，氏名が開示される公務員の範囲をさらに明らかにする。
4　法人情報 　　「非公開特約」の削除	任意で非公開扱いを条件に提供している場合，法人等の信頼は基本的に保護すべき（アメリカの情報自由法でも，判例により保護）。ただし，非公開の条件は，常識的に見て合理的な場合に限定している。
5　防衛・外交情報 　　①「行政機関の長が認めるにつき相当の理由がある」の削除 　　②「20年経過後の公開（不開示情報からの除外）」の追加	①　これらの情報の扱いについては，国の安全等の利益に重大な影響を及ぼすおそれがあり，高度の政策的判断，専門的技術的判断を要するので，行政機関の長の第一次的判断を尊重すべき。諸外国の例でも，特に慎重な取り扱い。なお，各大臣の判断も，審査会や裁判所により事後的なチェックを受けるので，公正な判断は担保される。 ②　また，開示・不開示の判断は，請求の都度行うべきであり，20年経過をしても支障がある場合は，不開示とすべき。

第2章　情報公開制度の広がりと法制化　81

	6　捜査・秩序維持情報 「行政機関の長が認めるにつき相当の理由がある」の削除	5　①に同じ
	7　意思形成過程情報 「意思形成過程情報」の削除	諸外国や条例でも，通例保護。不開示とする範囲は，法律上，公開すると，不当に国民に混乱を生じさせたり，特定の人に利益を与える場合など明確になっており，行政機関が濫用するおそれはない。
8	手数料 ①「開示請求に係る手数料」の削除 ②「公益目的」による減免規定の追加	附帯決議：「実費の範囲内でできる限り利用しやすい金額とする。ただし，本制度が濫用されないよう十分配慮する。」 国会答弁：手数料の金額を定める際の考え方を明らかにする。 ①　開示請求の処理に要する費用については，実費の範囲内で請求者にも公平な負担を求めるべき。また，濫用防止の観点からも，請求手数料を無料にするのは困難。ただし，できる限り利用しやすい金額となるよう，配慮。 ②　公益減免については，請求時に請求目的をチェックしたり，開示後にその使われ方のチェックをすることは困難であり，公益減免の規定を設けることは困難。なお，当該請求に係る行政文書の公開について，特に公益上の高い必要性を認め，何人にも広く情報提供する場合等には，減免される。
9	訴訟の管轄 「地方管轄」の特例の追加	附帯決議：「地方の機関が保有する文書等については，できる限り地方で訴えの提起ができるようにするため，各行政機関の長の開示・不開示の決定の権限の地方支分部局の長等への委任を推進する。」 訴訟管轄については，地方にある文書について，できる限り地方で訴えられるよう，地方支分部局の長等への権限の委任を推進する旨を附帯決議とすることが適当。
10	行政文書の管理 「行政文書管理法」の制定の明記	（政府案どおりとする。） 政府案では，法律上，基本的な骨格が定められており，また，文書管理に関する政令と各省庁の定めは一般に公開されることから，適正な文書管理は確保される。
11	一定期間後の見直し ３年後を目途とした見直し条項の追加	附則修正：「施行後５年を目途として，本法の施行状況について検討を加え，その結果に基づいて必要な措置を講ずるものとする。」 法施行の３年後では，審査会の答申や判決の積み重ねに乏しく，実情に基づいた適切な見直しが期待しがたいことから，５年が適当。
12	情報公開法の不適用 「刑事記録」への情報公開法適用除外規定の削除	（政府案どおりとする。） 「刑事記録」の取扱いは，刑事司法手続の一環として，刑事訴訟法等により規律されることが適当。同法において，開示・不開示の要件や手続が完結的にまとめられていることから，情報公開法の適用除外とされているところ。 なお，刑事記録には，多数の関係者の名誉やプライバシーが含まれ，情報公開法を適用しても，不開示情報に該当するものが大部分。

集会には野党全会派の国会議員が出席し，経過説明と厳しい状況が報告された。具体的には，野党全党がそろって修正協議を行っていること，12項目の修正要求を出しているが，今国会中には成立させたいという相反する状況にあること，自民党からの回答は本文修正のない実質ゼロ回答であること，自民・社民・さきがけの三党合意から後退しているのではないかということ，無修正で参議院に送ると修正はできるが，衆議院に戻ることになるので時間がかかり，また何の担保もないことなど，何を選択するのがより良いのかを模索している状態であることが報告された[12]。

　事実，同年7月の参議院選挙で自民党は大きく過半数を割り，野党は協調すれば参議院で法案修正が可能な状況になっていた。しかし，衆議院を通過した法案を参議院で修正をすると，衆議院での再議決が必要になり，この時は出席議員の3分の2の賛成が必要になる。そのため，単に法案を修正するということだけを目的にすれば，参議院に法案を送れば可能だが，成立させることを目的とすると参議院で修正しても衆議院における再決議で否決される可能性があるという悩ましい状況にあった。

　9月29日の集会では，参加した市民の側から，裁判管轄問題の重要性，手数料問題の解決，知る権利の明記，特殊法人等の情報公開について特に修正を求める意見が相次ぎ，また，自民党の消極的な回答に対する批判も相次ぎ，この回答内容をのむ必要がないということで意見が一致した[13]。ただ，参加した野党の議員も参加した市民側も，今後の方向性が見えないままに終わった。しかし，おおむね，請求者の権利保障という観点から裁判管轄問題と手数料問題は，簡単に譲れない問題であることは合意されつつあった。

(2) 情報公開法案の衆議院での修正

　1999年1月19日に召集された第145回国会は，冒頭に民主・公明・社民の野党3党の国対委員長が，情報公開法を今国会で必ず成立させることで合意をした[14]。この国会から政権の枠組みが自民党・自由党の自自政権となり，自民党に法案修正を要求していた野党の一角だった自由党が政権入りした。これを受けて，新聞では「民主『情報公開法案』前面に　野党時

代に共同で修正案　自由をゆさぶる狙い」[15]との見出しで報道され，記事には「与党に自由党が加わっていることから『自由党が政府案よりの姿勢をとれば「言ってきたこととやってきたことが違う」と追及できる』（幹部）との思惑からだ。」とある。

　1月22日に政府案の修正を検討して野党側に修正案提示する見込みとの報道が毎日新聞[16]と朝日新聞[17]であり，同29日の衆議院内閣委員会理事懇談会で野党側に修正案が提示された。報道によると，このとき自民党が提示した修正案は，①裁判管轄を地方にも広げる，②手数料，コピー代について利用しやすくする，③情報公開法の見直し時期を5年から4年以内とする，の3点だ[18]。2月4日には，衆議院内閣委員会で当時の太田誠一総務庁長官が，裁判管轄問題について「どのくらい国民に便利かということと，行政コストがどのくらいかかるかということが折り合う場所がどこかにあると思う」と答弁し，事実上，裁判管轄についての修正を容認する答弁を行った。

　修正案を踏まえて与野党間で修正協議が続けられる中，自民党から修正内容を与野党共同提案とすることが持ちかけられ[19]，法案の早期成立と修正内容でどこまで歩み寄れるかで調整が行われた。2月8日に，自民党と民主党の間で，公開請求手数料を1回500円から300円に軽減することで合意したとの報道[20]があった。その後，2月10日に自民党が示した「行政機関の保有する情報の公開に関する法律案に対する修正要綱」に自由党と社民党がまずは同意し，同日，野党各党も早期成立を優先させるとして，修正案の共同提案に同意をした。裁判管轄問題は，処分を行った行政庁の所在地でしか提訴できないという行政事件訴訟法の限界を，国会での修正で情報公開法が特例として乗り越えるという，前進であった。これにより，当初，市民側と野党が求めていた，原告の住所地を所管する地方裁判所ではなく，原告の住所地を所管する高等裁判所のある場所を所管する地方裁判所8か所での提訴が可能になった。なお，後にこの特例は，行政事件訴訟法の改正によって一般化されることになる。

行政機関の保有する情報の公開に関する法律案に対する修正要綱

一　手数料に関する事項

　開示請求に係る手数料又は開示の実施に係る手数料の額を定めるに当たっては，できる限り利用しやすい額とするよう配慮しなければならないものとする。（第16条第2項関係）

二　訴訟管轄の特例等に関する事項

1　開示決定等の取り消しを求める訴訟及び開示決定等に係る不服申立てに対する裁決又は決定の取り消しを求める訴訟（2において「情報公開訴訟」という。）については，行政事件訴訟法第12条に定める裁判所のほか，原告の普通裁判所の所在地を管轄する高等裁判所の所在地を管轄する地方裁判所（2において「特定管轄裁判所」という。）にも提起することができるものとすること。（第36条第1項関係）

2　1の規定により特定管轄裁判所に訴えが提起された場合であって，他の裁判所に同一又は同種若しくは類似の行政文書に係る情報公開訴訟が継続している場合において，当該特定管轄裁判所は，当事者の住所又は所在地，尋問を受けるべき証人の住所，争点又は証拠の共通性その他の事情を考慮して，相当と認めるときは，申立てにより又は職権で，訴訟の全部または一部について，当該他の裁判所又は行政事件訴訟法第12条に定める裁判所に移送することができるものとする（同条第2項関係）

三　特殊法人の情報公開に関する法制上の措置に関する事項

　政府は，特殊法人の保有する情報の公開に関し，この法律の公布後2年を目途として，法制上の措置を講ずるものとする。（附則第2項関係）

四　検討

　政府は，この法律の施行後4年を目途として，この法律の施行状況について

検討を加え，その結果に基づいて必要な措置を講ずるものとすること。(附則第3項関係)

五　その他
　その他所要の規定を整備するものとすること。

　2月12日に衆議院内閣委員会として修正法案が提出され，全会一致で可決し，附帯決議がつけられた。附帯決議には，手数料について「開示の実施に係る手数料の額を定めるに当たっては，実質的に開示請求に係る手数料に相当する額が控除されたものとなるようにすること。」とあり，これはその後の情報公開法の解釈運用に反映された（現行制度の運用では開示請求の際に手数料を支払う必要はあるが，文書が開示された場合は，コピー代の実費として開示請求手数料が充てられている）。濫用的公開請求を懸念する政府と与党側への配慮として，請求する際には手数料を支払うという法案の基本構造を維持して濫用への抑止策を残し，一方で，なるべく公開請求への制約を少なくしたい市民，野党側への配慮として，公開請求時に手数料は支払うが，文書が公開されれば実質的にはコピー代の先払いとなるという，法案条文を変えずに解釈運用で対応できる範囲で妥協をした内容であった。
　2月16日に衆議院本会議で修正法案が全会一致で可決され，参議院へ送られた。このことで，第145回国会中の成立に道筋がついた。

行政機関の保有する情報の公開に関する法律案に対する附帯決議
　　　　　　　　　　　平成11年2月12日　衆議院内閣委員会

　政府は，本法の施行に当たっては，次の諸点に留意し，その運用に遺憾なきを期すべきである。

一　開示・不開示の決定について行政機関の長の恣意的な運用が行われないよ

うにするため，各行政機関において開示・不開示の判断をする際の審査基準の策定及び公表ならびに不開示決定をする際の理由の明記等の措置を適切に講ずること。
- 手数料については，情報公開制度の利用の制約要因とならないよう，実費の範囲内で，できる限り利用しやすい金額とすること。ただし，本制度が濫用されないよう十分配慮すること。

 なお，開示の実施に係る手数料の額を定めるに当たっては，実質的に開示請求に係る手数料に相当する額が控除されたものとなるようにすること。
- 行政文書の管理に当たっては，情報公開制度が的確に機能するよう，その適正な管理の確保に努めること。
- 知る権利の法律への明記等審議の過程において議論された事項については，引き続き検討を行うこと。

(3) 情報公開法案の参議院での修正

3月5日に参議院本会議で趣旨説明が行われ，3月9日に参議院総務委員会で趣旨説明と質疑が行われた。参議院では，衆議院の積み残し課題として，手数料問題，裁判管轄問題を中心に，非公開規定の範囲，目的規定など引き続き審議が必要な事項はあった。しかし，衆議院で修正し全会一致で可決されているため抜本的な修正は事実上難しいこと，早期成立という世論もあり，衆議院での可決後早々に，「参院は手数料争点　知る権利など大幅修正見込み薄」（朝日新聞，1999年2月13日），「情報公開法案　次の目標は早期成立だ」（毎日新聞社説，1999年2月13日）と報じられるなど，徐々に参議院で成果が得られそうな手数料問題と，裁判管轄問題が関心の中心となっていった。

手数料問題では，開示請求手数料と開示実施手数料（コピー代など）のうち主に前者が問題になった。衆議院段階であいまいだったのは，手数料の徴収単位となる1件がどのような単位なのかと，1件当たりの金額である。自民党・民主党の間で1件300円と合意をしたとの報道は前述のとおりあっ

たが，国会での答弁等の担保が参議院に回付された時点ではなかった。4月27日の参議院総務委員会で，手数料について当時の行政機関個人情報保護法で課されている開示請求手数料（1件につき300円）を参考にして300円以下とすべきという質問に対し，太田誠一総務庁長官が「十分に踏まえて検討したい。大変傾聴に値する」と，それまでよりも踏み込んだ答弁を行った。また，附帯決議で「一請求につき定額として内容的に関連の深い文書は一請求にまとめることができる」と決議した。手数料問題は，徴収するという前提の条件交渉にとどまり，国会審議でそれ以上の進展はなかった。

　裁判管轄問題では，衆議院での法案修正によって8か所の高裁所在地で提訴ができるようになったものの，たとえば沖縄県の住民は福岡地裁まで行かなければならないなど，提訴に当たっての地理的な制約が公平性を損なっていることが，最後まで問題になった。高裁所在地8か所だけでなく，高裁支部がある6か所での提訴も可能にすべきではないかといった意見も強かった。3月には野党が共同で裁判管轄に沖縄を加える修正案を提案したが，与党がそれを認めず協議が膠着し，その後民主党が独自案を参議院総務委員長に提出して他の野党の同調を求めたが，公明党がこの修正法案の提案に同調しなかった。そのため，最終的に附則の修正を一部行い，見直し対象に裁判管轄を明示することとなった[21]。具体的には，附則で定めた法律施行後4年を目途とした見直しについて，「この法律の施行状況について検討を加え」としていたのを，「この法律の施行以状況及び情報公開訴訟の管轄の在り方について加え」と修正し，それに伴い裁判管轄の特例に関する規定が技術的に調整された。参議院での追加で行った修正法案は，総務委員会では全会一致で可決し，附帯決議がつけられたが，本会議は賛成多数，反対1という採決になった。反対1は，沖縄選出の議員であった。

　参議院で可決された法案は衆議院に回付され，5月7日，衆議院本会議で回付された法案に全会一致で同意し，情報公開法が成立した。

行政機関の保有する情報の公開に関する法律案に対する附帯決議

平成 11 年 4 月 27 日　参議院総務委員会

　政府は，本法律の施行に当たっては，次の事項に留意し，その運用に遺憾なきを期すべきである。

一　開示・不開示の決定について行政機関の長の恣意的な運用が行われないようにするため，各行政機関において開示・不開示の判断をする際の審査基準の策定及び公表並びに不開示決定をする際の理由の明記等の措置を適切に講ずること。

一　手数料については，情報公開制度の利用の制約要因とならないよう，実費の範囲内で，できる限り利用しやすい金額とすること。ただし，本制度が濫用されないよう十分配慮すること。

　　なお，開示請求に係る手数料は，一請求につき定額として内容的に関連の深い文書は一請求にまとめることができることとし，開示の実施に係る手数料は開示の方法に応じた額とし，また，実質的に開示請求に係る手数料相当額が控除されたものとなるようにすること。

一　情報公開審査会の果たす役割の重要性にかんがみ，その構成及び事務局の態勢の十全を期すこと。

一　情報公開制度が的確に機能するよう，行政文書の適正な管理の確保に努めること。

　　なお，本法律施行前の文書管理についても，本法律の趣旨を踏まえ適切に行うこと。

一　各行政機関は，本法律第 5 条に定める不開示情報を含む行政文書の配布等を地方公共団体に行う場合には，当該地方公共団体に対し当該文書の取扱いについて十分な説明を行うこと。

一　知る権利への法律の明記，行政文書管理法の制定等審議過程において議論された事項については，引き続き検討すること。

　　右決議する。

(4) 行政文書の管理と情報公開法

ところで，情報公開法案は第36条で行政機関の長に，行政文書の適正管理（第1項），政令で定めるところにより行政文書の管理に関する定めを設けること（第2項）を義務付け，政令では行政文書の分類，作成，保存及び廃棄に関する基準とその他の行政文書の管理に関する必要な事項を定めるとした（第3項）。この行政文書のガイドライン案が，毎日新聞の報道によって明らかになったのが1999年1月28日のことだ[22]。記事によると行政文書の作成，保存の責務を明記し，保存期間が1年未満，1年，3年，5年，10年，30年に分類されること，各保存期間に該当する文書の概要，行政文書ファイル管理簿の作成などがガイドラインに含まれることがわかった。

当時，複数の省庁で文書の保存期間に永年保存という分類があったが，情報公開法により30年が原則上限となることで長期保存文書の廃棄が行われる可能性，また情報公開法施行前の駆け込み文書廃棄，そして何より2001年1月に予定されていた省庁再編による混乱での文書の廃棄・散逸ということが懸念材料になっていた。歴史文書の移管を各省庁から受けて保管・利用させる国立公文書館はあったが，機能が弱く歴史文書の移管が進んでいないことも，その懸念を裏付けていた。

加えて，情報公開法案が，歴史文書として特別に管理されている文書を請求対象外文書としており（第2条第2項第2号），長期間保存されている文書は，移管されずに保存期間満了により廃棄されるおそれが強い上に，万一移管されても歴史文書は請求権が及ばないという枠組みになっていた。もともと，文書管理の態勢が各省庁でばらばらであるところを，情報公開法案で統一基準を設けるとしていること自体は歓迎されたが，この問題は積み残すにはあまりにも大きな問題であった。

参議院総務委員会で情報公開法の再修正法案が全会一致で可決された4月27日，参議院に議員提案で国立公文書館法案が提出されている。この法案提出の経緯は少しさかのぼってはじまる。1992年1月に最高裁判所が「事件記録等保存規程」を改正し，1994年6月以降，判決確定から50年を経過した民事判決原本が廃棄されることになった。明治期からの判決が廃棄対

象となったことを受けて，最高裁判所から高裁所在地を中心とした国立大学に移管することが合意されて移管が始まっていたが，国立公文書管理法案は，これらの民事判決原本を国立公文書館に移管できるように企図されたものだ。法案で国立公文書館は「国の機関」からの歴史文書の移管を受けること，移管は国の機関との合意によることなどを規定していた。

しかし，「国の機関」からの歴史文書の移管という枠組みで行政機関による移管も位置づけられ，立法府，司法府と同列に扱われ，行政機関から国立公文書館への移管も行政機関の同意がなければ行われない仕組みであった。結果的に，現用文書（現に行政機関が用いている文書）と非現用文書（いわゆる歴史文書）をつなぐ情報公開法制と公文書管理制度の間に，「合意」という段階が挟まることで空白ができ，行政機関の判断で移管をせずに文書が廃棄できる仕組みとなった。また，国立公文書館に移管された歴史文書に対する請求権を保障したものでもなく，請求権制度としても同じ公文書であるはずの歴史文書は取り残されることになった。

公文書管理法案は国会での審議は深まらず，時間もかけられず，4月28日には参議院総務委員会，参議院本会議で可決し，6月15日には衆議院でも可決し成立した。

(5) 情報公開法の積み残した課題

情報公開法は成立したが，いくつか課題が積み残された。

一つは，制度目的に「知る権利」が明記されなかったことだ。情報公開法の目的規定は，開示請求権は国民主権の理念にのっとったものであることが明記されているが，憲法上の権利であるか否かが学説上も見解が分かれ，最高裁判所でも判例がないとして見送られた。主権者としての基本的権利として知る権利が位置づけられなかったことで，情報公開法が政府の説明責任を主権者に対して果たす手段としての開示請求権制度という位置づけになり，請求対象文書である行政文書の開示も，そのための手段ということになった。

また，情報公開法制を機能させるためには，行政文書の作成・取得や管理が適切に行われている必要があるが，行政文書の管理についての法制化は見

送られた。ただし，従来各省庁が規程等で実施していた文書管理について，情報公開法施行令で基準を設けられることにはなった。この変更で，前述のとおり，文書の保存期間が1年未満，1年，3年，5年，10年，30年に区分され，従来省庁によっては存在した永年保存文書という区分が廃止された。そのため，永年保存文書は30年を経過すると廃棄できる文書となった。情報公開法施行令では保存期間満了後の措置として「廃棄等」として，廃棄ないし移管をすることとされたが，国立公文書館に移管をするためには，行政機関の長の同意が必要であったため，廃棄か移管かは各行政機関の裁量的判断に委ねる仕組みとなった。その結果，2001年4月に情報公開法が施行される前年に，複数の省庁で行政文書が大量廃棄されている実態が，2004年に明らかになった。2001年1月には省庁再編があり，行政文書の保存期間区分の変更もあり，かつ情報公開法施行後は保有している行政文書が情報公開請求の対象となるというのいくつかの条件が重なり，行政文書の「整理」が行われていたことが，情報公開クリアリングハウスが公開請求で入手した行政文書を利用した調査で明らかになった。表6が各行政機関の廃棄状況を重量でまとめたものだが，農水省，外務省，環境省などが，2001年度の法施行前に廃棄量が多いことがわかる。当時，行政文書大量廃棄問題を報じた読売新聞（2004年12月8日夕刊）は各省庁に取材し，情報公開法施行前に大量の廃棄が行われていたことについて，次のような回答を得ている。

・外務省…事実関係の確認ができない
・財務省…永年保存規定がなくなったため
・農水省…永年保存規定がなくなったため
・環境省…省庁再編時の引越しで不要文書が発生
・警察庁…保存期間の満了で
・法務省…コメントできない
・公正取引委員会…法施行前に整理し不要文書を廃棄
・人事院…法施行前に整理し不要文書を廃棄

情報公開法と並行して歴史文書としての移管を含む体系的な行政文書の管理法制が積み残されたのは，大きな禍根を残すこととなった（なお，2009

表6　省庁別行政文書廃棄量[23]　　　　　　　　　　　　　　　　　　　　(kg)

	1998年	1999年	2000年	2001年	2002年	2003年
内閣官房	－	－	－	55,890	42,410	43,450
人事院	－	30,250	70,400	33,130	17,840	35,790
内閣府	－	－	－	23,873	0	8,500
警察庁	52,720	110,630	200,000	22,400	19,290	－
防衛庁	－	－	－	498,540	623,170	677,690
金融庁	－	61,309	112,728	117,300	166,480	129,730
公正取引委員会	－	42,180	59,140	46,050	45,780	11,920
総務省	－	－	－	38,140	64,510	59,480
法務省	－	88,000	156,000	124,000	108,000	84,000
外務省	520,080	1,032,800	1,282,750	974,450	413,580	609,150
財務省	－	268,925	618,960	121,330	165,750	214,530
国税庁	－	－	41,900	94,800	84,800	85,100
文部科学省	－	－	－	220	2,680	540
厚生労働省	－	－	－	141,750	90,750	261,300
農林水産省	－	11,000	233,000	30,345	21,434	28,960
経済産業省	44,650	78,010	93,768	52,600	63,190	55,440
環境省	－	55,840	127,220	8,900	9,070	11,680
会計検査院	445,297	473,167	513,1876	534,390	541,653	597,151

※行政文書の廃棄を外部委託しているため，1kgあたりの単価で業者から請求書がだされており，請求書から集計したもの。

年に公文書管理法が成立し，2011年4月に施行となった)。

　積み残された問題で請求者の利便性に直接かかわる問題としては，手数料問題がある。開示請求手数料と開示実施手数料を請求者が負担する必要がある。開示請求手数料は，開示請求書を提出する段階で必要な手数料で，一請求につき300円を負担する必要がある。また，行政文書が開示されると写しの交付や閲覧にかかる手数料を負担する必要がある。請求者に重い負担が

かかることは，情報公開請求を抑制することにもなるため，開示請求手数料の廃止とともに，開示実施手数料については公益目的の場合は減免措置を導入することが法案審議段階で市民側から強く求められていたが，積み残し課題となった。

　請求者の利便性に関わる問題としては，請求に対する決定期限が長いこともあった。自治体の情報公開条例が通常，請求を受け付けた日の翌日から2週間以内の決定をすることとなっているのに対し，情報公開法は30日以内となっていること，決定期限の延長が30日できるだけでなく，特例延長が期限の定めなく可能な仕組みとなっており，請求に対する決定の長期化が懸念されていた。

　非公開規定の範囲が広いことは，法案審議段階で問題になったが，国会審議を通じて修正されなかった。情報公開の範囲を決める問題だけあって，積み残された課題は大きい。特に問題になったのは，外交防衛情報（情報公開法5条3号），犯罪捜査等情報（同4号）で，他の不開示規定に比べて行政機関の不開示の判断に広い裁量を認める規定となっており，情報公開訴訟を提起しても争うことが困難なものとなっている。また，法人情報（同2号）に法人等から非公開約束で提供された情報を特に不開示とする規定が設けられ，法人情報の不開示範囲が非公開約束で不当に拡大することが懸念された。審議検討情報（同5号）では，「率直な意見の交換若しくは意思決定の中立性が不当に損なわれるおそれ，不当に国民の間に混乱を生じさせるおそれ又は特定の者に不当に利益を与え若しくは不利益を及ぼすおそれ」があるものを不開示とする規定となり，「不当」であることが要件となっているものの，市民の正当な意見表明や批判が支障とされる可能性があることが懸念された。これらの不開示規定については，積み残し課題となった。

　不開示となった場合に情報公開訴訟が提起できるが，提起できる場所が国会での修正を経て8カ所の高裁所在地を所管する地方裁判所まで拡大されたものの，公平に裁判を受ける権利が保障されるには，裁判管轄をすべての地方裁判所まで広げるべきとの意見が市民側から強かったが，積み残し課題となった。また，裁判手続では，裁判所が不開示情報を非公開で見て審理を

するインカメラ審理の導入を求める声も強かったが，これも積み残しとなった。

これらの積み残し課題があることを前提に，情報公開法附則3項は，施行後4年を目途に施行状況を踏まえて見直しを行い，必要な措置を講ずるものとすることが，国会での修正で盛り込まれたが，現在に至るまで法改正は行われていない[24]。

4 市民社会における情報公開法制定に向けた取り組み

(1) 情報公開法案の提出に備えた市民側の動き

1991年12月に政府の「情報公開問題に関する連絡会議」で申し合わされた「行政情報公開基準」は，共通の非公開基準と非公開情報の類型，公開できる情報の類型などを示し，決裁供覧の終わった文書を対象にしていた。「行政サービス」としての情報公開であったので，非公開となった場合の救済制度もなかった。そのため，情報公開が進むかどうかについて市民側は懐疑的であったが，できた制度を使い検証しようと「霞が関情報公開ツアー」を1992年2月25日，9月22日に情報公開法を求める市民運動が行うなど，政府の情報公開の実態を明らかにする取り組みが行われた。

1993年に細川政権が誕生し，情報公開制度の法制化が現実的になると，おおよそ4つの流れで情報公開法制定の推進が働きかけられるようになる。1つ目は，市民団体だ。情報公開法制定を求めて活動してきた消費者団体，自由人権協会，情報公開法を求める市民運動などと，自治体で情報公開条例を使う活動をしている地域グループにより，集会や意見表明，情報公開事例と非公開事例など情報公開法の必要性を示す事実の提示などが進められた。2つ目は，日本弁護士連合会だ。情報公開法案の検討を独自に行い，意見表明や国会議員への働きかけ，シンポジウムなどを開催した。3つ目は，各界を横断する「情報公開法制定推進会議」の発足だ。1994年10月に発足し，清水英夫青山学院大学名誉教授が代表世話人を務め，世話人には経済界，労働界，研究者，自治体首長，弁護士，消費者・市民活動団体，生協，ジャー

ナリストなど，様々な分野に所属する個人によって構成された。4つ目は，情報公開法を求める市民ネットワークだ。主に消費者団体で構成され，1995年6月に発足した。

　情報公開法制定推進会議は発足後すぐに，1996年度末までに情報公開法の成立を目指すことを目的とすることを確認し，「情報公開法5原則」を決定した。推進会議発足の背景は，「政府の動きに任せておくだけでは，これまでの経験から官僚の強い抵抗が予想されるなかで，国民が求める情報公開の趣旨に即した法案ができるのか，また速やかに作成されるのか，はなはだ不安」，「改めて『なんのために，なにを公開させるのか』という原点を確認するとともに，情報公開が請求に意欲的な一部の人たちのためのものとあしらわれがちな現状を克服し，私たちの日常生活やビジネスに必要なごく当たり前の情報が官僚に私物化されているという前近代的状況を打破することを，この情報公開法の中心に据えたい」と，会の趣旨で説明されている[25]。また5原則について，「これらは情報公開制度として欠くことのできない要件を示したものであり，今後行政改革委員会で検討する際，文字通り『原則』とすべきものと考えています」としている[26]。そして，1995年10月には，「情報公開法制定推進会議行政情報公開法モデル大綱」を発表している。

情報公開法5原則

情報公開法制定推進会議

1　「知る権利」の保障を法の目的とする。
2　すべての行政機関，特殊法人等政府関係法人を制度の対象機関とし，職員が職務上作成・取得した情報はすべて公開請求の対象とする。
3　公開を原則とし，例外的に非公開とすることのできる情報（適用除外）は必要最小限の範囲で明確に定める。
4　「何人」にも公開請求の権利を認め，閲覧・複写の費用を最低限のものとするなど，利用しやすい制度とする。
5　公開請求情報が非公開になったときのため，迅速かつ公正な再審査のできる救済機関を設ける。

情報公開法の制定を求める市民ネットワークは，主婦連合会，全国消費者協会連合会，日本生活協同組合連合会，東京都消費者団体連絡センター，情報公開法を求める市民運動，弁護士から代表委員が出て，「市民の求める『情

情報公開法9原則
　　　　　情報公開法の制定を求める市民ネットワーク

1　「知る権利」の保障を法の目的とする。行政運営のための秘密保護法にしない。
2　「何人」にも公開請求の権利を認め，情報目録の整備，請求窓口の全国的な設置，閲覧は無料，複写の実費を最低限のものとするなど，利用しやすい制度とする。
3　すべての行政機関，特殊法人等政府関係法人を制度の対象機関とし，職員が職務上作成・取得した情報はすべて公開請求の対象とする。なお，国会や裁判所の情報公開法も求める。
4　対象機関は，活動を記録する義務，文書その他の情報を保存する義務を負い，みだりに文書不存在を理由とする非公開にしない。
5　すべて情報は公開を原則とし，例外的に非公開とすることのできる情報（適用除外）は必要最小限の範囲で明確に定める。非公開の理由は，個別具体的に明示し，適用除外に該当することの立証責任は行政機関が負う。また，適用除外事項以外で公開を妨げる法律や政令は改正する。
6　人の生命又は身体の安全，健康の保持，財産又は環境の保全に影響を及ぼす情報及び公益事業その他消費生活に重大な影響を与える情報，並びにこれらの事項に関する合議制機関の情報は，適用除外にはしない。
7　個人のプライバシーは最大限に保護するが，プライバシー保護と関係のない個人識別情報を過度に非公開としない。
8　公開請求情報が非公開になったときのため，公正かつ迅速な再審査のできる，独立の救済機関を設ける。
9　情報の収集・管理・公開に関し，永続的な制度改善のために，国民の参加による情報公開制度運営委員会を設ける。

報公開法』早期制定のために必要な提案・行動を共同して推進する」ことを目的に発足した[27]。消費者団体は，1970年代に始まる情報公開法制定運動のルーツの一つで，1995年7月に施行された製造物責任法（PL法）の制定活動を進める中で，企業情報のうち欠陥情報の公開問題にも取り組んできており，その流れからも情報公開法制定の推進活動をすることとなった。

そして，1995年に消費者の立場から「情報公開法9原則」をまとめ，発表をした。9原則の解説で，「消費者団体は，『情報公開法と製造物責任法は車の両輪である』（ラルフ・ネーダー）との立場から，これらの立法運動を展開してきましたが，特に昨年制定された製造物責任法においては，欠陥推定規定や一般的な情報開示義務規定が設けられませんでした。このため，消費者保護の立場から欠陥立証のために有効に機能する，真の情報公開法を求める運動を展開して行く必要があります。」[28]と，活動の趣旨を述べている。

このように，情報公開法制定を推進する様々な団体・個人が，それぞれ特徴をもって連携して枠組みを作り，原則を示し意見表明を行い，国会議員に考えを聞く機会を設けていく状況が作られていった。原則を明らかにすることは，政府が作成する情報公開法案の評価軸を作っていくことでもあった。

(2) 市民社会と国会議員の対話から焦点化された法案の論点

日弁連が主催したシンポジウム・集会を除いて，市民側で国会議員を招いた，あるいは国会議員が参加したシンポジウム，集会は，情報公開法要綱案が公表されて以降，増加していく（表7参照）。情報公開法案の国会提出前，そして国会提出後は審議入りする前から，与野党の国会議員を招いて意見を聞く場が設けられ，こうした場を通じて情報公開法案の審議の論点の共有が図られていった。たとえば，情報公開法を求める市民運動主催で1997年12月4日に開催された「情報公開法シンポジウム　与野党国会議員討論会」は，「今回のシンポジウムでは法案審議を先取りするということで，各党の情報公開法に対する基本的な考え方を聞くとともに，審議における主要な論点について，それぞれの立場を述べてもらうとともに，それに基づいて議論をしてもらいました。」[29]とその趣旨を説明している。このシンポジウムを

表7 国会議員を招いた,あるいは参加を求めたシンポジウム等

年月日	名　称	主　催
1993年2月12日	国会議員シンポジウム「政治改革と情報公開」	市民運動
1993年5月27日	「情報公開法」早期制定実現集会(野党共同法案)	連合,市民運動共催
1994年10月24日	情報公開法公開討論会	推進会議
1995年4月6日	情報公開法に関する公開討論会	推進会議,行革国民会議共催
1997年1月30日	情報公開法シンポジウム　どうする情報公開法　各党の意見	市民運動
1997年7月16日	国会議員シンポジウム「情報公開法・法案審議の争点―各党の意見を聞く」	市民ネットワーク,市民運動
1997年9月24日	情報公開法公開討論会　情報公開法案化作業の状況と情報公開法審議の争点	推進会議
1997年12月4日	情報公開法シンポジウム　与野党国会議員討論会	市民運動
1998年2月6日	院内　情報公開法政府原案検討会	市民運動
1998年3月16日	情報公開法国会議員シンポジウム　国会編法案提出・審議前に	市民運動
1998年4月24日	院内集会「利用しやすい情報公開法を」	市民ネットワーク,市民運動,知る権利ネットワーク関西共催
1998年9月4日	緊急市民院内集会　どうする情報公開法	市民ネットワーク,市民運動,知る権利ネットワーク関西呼びかけ
1998年9月29日	緊急市民集会　情報公開法修正与野党協議	市民運動
1998年12月2日	情報公開法の早期制定と政府案の修正を求める院内市民集会	市民運動呼びかけ,各市民団体共催
1999年2月10日	情報公開法の政府案修正と早期成立を求める情報公開法案「市民公聴会」	市民ネットワーク,市民運動
1999年3月16日	利用しやすい情報公開法を求める院内市民集会	市民ネットワーク,市民運動,知る権利ネットワーク関西呼びかけ

「市民運動」＝情報公開法を求める市民運動
「市民ネットワーク」＝情報公開法の制定を求める市民ネットワーク
「推進会議」＝情報公開法指定推進会議

「出前国会」と評したのは，朝日新聞の「窓　論説委員室から」欄で，「各党一人ずつがチームを組み，官僚抜きで政策について討論する。聴衆の質問にも答える。『出前国会』とでも名付けようか」とある[30]。このような場が，断続的に情報公開法案審議前，審議中，与野党協議中と行われていった。

こうした積み重ねの中でも，包括的に様々な論点で政府提出法案に対する修正を求める意見から，徐々にいくつかの論点，具体的には市民が制度を使う上で最も支障になる手数料問題と裁判管轄問題の修正に焦点化していった。また，長引く国会審議に市民側の要求も，法案修正と早期制定という相反するものとなり，両方を実現するために修正ポイントを絞ってでもこの機会に法を制定すべきという空気ができてきた。

1999年2月からの毎日新聞連載「扉を開けよう　情報デモクラシー'99」に掲載された，情報公開法を求める市民運動代表世話人だった清水英夫青山学院大学名誉教授のインタビューには，「制定を求める人には，不満が多いがとにかく制度を導入して民主化に役立てたいという人と，不十分なものが制定されると政府の情報隠しを正当化させてしまうから時間をかけていいものにしようという人がいる。僕は前者です。より良いものを求めるのも分かるが，その可能性は非常に薄い。逆に今のチャンスを逃したら次に浮かび上がるのは当分先になると考えます。情報公開制度を先行させた地方自治体は，行政の透明度が高まったと思う。不満があっても今作るべきです。」とある。これは，政府法案ですら，平均的な情報公開条例よりもより良いものであるが，一方でその自治体条例を市民が使うことで少なくない成果を上げてきたことを知る人々の間での共通認識を表しているといえる。

一方で，長引く法案審議と，1998年9月に野党共同修正提案に対し，自民党が事実上のゼロ回答をして以降，与野党の法案修正協議が行われていることは報道等を通じて伝わっているものの，先行きが不透明で，市民側の国会に対するトーンが厳しくなってきた。1999年2月10日に開催された「情報公開法の政府案修正と早期成立を求める情報公開法案『市民公聴会』」では，様々な活動をしている8名が公述人として登壇し，与野党間の修正協議の内容についても厳しい意見が相次いだ。このことについて，「出席した野党

各党の国会議員は，押され気味の『答弁』が目立った。」「『野党が昨年9月に出した12項目の共同修正案すべてが実現しないとダメという意見もわかるが，そこは4年後の法律見直しで修正を勝ち取れないか。小さく生むのがダメという方は，政権交代させてほしい』と理解を求めた。」という一幕もあった[31]。この市民公聴会の終了間際に，同日夕方に自民党側から修正案の提示がされるとの情報が参加していた国会議員から報告され，衆議院通過に向けて事態が動き始めることとなった[32]。

　衆議院で与野党が合意して修正案を共同提案し，全会一致で衆議院を通過するころには，抜本的な法案修正を求める意見は述べつつも，参議院では手数料問題と裁判管轄問題でさらなる前進を勝ち取るべきだが，とにかく早期成立を求めるという意見が市民側でも，報道でも目立つようになる。参議院に送られた修正法案に対しては，参議院審議入りをした1999年3月16日に，「利用しやすい情報公開法を求める院内市民集会」が開催され，衆議院議員に対してもっぱら働きかけをしてきた市民側が，法案審議の争点について参議院議員に対して改めて働きかける場が設けられたが，衆議院の時のような熱は冷めつつあった。もっぱら，公開の集会・シンポジウムよりも，個別の議員への働きかけが中心になった。

　1999年5月7日に情報公開法が成立すると，推進会議，市民ネットワークは解散したが，それ以外は次の段階として情報公開制度を活用する活動に移行していく。

5　自治体での情報公開制度の制定・改正

(1) 国の法制化による自治体への影響

　1982年に最初に情報公開条例が制定されてから徐々に制定条例数が増えていたが，図1のとおり，1994年4月1日までに条例を制定していたのは273団体だった。平均すると1年間で20団体程度の増加で，都道府県での条例制定は進んだが，市町村，特に町村部での制定はあまり進んでいなかった。しかし，国で情報公開法の制定方針が明確になった1994年度以降から

制定数が増え始めた。

　情報公開法要綱案は，第26で「地方公共団体は，この法律の趣旨にのっとり，情報公開に関し必要な施策を策定し，及びこれを実施するよう努めなければならない」としていた。成立した情報公開法にも，第41条（現行は第25条）で「地方公共団体は，この法律の趣旨にのっとり，その保有する情報の公開に関し必要な施策を策定し，及びこれを実施するよう努めなければならない。」と規定としており，こうした国の動向を見て制定の検討を始める自治体が増加し始めた。

　国が法制化に動く前は，自治体議会では情報公開条例の制定を求める質問に対し，執行部が国の動向を見ての検討を答弁する傾向が顕著で，換言すれば，国が法制化に動けば自治体でも情報公開条例の制定の先送りがしにくくなっていったのである。情報公開法が制定された1999年には4月1日現在で894団体が条例を制定し，すべての都道府県が条例制定を終えた。情報公開法が施行される2001年4月1日までには，制定数は2218団体に増え，

図1　情報公開条例の制定状況

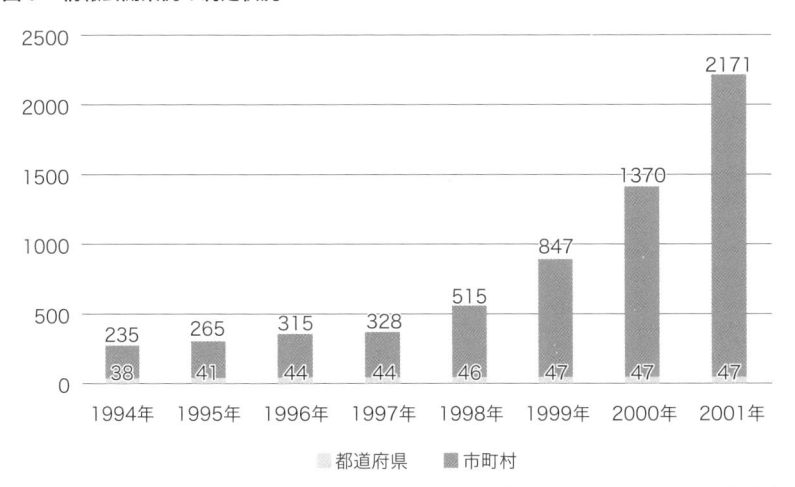

年	都道府県	市町村
1994年	38	235
1995年	41	265
1996年	44	315
1997年	44	328
1998年	46	515
1999年	47	847
2000年	47	1370
2001年	47	2171

※　いずれも，4月1日現在のデータ。2000年調査まで自治省行政局行政課，2001年は総務省行政局行政課発表資料より
※　要綱制定自治体の数も調査されているが，この図では条例制定自治体数のみ

情報公開条例は自治体の標準装備となった。

(2) 条例改正に動く自治体

　各地で条例の制定とは別の動きも始まった。情報公開条例の改正だ。要綱案，情報公開法ともに，法律の趣旨に則った必要な施策の策定と実施の努力義務を自治体に課しているが，ここには未制定自治体の条例制定だけでなく，既存の情報公開条例の見直しが含意されている。要綱案，情報公開法ともに，前述のとおりいくつかの点で平均的な条例の制度上の問題を乗り越えたものになっていたので，条例改正は不可避だった。具体的には，請求対象文書の範囲を決裁・供覧に限定し，記録媒体も紙媒体を基本としている条例が一般的であったのに対し，情報公開法は決裁・供覧文書に限定せず組織共用文書と定義し，記録媒体はあらゆるものを含む。また，不開示規定も一般的な自治体条例より要件が整理され，救済機関である情報公開審査会の権限規定なども整備されていた。

　そして，都道府県条例はいずれも公安委員会（警察）を実施機関に加えていなかった。都道府県をまたぐ広域捜査を行うこともあるなど，どこかだけ情報公開条例の対象となっているのは不都合だということと，都道府県警察は行政警察と司法警察と2つの分野の活動があり，司法警察分野は犯罪捜査，刑事手続などに関わるため特に非公開規定を整備する必要がある，ということがその主な理由だった。しかし，情報公開法が警察庁を実施機関としたため，都道府県でも対応をすることになった。

　すでに情報公開は都道府県で具体的な問題となっていた1996年から全国各地で「市民オンブズマン」が食糧費の使途の情報公開請求をはじめ，官官接待の実態が明らかになるとともに，都道府県警の支出に対しても，情報公開請求が行われるようになった。警察から知事部局の出納長に回された会計書類であれば，知事部局に対して情報公開請求ができるからだ。しかし，多くが不開示とされ，また知事部局が保管している文書以外には請求が及ばず聖域化していたため，国の動向を見て市民の側からも警察を早く条例の実施機関に加えるべきという圧力が強まっていた。

最も早く情報公開条例の改正を検討し提言をまとめたのが，北海道と高知県だ。1997年12月16日に北海道の「情報公開制度検討会」が「北海道の情報公開制度の改善に関する提言」を取りまとめ，同17日に高知県の「情報公開を考える懇話会」が提言を取りまとめ知事に提出した。

　北海道の提言の主な内容は，①前文を設けて知る権利等の明記，②公文書の定義を組織共用文書とする，③非公開とする個人情報の規定を個人識別型からプライバシー型に変更，④合議制機関情報の削除，⑤主務大臣から非公開との指示のある情報を非公開とする規定の削除，⑥公益上の理由による裁量開示規定を設ける，⑦存否応答拒否情報はプライバシー情報に限って認める，などで，道公安委員会については，情報公開法施行後，速やかに加えることを求めている。

　高知県の提言の主な内容は，①知る権利の明記，②県議会，県公安委員会を実施機関に加える，③公文書の定義を組織共用文書とする，④請求権者は「何人」とする，⑤公務員の氏名・職務内容を原則公開とする，⑥現行の国等協力関係情報，意思形成過程情報，合議制機関等情報の非開示条項を削除しスリム化して，行政運営・執行情報にまとめること，⑦コピー代の軽減，⑧審査会の態勢強化で，県公安委員会については国の情報公開法施行後1年を目途に実施機関に加えることを求めていた。いずれも1998年3月の議会に改正条例案が提出され，成立した。

　1997年9月からは，東京都が情報公開条例の改正の検討を始め，「東京都における情報公開制度のあり方に関する懇談会」が設けられた。改正内容の多くは北海道，高知県と共通するものが多いが，異なったのは手数料の扱いだ。公開された文書のコピー代は，1枚10円と実費の徴収のみの自治体と，手数料として1枚20〜30円を徴収していた自治体があった。このコピー代の他に閲覧手数料を徴収していたのが東京都で，公開された文書のコピーを取得するときは，閲覧手数料とコピー代と両方支払わなければならず，高額な費用がかかることがしばしば請求者の間で問題になっていた。懇談会では，閲覧手数料の廃止は提言せず，利用しやすい金額への引き下げを行うこととした。また，コピー代は実費ではなく1枚20円という手数料が設定され，

現在に至っている。

(3) 地方分権と情報公開条例

当時の時代状況として，地方分権と情報公開条例の関係にも言及しておきたい。1990年代まで，一般的な情報公開条例は，機関委任事務を念頭に国等との関係に特別に配慮する非公開規定が設けられていた。東京都条例では，「都と国等との協力関係又は信頼関係が損なわれるおそれがあると認められるもの」を非公開とする規定があった。1996年12月の地方分離推進委員会第一次勧告で，国と自治体の新しい関係として，機関委任事務を廃止し，それに伴い自治体事務を自治事務と法定受託事務（機関委任事務に代わるもの）とすることが提言された（1999年に地方分権一括法が成立し，2000年4月の施行により機関委任事務は廃止）。

この動向を受けて，情報公開条例の改正議論が行われた結果，機関委任事務廃止を前提に，国と自治体の関係に関する特別の非公開規定を廃止することとなった。その代わり，従来，条例上の実施機関の事務事業の遂行上の支障を理由に非公開とする規定を，実施機関だけでなく，国や他の自治体の行う事務事業の遂行上の支障を理由とする非公開規定に整理された。また，法定受託事務に関しては，主務大臣から法的拘束力を伴う非公開の指示があった場合は，法令秘として非公開とする規定に整理された。従来からの条例では，法令等の規定で非公開とされているものについては，法令秘として非公開とする規定が設けられていたが，法令上の根拠が不明確な国の行政機関の課長級からの通知・通達を根拠に法令上を適用して非公開とする判断が見られ，情報公開を進める足かせになっていた。これらは，従来の制度からは一定の前進で，国と自治体の関係の変化と情報公開法の制定という2つの時代状況が，今の自治体情報公開条例の形を作っていくことになった。

6　小括

1990年代は日本における情報公開制度の発展，展開期となった。その原

動力は，政権交代と市民による制度利用の拡大だ。

　自民党政権下で具体化しなかった情報公開法制定は，1993年の政権交代による細川政権の誕生により現実的な政治スケジュールになった。政権交代がなければ情報公開制度の法制化はさらに時間を要しただろう。特筆すべきは，情報公開法の制定が単なる政治目標ではなく，行政改革委員会設置法の中に検討のスケジュールが埋め込まれ，法的義務となったことだ。このことで，政権が代わっても情報公開法の検討が中断することはなかった。1993年以降は，政権枠組みは幾度も変わり，情報公開法案が国会に提出される段階では自民党，社民党，新党さきがけの3党連立政権になっていたが，情報公開法案を国会に提出するという流れは止まることはなかった。

　情報公開法を検討した行政改革委員会行政情報公開部会の取りまとめた「情報公開法要綱案」は，自治体の情報公開条例一般が抱える制度上の問題を解決，改善する内容を含み，国の法制化は消極的，保守的になるのではないかという懸念を良い意味で裏切るものになった部分がある。そこで，市民側には要綱案に問題はあるものの及第点という評価が広がり，早期法案提出を求め，また法案に対しては早期制定と国会での修正という一見矛盾する要望が行われるようになった。また，野党各党が独自の情報公開法案を作成し，法案審議での焦点化も進み，積み残し課題はあるものの，国会での法案修正を経て与野党賛成で情報公開法が成立したが，政権交代と枠組みの変更という政治の変化がそれを後押しすることとなった。

　こうした動きの背景として，市民側による情報公開制度の活用がある。前述の通り，情報公開法要綱案は，自治体の情報公開条例の制度上の課題を解決・改善する内容を含んでいたのは，自治体条例を使う市民がつくりだした請求事例，不服申立て・裁判事例の蓄積によるところが大きい。具体的な問題が立法事実として自治体制度の運用を通じて示されたことになる。並行して，1990年代は情報公開制度を使う人々が拡大した時期でもあった。官官接待などを追及した市民オンブズマンの全国的な登場もあるが，こうした取り組みから刺激され，報道機関による制度利用も広がった。また，様々な地域問題に取り組む市民団体，消費者団体などの制度利用も進み，情報公開請

求がどのような活動上の意義を持ち，成果が得られるかが理解されるようになった。情報公開請求事例の蓄積[33]が，情報公開制度は痛みも伴うが必要なものと行政でも理解されるようになりつつあったと言えるだろう。情報公開法制定と前後して，自治体での条例制定はさらに広がり，またすでに制定していた自治体では，最低でも情報公開法並みを念頭においた改正が行われたことは，そのような傾向の表れと受け取られるべきものだ。

【注】
1)『情報公開』第58号，1994年10月7日。
2) なお，情報公開法の実際の運用では，非公開で行われた会議で発言者名を含む議事録の公開を行っていない。合議制機関の議事録資料は，今後の同種の会議への支障を理由に不開示とされることが多い。
3) 当時のことは『核燃料輸送白書　放射能が走る』（核燃料輸送反対全国交流会編，日本評論社，1994年）に詳しい。
4)『情報公開』第65号，1996年12月18日。
5) シンポジウムの内容の記録は，『情報公開』号外，1997年3月7日。
6)『日本経済新聞』1997年1月6日。
7)「行政の立場を優先　情報公開法政府原案」『朝日新聞』1997年12月23日。
8)「情報非公開6分野　安保　治安　広い行政裁量の余地」『読売新聞』1997年12月28日。
9)『情報公開』第76号，1998年10月8日。
10) 1998年6月1日に社民党・新党さきがけとの連立を解消し，自民党単独政権となっていた。
11)『情報公開』第76号，1998年10月8日。
12) 同上。
13) 同上。
14) 野党3党（民主・公明・社民）国対委員長会談メモ，1999年1月19日。
15)「民主『情報公開法案』前面に　野党時代に共同で修正案　自民揺さぶる狙い」『読売新聞』1999年1月22日。
16)「情報公開法案　不服提訴　8か所で可能　来月中旬衆議院通過を目指して修正を検討」『毎日新聞』1999年1月23日。
17)「情報公開法，今国会成立も　衆院来月通過　内閣委が方針　政府案修正審議へ」『朝日新聞』1999年1月23日。

18)「情報公開法案自民が修正案提示へ」『朝日新聞』1999年1月29日。
19)「情報公開法案　与野党歩み寄りつつ…『共同提案』焦点に浮上」『朝日新聞』1999年2月7日。
20)「情報公開法案請求手数料300円　自民と民主合意」『読売新聞』1999年2月9日。
21)『情報公開』第79号，1999年5月7日。
22)「行政文書　保存期間，6段階に分類　政府が情報公開でガイドライン案　秘密保護で例外も」『毎日新聞』1999年1月28日。
23)「各行政機関の文書廃棄量調査結果－情報公開法施行を前に省庁が文書を大量廃棄の実態が明らかに」(情報公開クリアリングハウス，2004年12月7日)。
24) 2004年度に総務省で「情報公開法の制度運営に関する検討会」が設けられ，法の見直し検討が行われたが，運用改善が必要だが法改正の必要はないと結論づける報告書が出され，その後，運用改善のための措置は講じられたが，現在に至るまで法改正はされていない。また，2011年4月に政府による改正情報公開法案が国会に提出されたが，審議未了で衆議院解散とともに廃案となっている。
25) 情報公開法制定推進会議「情報公開法制定推進会議について」。
26) 情報公開法制定推進会議「情報公開法5原則についての要望」，1994年12月9日付け村山富市総理大臣あて。
27) 情報公開法の制定を求める市民ネットワーク申し合わせ，1995年6月29日。
28) 情報公開法の制定を求める市民ネットワーク「情報公開法9原則・解説」。
29)『情報公開法』第71号，1997年12月26日。
30)「窓論説委員室　出前国会」『朝日新聞』1997年12月8日。
31)「扉を開けよう　情報デモクラシー'99　90人が参加『市民公聴会』『今国会で成立させて』厳しい意見が続々　議員らタジタジ」『毎日新聞』1999年2月11日。
32)『情報公開』第78号，1999年2月26日。
33) なお，自治体の情報公開条例により公開された文書を集めたものとして，『情報公開100の事例』(情報公開クリアリングハウス編，2000年)がある。

第3章
福島原発事故と情報公開請求

1　原発事故対応組織と公開の推移

(1) 情報公開法の一般的な運用状況

2001年4月に施行された情報公開法による公開請求件数は，年々増加傾向にある。図1は年度ごとに新規に受け付けた公開請求件数を表している。

図1　情報公開請求新規受付件数の推移

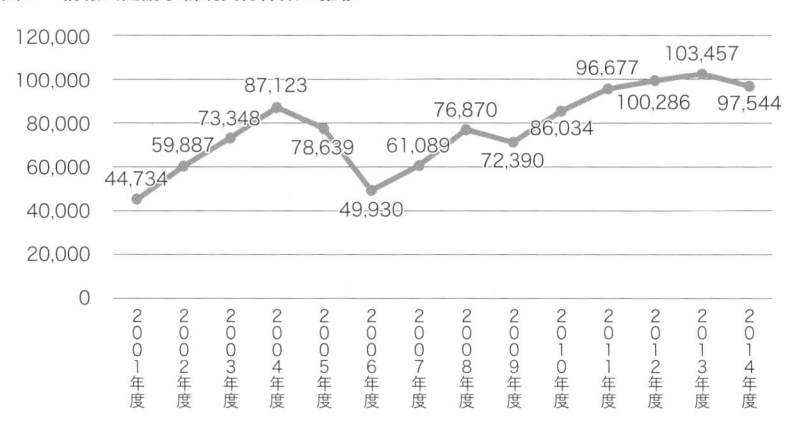

年度	件数
2001年度	44,734
2002年度	59,887
2003年度	73,348
2004年度	87,123
2005年度	78,639
2006年度	49,930
2007年度	61,089
2008年度	76,870
2009年度	72,390
2010年度	86,034
2011年度	96,677
2012年度	100,286
2013年度	103,457
2014年度	97,544

2006年度に公開請求件数が大幅に減少しているが，国税庁が実施していた高額納税者の公示制度を廃止した影響などによるものだ。この影響は，図2の全部公開決定の割合の変動とも関係している。

2005年度まで実施されていた高額納税者公示制度では，毎年2週間程度高額納税者情報が公示され，閲覧は可能だが写しの交付は受けられない仕組みだった。情報公開法が施行されると情報公開請求をすれば写しの交付も受けられるようになった。酒類等製造免許及び酒類販売業免許の閲覧制度も同

110　第Ⅰ部　公開

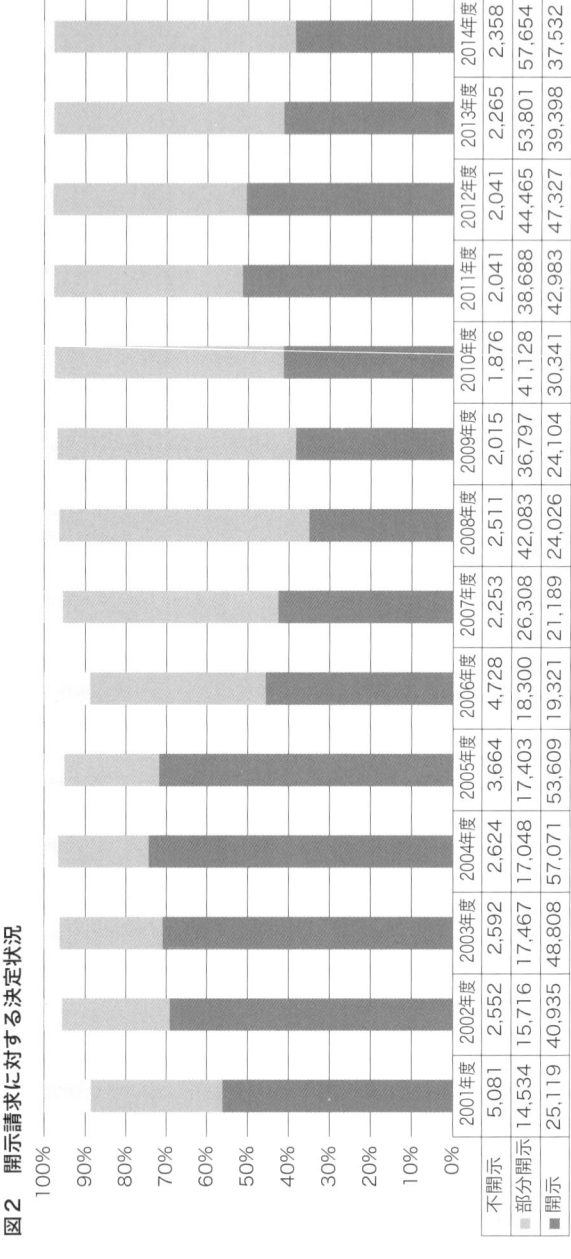

図2　開示請求に対する決定状況

	2001年度	2002年度	2003年度	2004年度	2005年度	2006年度	2007年度	2008年度	2009年度	2010年度	2011年度	2012年度	2013年度	2014年度
不開示	5,081	2,552	2,592	2,624	3,664	4,728	2,253	2,511	2,015	1,876	2,041	2,041	2,265	2,358
部分開示	14,534	15,716	17,467	17,048	17,403	18,300	26,308	42,083	36,797	41,128	38,688	44,465	53,801	57,654
開示	25,119	40,935	48,808	57,071	53,609	19,321	21,189	24,026	24,104	30,341	42,983	47,327	39,398	37,532

様であり、この2つの情報公開請求が大量に行われた結果、2005年度までは、請求件数の半数以上が国税庁に対する情報公開請求となっていた。これらは閲覧対象となっている情報であり、写しの交付のために情報公開請求がされていたようなものなので、公開請求に対する決定は全面公開となる。そのため、請求に対する全部公開処分の割合が高いという運用状況になっていた。2006年度に高額納税者公示制度が廃止され、酒類等製造免許と酒類販売業免許はインターネットで公表されることとなったため、2006年度の情報公開請求が前年比で大幅に減ることとなった。

　請求件数がその後回復した主な要因は、法務省と国土交通省への請求件数の大幅な増加だ。2009年度以降は、半数以上が法務省と国土交通省に対する請求で占められている。国土交通省は2009年度から請求件数が増加し続けているが、原因は、情報公開・個人情報保護審査会の答申が工事設計書の積算単価を原則公開と判断したことを受けて、2009年度途中から公開するようになったためである。工事の受注を目指す事業者が情報公開請求をするようになり、公共工事関係の請求件数が一気に増加した。請求が増加した原因となる文書は全部公開として扱われているため、国交省の全部公開率は高い。たとえば、2013年度に国交省は29,264件の決定を行い、そのうち25,242件が全部公開となっている。

　一方、法務省は、登記手続に関する情報の公開請求件数が多くを占めており、これは部分公開となるため部分公開率が非常に高い。たとえば、2013年度は36,805件の決定を行い、そのうち34,160件が部分公開となっている。この2省に続いて請求件数が多いのは厚生労働省で、医薬品・医療機器関係の許認可に関する申請書類の情報公開請求が多く、部分公開決定が占める割合が多い。そのため、情報公開法施行当初に比べると、部分公開の割合が増え、全部公開の割合が減ることになった。これらの傾向の変動から言えることは、請求件数を押し上げているのは、およそ商業目的の請求であると言える。

　では、どのようなときに市民が請求するのかというと、何か問題を認識したからであり、福島原発事故はまさに情報公開請求をする必要を認識する大

きな事件である。そこで次に，実際に関連する情報公開請求がどのくらいあったかみてみたい。

(2) 福島原発事故と情報公開請求の対象となる機関

原子力に関わる行政組織は，福島第一原子力発電所事故までは，主に内閣府（原子力委員会，原子力安全委員会），経済産業省（資源エネルギー庁，原子力安全・保安院），文部科学省（放射線），厚生労働省（労働者の被ばく）であった。原発事故後の所管や組織の変更で，2012年9月までに主に内閣府（原子力委員会，原子力被災者支援），経済産業省（資源エネルギー庁），環境省，厚生労働省（労働者の被ばく），原子力規制委員会となった。福島原発事故に関して情報公開請求の対象となり得る行政機関は次のようになる。

環境省は従来，廃棄物行政を所管していたが，放射性廃棄物は所管していなかった。福島原発事故後，2011年8月に議員立法で放射性物質汚染対処特措法が制定，一部施行され，2012年1月に全面施行されるに伴い所管が変更された。特措法は，放射性物質に汚染された廃棄物の処理と，放射性物質に汚染された土壌等の除染等について，国，自治体，関係原子力事業者等が講じる措置・責務等を定めたもので，環境省が除染の実施や放射性物質に汚染された廃棄物についても所管することとなった。そのため，2012年以降は関連する情報公開請求の対象になりうる機関となった。

福島原発事故の対応のために設置されたのが原子力災害対策本部だ。2011年3月11日の15時42分に福島第一原発の吉田昌郎所長は全交流電源喪失後，原子力災害対策特別措置法に基づく10条通報を行い，16時45分に非常用炉心冷却装置による注水ができなくなったことを受けて，15条に基づく通報を原子力安全・保安院に行った。10条通報は異常事象の発生を，15条通報は緊急事態の発生を通報するもので，通報を受けた政府は，同日19時3分に原子力緊急事態宣言を出すとともに，総理大臣を本部長とする原子力災害対策本部を設置している。同時に，経済産業副大臣を本部長とする原子力災害現地対策本部を設置した。いずれも内閣府が本部事務局となっている。

表1 原発事故対応の組織

原子力災害対策本部		本部長：総理大臣 【事務局】経済産業省原子力安全・保安院緊急時対応センター（ERC）	2011/3/11〜
	原災本部事務局（ERC） ↳総括班，プラント班，放射線班，住民安全班，広報班，医療班	事務局長：原子力安全・保安院院長 事務局次長：保安院次長，内閣危機管理監，内閣府大臣官房審議官（防災担当），消防庁審議官	2011/3/11〜
	緊急参集チーム	原災本部設置までの初動対応	2011/3/11〜
	原子力災害現地対策本部	本部長：経済産業副大臣 （オフサイトセンター，3/15に福島県庁に移転）	2011/3/11〜
	汚染水対策現地調整会議		2013/9/9〜
	経済被害対応本部	チーム長：経済産業大臣	2011/4/11〜
	文科省原子力災害対策支援本部	文科省非常災害対策センター（EOC）内。モニタリング，SPEEDI など	2011/3/11〜
	原子力被災者生活支援チーム	内閣府	
	原発事故経済被害対応チーム	内閣官房	
	政府・東京電力統合対策室	福島原子力発電所事故統合対策から改組。原災本部の下に位置付けられる	2011/5/6〜12/16（解散）
	政府・東京電力中長期対策会議 ↳中長期対策会議運営会議	事務局は資源エネルギー庁	2011/12/16〜2013/2
	東京電力福島第一原子力発電所廃炉対策推進会議 ↳事務局会議	政府・東京電力中長期対策会議を廃止し設置。事務局は資源エネルギー庁	2013/2/8〜
	廃炉・汚染水対策関係閣僚等会議	廃炉対策推進会議の後継組織。廃炉・汚染水対策チームの設置を決定	2013/9/10〜
	廃炉・汚染水対策チーム	廃炉対策推進会議の後継組織。関係閣僚等がメンバー	2013/9/10〜
	廃炉・汚染水対策チーム会合 ↳事務局会議	廃炉対策推進会議の後継組織	2013/12/26〜
福島原子力発電所事故統合対策本部		東京電力本店対策本部に設置（法的位置付けのない組織）。政府・東京電力統合対策室に改組	2011/3/15〜5/5
原子力安全委員会緊急技術助言組織		原子力安全委員会委員等（25名）	2011/3/11に決定
汚染水処理対策委員会		経済産業省に設置	2013/4/26〜
原子力損害賠償・廃炉等支援機構廃炉等技術委員会		原子力損害賠償・廃炉支援機構に設置	2014/8/21〜

表2 被ばく線量に関する変遷，検討の流れ

	東電福島第一原発緊急作業員等	一般人	食品
2011.3.14	厚労省 → （100mSvから250mSvに引き上げを諮問）→ 放射線審議会（文科省） → 妥当と答申 → 厚労省：省令の改正（100mSvから250mSvへ）		
2011.3.16	人事院 → （100mSvから250mSvに引き上げを諮問）→ 放射線審議会（文科省） → 妥当と答申 → 人事院：規則の改正（100mSvから250mSvへ）		
2011.3.17			厚労省：放射能汚染された食品の取り扱いに関する食品衛生法暫定規制値（平成10年3月6日原子力安全委員会指標による）を自治体に通知
2011.3.21			厚労省：「乳児による水道水の摂取に係る対応について」を自治体に通知（放射性ヨウ素が100Bq/kgを超える水道水は乳児の摂取を控える）
2011.3.29			食品安全委員会：「放射性物質に関する緊急取りまとめ」※厚労省の要請で3月20日から検討
2011.4.4		原災本部・福島県：「福島県環境放射線モニタリング実施計画」「福島県環境放射線土壌・ダストモニタリング実施計画」	厚労省：「水道水中の放射性物質に関する指標等の取扱い等について」を自治体に通知。今後の水道水中の放射性物質のモニタリング方針も提示
2011.4.9			厚労省：薬事・食品衛生審議会食品衛生分科会放射性物質対策部会で放射性物質を含む食品の規制について検討開始
2011.4.19		文科省・厚労省：「福島県内の学校の校舎・校庭等の利用判断における暫定的考え方について」（1～20mSv／年を学校等の校舎・校庭等の利用判断における暫定的な目安）	

第3章　福島原発事故と情報公開請求

	東電福島第一原発緊急作業員等	一般人	食品
2011.4.21			食品安全委員会放射性物質健康影響評価に関するワーキンググループ第1回会合
2011.4.22		原災本部：警戒区域の設定（20km圏内を立入禁止）	
2011.5.23		原子力安全委員会：低線量放射線の健康の影響について	
2011.5.27		文科省：「福島県内における児童生徒等が学校等において受ける線量低減に向けた当面の対応について」（今年度で1mSv／年を目指す）	
2011.6.16		原災本部：事故発生後1年間の積算線量が20mSvを超えると推定される特定の地点への対応について（家単位での避難支援へ）	
2011.7.19		原子力安全委員会：「今後の避難解除、復興に向けた放射線防護に関する基本的な考え方について」	
2011.7.20		文科省：「学校において『年間1mSvを目指す』ことについて」	
2011.7.26			食品安全委員会放射性物質健康影響評価に関するワーキンググループ「放射性物質の食品健康影響評価」（食品による生涯積算量100mSv）
2011.10.27			食品安全委員会答申（食品影響評価）。食品から受ける生涯被ばくは100mSv未満
2011.10.31			厚労省：薬事・食品衛生審議会放射性物質対策部会。食品の放射性物質基準値策定の検討開始
2011.11.1	厚労省：東電福島第一原発作業従事者の被ばく上限を、厚労大臣が定める一部作業を除いて250mSvから100mSvに上限引き下げ		

	東電福島第一原発緊急作業員等	一般人	食品
2011.11.9		内閣府：放射性物質対策顧問会議の下に「低線量被ばくのリスク管理に関するワーキンググループ」設置。第1回会合	
2011.11.11		環境省：放射性物質汚染対処特措法基本方針	
2011.11.28		厚労省：「除染作業等に従事する労働者の放射線障害防止に関する専門家検討会」報告書	
2011.12.13	厚労省 →（除染作業者の被ばく技術基準諮問）放射線審議会（文科省）→妥当と答申→ 厚労省：ガイドライン制定（50mSv/年, 100mSv/5年を超えないもの） 環境省 →（除染作業者の被ばく技術基準諮問）放射線審議会（文科省）→妥当と答申→ 厚労省：ガイドライン制定（50mSv/年, 100mSv/5年を超えないもの）		
2011.12.16	厚労省：東電福島第一原発作業従事者の被ばく上限を引き上げる省令廃止（100mSv上限へ）		
2011.12.22	人事院 →（除染作業者の被ばく技術基準諮問）放射線審議会（文科省）→妥当と答申→ 人事院：除染時規則策定（50mSv/年, 100mSv/5年を超えないもの）	内閣府：放射性物質対策顧問会議の下に「低線量被ばくのリスク管理に関するワーキンググループ」最終報告（2年間除染で10mSv/年、その後5mSv/年に段階的引き下げ）	厚労省：薬事・食品衛生審議会放射性物質対策部会「食品中の放射性物質に係る規格基準の設定について」

第3章　福島原発事故と情報公開請求

	東電福島第一原発緊急作業員等	一般人	食品
2012.2.16			文科省:放射線審議会に,食品衛生法に基づく食品中の放射性物質に係る基準値について妥当と答申
2012.2.24			厚労省:薬事・食品衛生審議会放射性物質対策部会「食品中の放射性物質の新たな基準値」
2012.3.30		原子力安全委員会:警戒区域・避難指示区域の見直しについて意見	
2012.4.1			厚労省:食品中の放射性物質の新たな基準値施行
2012.5.22	厚労省:除染作業に従事する労働者の放射線障害防止に関する専門家検討会「除染等業務以外の復旧・復興作業に従事する労働者の放射線障害防止のためのガイドライン」		
2012.6.14		原子力安全委員会:警戒区域・避難指示区域の見直しについて意見	
2012.7.1	厚労省:東日本大震災により生じた放射性物質により汚染された土壌等を除染するための業務等に係る電離放射線障害防止規則の改正施行 ※除染以外の復旧・復興作業などでも放射線障害防止のための措置が義務づけ		
2012.7.20		原子力安全委員会:警戒区域・避難指示区域の見直しについて意見	

原発事故対応のために，所管や組織の変更や新設があるため，どのような組織がどのような役割を担い，それがどこに存在していてどこに業務が引き継がれているのかを確認することが，事故対応の政府活動を明らかにしていくためには必要となる。原発事故対応のために官邸に設けられた原子力災害対策本部は，内閣府に設置されているが，実質的な事務局は経済産業省内の緊急時対応センター（ERC）だ。またここから様々なものが派生し，会議体が設けられていっている。これらは原発事故対応に関わる政府組織を概観すると表1のようになる。対応するべき事項の変化，時間の経過とともに組織が変動していっていることがわかる。

また福島原発事故を受け，一般人の被ばく線量に関する対応も複数の組織で行われている。

原発事故以前の被ばく管理基準は，一般人の場合，原発事業所等の境界の外または周辺監視区域外は実効線量で1mSv/年以下となっていた（放射線障害防止法及び原子炉等規制法）が，事故を受けて変更されるなど，被ばく線量の許容レベルが変更されている。最初に原発事故の収束の作業従事者の被ばく管理線量が緩和され（100mSvから250mSvへ），その後，農産品の放射線量規制の暫定値の設定，一般人の被ばく管理基準の緩和が行われた。変遷，検討の流れは表2のとおりである。一般人の被ばく限度は年間20mSv未満を限度に許容され，また，放射線量の測定は文部科学省から原子力規制委員会に移管された。

（3）原発事故と情報公開請求の状況

原発事故への対応に関連する組織，行政機関について，原発事故以前，以後の請求件数などがどのように変遷していたのか，次にみてみたい[1]。

原発事故直後の2011年度に請求件数が顕著に増えているのは，内閣府と資源エネルギー庁，環境省だ（表3～6参照）。

福島原発事故の発生以後に，事故を契機に請求件数が明らかに増加していると言えるのは，2012年度に顕著に増えている原子力安全・保安院だ。また，内閣府も2011年度，2012年度の請求件数が前後の年度に比べて多い。し

表3　内閣府の情報公開請求の推移

	請求件数	開示	部分開示	不開示
2001年度	351	197	68	55
2002年度	334	258	51	29
2003年度	220	125	71	30
2004年度	307	140	102	58
2005年度	271	147	54	16
2006年度	375	146	84	108
2007年度	277	128	74	18
2008年度	324	147	107	61
2009年度	518	205	170	28
2010年度	905	424	452	12
2011年度	1,491	1,113	307	37
2012年度	1,568	1,360	233	42
2013年度	997	843	146	34

表4　資源エネルギー庁（原子力安全・保安院）の情報公開請求の推移

	請求件数	開示	部分開示	不開示
2001年度	143	82	59	6
2002年度	139	70	71	11
2003年度	110	22	71	3
2004年度	146	41	72	14
2005年度	197	18	143	35
2006年度	252	35	163	44
2007年度	238	36	205	11
2008年度	266 (68)	100	193	12
2009年度	293 (67)	94	175	13
2010年度	322 (60)	56	185	47
2011年度	659 (424)	189	329	92
2012年度	207 (145)	43	116	25

| 2013年度 | 115 | 34 | 69 | 21 |

(注) 原子力安全・保安院は資源エネルギー庁の外局であったため，独立した運用上の数値は公式にはない。( ) 内は，資源エネルギー庁の年間の請求件数のうち，請求情報を入手した2008年度以降の個別の情報公開請求情報から原子力安全・保安院分を筆者がカウントした数。2012年度は8月末までの件数（以後，原子力規制委員会に移行）。

表5　環境省の情報公開請求の推移

	請求件数	開示	部分開示	不開示
2001年度	289	93	108	52
2002年度	126	39	33	6
2003年度	194	41	35	10
2004年度	142	69	70	9
2005年度	148	73	36	23
2006年度	100	42	36	17
2007年度	119	31	53	15
2008年度	101	18	34	19
2009年度	101	33	45	8
2010年度	136	36	62	9
2011年度	502	45	57	19
2012年度	211	43	185	29
2013年度	190	42	126	26

表6　原子力規制委員会の情報公開請求の推移

	請求件数	開示	部分開示	不開示
2012年度	182	73	174	33
2013年度	116	42	80	20

かし，内閣府は様々な業務を所管しているので，原発事故を契機に請求件数が増えているのかは，数字だけでは不明である。そこで，これらの行政機関に対して実際にどのような情報公開請求が行われていたかは，各行政機関が受付処理をした情報公開請求の情報を公開請求すると把握できるので，

2008〜2013年度分の公開請求情報を収集した。これをもとに原子力安全・保安院と内閣府の情報公開請求の状況を見てみたい。

　まず，原子力安全・保安院は，2008年度，2009年度はそれぞれ68件，67件の情報公開請求が行われているが（表4），このうち27件，40件が各電力会社の提出した主に火力発電所の環境影響評価書であった。2010年度は年60件の公開請求があり，そのうち事故発生後の2011年3月14日以降に40件の公開請求が行われていた。これらは福島原発事故だけでなく，東日本大震災の影響を受けた原発に関連するものを含む情報公開請求であった。2011年度には424件の請求があり，それらは①福島原発事故関係，②過去の原発規制やその関係文書，③福島第一原発以外の原発関係情報，④過去の政策決定に関連する情報，と大まかに分類でき，福島原発事故を契機に原発の安全性や規制のあり方そのものの問題に目を向けた請求が目立つようになった。2012年度も同様の傾向がある。

　個別の情報公開請求情報から言えることは，原子力安全・保安院は，福島原発事故前も原発に関連した情報公開請求は行われているが，目立った件数の請求があったわけではなかったということだ。原子力安全・保安院は，原発に関する一次情報を多く持っているが，その情報へのアクセスが市民側から少なかったことは，意外であった。福島原発事故を契機に請求件数が増えたのは，情報公開法が事故防止や原発政策の議論の深化という方向で機能したとは言えず，事故発生という危機を迎え，事故被害の拡大の防止，真相解明，原発再稼働問題などといった現実のものとなった危機対応のために活用されたといえよう。本来は前者のために情報公開法はもっと活用されるべきであるので，この情報公開請求の状況は今後の制度活用の教訓としなければならないだろう。

　内閣府は，福島原発事故当時，原子力委員会と原子力安全委員会を所管していた。2008〜2012年度に内閣府に対して行われた個別の情報公開請求の状況を確認すると，2008〜2010年度は，福島原発事故の前まで原子力に関連する情報公開請求は確認できなかった。強いて関連するといえるのは，内閣府に対して全庁的に請求されていた出張命令などの請求が，原子力委員会

にも行われていた程度である。

　2011年3月11日以降は，様相が変わる。3月24日に事故に関連した最初の請求となる「今回の福島第一原発から放出された放射性物質拡散予測シミュレーション結果のすべて（SPEEDIを用いたシミュレーション計算過程と結果）」が原子力安全委員会に対して出され，3月31日には，「東日本大震災以後の，原子力安全技術センターによる被ばく予測データ（東京電力，福島第一原発について計算。放射性ヨウ素や希ガスについて，放出量の見積もりを何段階かに変化させて計算し，1時間ごとに2時間後までの被ばく予測データを原子力安全委員会に報告しているもの。直近までの全データ）」が同じく原子力安全委員会に情報公開請求されていた。いずれも不存在の決定が行われている。

　ただ，請求件数の増加は福島原発事故と直接関係はなかった2011年度に内閣府に新規に行われた情報公開請求は1,491件で前年度の905件に比べて大幅に増えているが，実際に情報公開請求された案件を個別に精査したところ，件数の増加は内閣府沖縄総合事務局への情報公開請求が増加した結果であることがわかった。2011年度の請求件数のうち，394件が内閣府本省に対する請求で，979件が沖縄総合事務局への請求，2012年度も前者が280件，後者が1,216件，2013年度はそれぞれ109件，992件だった。本省への請求だけを比べると，2010年度は384件，2009年度は378件，2008年度は218件であるので，件数自体は大きく変動していない。

　そのため，原発事故により内閣府への情報公開請求が大幅に増えたわけではないことがわかるが，本省への情報公開請求の質は変化した。2010年度までは，出張旅費関係，特定非営利活動法人や公益法人に関する事業活動報告，公益法人への移行に関する申請書類などの請求が多いが，福島原発事故後は，請求対象が明らかに変わっている。そこで，次に原発事故に関連する請求状況を個別に見てみたい。

2　福島原発事故に関連する個別の公開請求の状況―内閣府

(1) 原発事故後には増加した原発関係情報の公開請求

　内閣府に行われた 2011 年度の本省への情報公開請求のうち 104 件が，2012 年度は 66 件が福島原発事故に関連する情報公開請求だ。表7～表9 は，2011～2013 年度に事故に関連する情報公開請求を一覧にしたものだ。情報公開請求の傾向を見ると，2011 年度は原発事故の対応について政府内で何を行っているのか，どのような判断を行い，その根拠は何かという事故対応そのものに関する請求が多い。その中でも以下の3件の請求は，なぜ原発事故が発生したのかという，過去の政策判断，技術的判断に係る次のような情報公開請求を行っている。

- 全交流電源喪失事象検討ワーキンググループ報告書と同検討ＷＧの議事録など一切の書類
- 平成2年8月30日「安全設計審査指針」決定に関する文書（安全委員会，原子炉安全基準専門部会，安全評価委員会等の議事録報告書等）
- 中央防災会議「日本海溝・千島海溝周辺海溝型地震に関する専門調査会」第1回～第17回議事録

　2012 年度になると，請求される情報の質が変化してくる。原子力関係の情報公開請求も件数が減少しているが，原発事故やその対応への情報公開請求は少なくなり，代わりに増えたのが過去の政策判断，技術的判断に係る情報公開請求と，原発の再稼働や今後のエネルギー政策の動向を踏まえた情報公開請求だ。2012 年度は 66 件の原発事故に関連する請求があったが，そのうち 11 件は過去の政策判断，技術的判断に係るもの，39 件は今後の政策判断に関わるものであった。2013 年度は 19 件と原子力に関わる請求はさらに減り，過去の政策判断，技術的判断に係るものが2件，7件は今後の政策判断に関わるものが請求されていた。

第 I 部　公開

表7　2011年度の内閣府に対する情報公開請求（福島原発事故関係）

担当	請求文書名	決定	受付日	決定日
安全委	原子力災害対策本部会議に提出された資料の3/11，12分のすべて。東日本大震災の福島第一原発に関する行政文書すべて（11，12日）―原子力安全委員会事務局	部分開示	2011.4.13	2011.6.10
政策統括官	東日本大震災以降の福島第一原発事故について，復旧作業に従事する各企業の作業内容がわかる文書（請求日までに作成されたものすべて）	部分開示	2011.4.25	2011.6.24
政策統括官	東日本大震災以降の福島第一原発事故について，復旧作業に従事している企業が一覧できる文書（請求日までに作成されたすべてのもの）	不存在	2011.4.25	2011.6.24
安全委	原子力安全委員会の速記録　第16回（平成23年3月11日），第17回（3月14日），第18回（3月17日）。原子力安全委員会が平成23年3月9日から4月28日までに発出した文書。原子力安全委員会又は事務局名でだしたもの。ホームページ掲載，報道発表されたものは除く。3月11日以降は事故に関する文書に限る	部分開示	2011.4.27	2011.6.27
安全委	原子力安全委員会が，福島第一原発事故に関して行った対応や助言などに関わる全ての文書	部分開示	2011.5.9	2011.7.8
政策統括官	平成23年4月東京電力福島第一原発において，放射性物質を含んだ約1万トンの水を海洋へ放出した件について，①放出の許可申請書と添えられた説明資料等，②①に対する許可書と添えられた原子力安全委員会の助言等の文書，③原子力安全委員会，保安院総合対策本部，内閣府における検討経過	部分開示	2011.5.23	2011.7.22
政策統括官	福島県における小児甲状腺被ばく調査結果に関する文書	部分開示	2011.6.3	2011.8.2

担当	請求文書名	決定	受付日	決定日
安全委	原子力安全委員会事務局長及び委員会委員5人の3月11日から直近までの行動記録(出張記録),現地での活動記録(ホームページで公開されているものは除く)	開示	2011.6.10	2011.7.15
安全委	原子力安全委員会の活動の中の(3)その他の活動のうち米国NRC米国DOE,IAEA専門家,仏専門家等との技術的打ち合わせ等に参加のそれぞれとの打ち合わせ議事録。上記に関連するものすべての記録。すべての日本文,英文,仏文のもの。上記打ち合わせのために日本側会議議事録。ホームページ上で公開されているものは除く	不存在	2011.6.10	2011.7.5
官房会計	原子力安全委員会委員長車及び事務共用車の3/11〜5月までの通行記録	部分開示	2011.6.10	2011.7.5
安全委	全交流電源喪失事象検討ワーキンググループ報告書と同検討WGの議事録など一切の書類	部分開示	2011.6.13	2011.10.12
政策統括官	原子力災害対策本部会議で使用された資料(平成23年3月11日〜15日分)。原子力災害対策本部において総理から防衛省(自衛隊)に対して出された福島第一原発への放水の指示・命令が記録された文書	部分開示	2011.6.22	2011.8.19
政策統括官	2011.3.11地震発生後,記者へ配布した資料 平成23年3月11日(金)午後における官房長官記者配布資料	開示	2011.6.30	2011.7.29
安全委	平成2年8月30日「安全設計審査指針」決定に関する文書(安全委員会,原子炉安全基準専門部会,安全評価委員会等の議事録報告書等)	部分開示	2011.7.8	2012.8.11
政策統括官	中央防災会議「日本海溝・千島海溝周辺海溝型地震に関する専門調査会」第1回〜第17回議事録	取下げ	2012.8.25	

担当	請求文書名	決定	受付日	決定日
政策統括官	①福島原子力発電所事故対策統合本部が保安院，文科省，東電から受領した文書（平成23年3月11日〜9月12日），②同本部が共同記者会見を実施するにあたって作成した文書，③同本部の職業を示す文書	部分開示	2011.9.12	2011.11.9
安全委	福島第一原発事故で試算したSPEEDIのデータに関しデータを公開，非公開にするかの意思決定にかかわる文書	不存在	2011.9.14	2011.10.13
安全委	福島第一原発事故で3/11〜3/18にかけた，INESの暫定評価レベル3, 4, 5と評価する際，評価に使用ないしは評価を決める判断過程を示す資料	不存在	2011.9.15	2011.10.13
安全委	福島第一原発事故で3/12午前1：40ごろから1号機ベントについて保安院と安全委が行った会議で使用した資料とその議事録	不存在	2011.9.22	2011.10.13
安全委	4/4に福島第一原発の低レベル汚染水1万1500トンを海洋放出した際のもしくは関係機関への通報，連絡，意思決定に関わる全ての資料	不存在	2011.9.28	2011.10.13
政策統括官	原子力委員会が平成16年度に新計画策定会議や技術検討小委員会で行った使用済み燃料の直接処分コスト試算に関わり（財）エネルギー総合工学研究所に委託した調査・研究について，日時，費用，内容，同研究所からの報告に関する一切の文書	開示	2011.10.14	2011.11.14
政策統括官	原子力災害対策本部会議（1〜8回）を録音したテープ	不存在	2011.10.25	2011.11.24
政策統括官	元原子力委員の島村武久氏が原子力委員会に寄贈した文書一式	部分開示	2011.10.31	2012.3.30
政策統括官	3月11日に設置された原子力災害対策本部での議事録，時系列資料，まとめ資料	部分開示	2011.11.1	2011.12.28

第3章　福島原発事故と情報公開請求

担当	請求文書名	決定	受付日	決定日
政策統括官	原発事故対策統合本部に出された東電や東芝，日立等の関係会社から提出された資料一式	取下げ	2011.11.1	
政策統括官	「福島原発事故統合対策本部」での毎日行われていたテレビ会議の内容を示した議事録もしくは概要メモ。時系列をまとめた資料（音声資料もあれば）	不存在	2011.11.1	2011.11.30
政策統括官	福島原発事故対策統合本部の構成員一覧表	部分開示	2011.11.1	2011.12.28
政策統括官	「福島原子力発電所統合対策本部」「政府・東京電力統合対策室」の行政文書ファイル管理簿ないしそれに類するもの（行政文書の保有状況のわかるもの）	不存在	2011.11.1	2011.11.29
政策統括官	原子力災害対策マニュアル	部分開示	2011.11.4	2011.11.16
政策統括官	浜岡原子力発電所の運転停止要請に至るまでの議論の経緯，停止要請を決定した際の理由等を示した文書	移送	2011.11.4	
政策統括官	菅直人首相に対して提出された福島第一原発の被害・避難想定一式（各省庁，有識者，東京電力等の関係機関から提出されたもの）	不存在	2011.11.11	2011.12.9
政策統括官	福島第一原発事故対処をめぐり首相官邸に設置された日米の原子力専門家による調整会議の議事録	不存在	2011.11.11	2011.12.9
政策統括官	3月11日以降，福島原発の事故対処に当たって，警察，消防，自衛隊が行った放水活動について，その実施を決定するに至った経緯を示した文書。また，事前に予想された効果とリスクを示した文書	不存在	2011.11.11	2011.12.9

担当	請求文書名	決定	受付日	決定日
政策統括官	福島原発事故の悪化を想定し，緊急対策室や官庁等の拠点機能の移転を検討した文書（こうした文書が不存在の場合は，各省庁の事務内容の変更（事故に伴う業務内容の一時的見直し）等を検討した資料）	不存在	2011.11.11	2011.12.9
政策統括官	福島原発事故について，首相官邸にて，事故に関する情報を報告した東電やプラントメーカーなど関係会社の社員一覧を示した資料と，その報告説明内容を文書化した書類	不存在	2011.11.11	2011.12.9
政策統括官	菅前首相が本年9月19日報道の共同通信インタビューにおいて福島原発事故によって「首都圏三千万人の避難も想定した」という発言があったが，この発言の根拠となる想定，シミュレーション文書	不存在	2011.11.11	2011.12.9
政策統括官	原発事故対処において米国側から日本政府になされた要請提案等を示した文書一式	不存在	2011.11.11	2011.12.9
政策統括官	原子力委員会の近藤駿介委員長が3/25ごろ菅首相，細野補佐官に対して提出した原発事故の最悪の状態を示したシミュレーション	開示	2011.11.17	2011.12.19
政策統括官	「福島原子力発電所統合対策本部」「政府・東京電力統合対策室」において行われた内部及び関係機関との協議・打ち合わせ・調整などの会議の開催状況のわかるもの，会議内容のわかるもの（職員の書き留めた，あるいはまとめた備忘を含む）及び会議での配布資料	部分開示	2011.11.17	2012.9.19
政策統括官	「福島原子力発電所統合対策本部」「政府・東京電力統合対策室」に関する職員辞令に関するもの（職員の元の所属がわかるものを含む）	部分開示	2011.11.17	2012.1.19

担当	請求文書名	決定	受付日	決定日
安全委	「緊急技術助言組織等緊急対応マニュアル」ほか原子力安全委員会が作成した原発事故対応マニュアル指針（HPに記載されているものを除く）	部分開示	2011.11.18	2011.12.16
政策統括官	原子力災害対策本部会議第1～8回の本部会議の出席者座席表	不存在	2011.11.25	2011.12.20
政策統括官	東京電力福島第一原発事故について，原子力委員会の近藤駿介委員長が作成した書類一切（平成23年3月11日～3月30日）	開示	2011.12.12	2012.1.11
政策統括官	東電福島第一原発事故について，平成23年3月11日～3月31日の間，原子力委員会が不測の事態に関してまとめた資料一切	不存在	2011.12.12	2012.1.11
政策統括官	「福島第一原子力発電所事故対策統合本部」が作成した資料すべて	部分開示	2011.12.13	2012.9.19
政策統括官	「原発事故対策統合本部」参加者に対して配布された資料	取下げ	2011.12.13	
政策統括官	「福島第一原発事故統合対策本部」に対して東電が提出した資料すべて（3月分）	取下げ	2011.12.13	
政策統括官	「福島第一原発事故統合対策本部」に対して東電が提出した資料すべて（4月分）	取下げ	2011.12.13	
政策統括官	「福島第一原発事故統合対策本部」に対して東電が提出した資料すべて（5月分）	取下げ	2011.12.13	

担当	請求文書名	決定	受付日	決定日
政策統括官	「福島第一原発事故統合対策本部」に対して東電が提出した資料すべて（6月分）	取下げ	2011.12.13	
政策統括官	「福島第一原発事故統合対策本部」に対して東電が提出した資料すべて（7月分）	取下げ	2011.12.13	
政策統括官	原子力災害対策本部において行われた内部及び関係機関との協議・打ち合わせ・調整などの会議の開催状況のわかるもの，会議の内容がわかるもの（職員の書き留めた，あるいはまとめた備忘録を含む）及び会議での配布資料	開示	2011.12.15	2012.3.15
政策統括官	原子力災害にかかる現地対策本部・原子力災害合同対策協議会において行われた内部及び関係機関との協議・打ち合わせ・調整などの会議の開催状況のわかるもの，会議の内容がわかるもの（職員の書き留めた，あるいはまとめた備忘録を含む）及び会議での配布資料	開示	2011.12.15	2012.2.15
政策統括官	原子力災害対策本部，原子力災害に係る現地対策本部，原子力災害合同対策協議会の行政文書ファイル管理簿ないしそれに類するもの（行政文書の保有状況のわかるもの）	開示	2011.12.15	2012.5.15
政策統括官	原子力安全・保安院，原子力安全委員会，東京電力等による合同記者会見の内容を示す議事録などの記録	取下げ	2011.12.19	
政策統括官	近藤駿介内閣府原子力委員長が東京電力福島第一原発事故の「最悪シナリオ」として作成した文書	開示	2011.12.26	2012.1.11
政策統括官	毎日新聞12/24報道福島原発事故の最悪シナリオ（原子力委員会委員長近藤駿介作成）に関するレポート（約20枚Ａ４）	開示	2011.12.27	2012.1.11

担当	請求文書名	決定	受付日	決定日
政策統括官	「福島第一原子力発電所での不測事態シナリオの素描」と題する報告者その他平成23年東北地方太平洋沖地震後に東京電力株式会社福島第一原子力発電所において発生した事故に関して平成23年3月25日頃に原子力委員会又は原子力委員会委員長が内閣総理大臣に提出した一切の文書，図画及び電磁的記録	開示	2012.1.5	2012.1.11
政策統括官	平成23年3月下旬に近藤原子力委員長が，当時の菅首相の指示を受けて作成した福島第一原発をめぐる不測の事態（最悪ケース）についてのシナリオ	開示	2012.1.6	2012.1.13
政策統括官	福島第一原発事故対策統合本部が開催した会議などの議事録などすべて（現地の対策本部も含む）	取下げ	2012.1.6	
政策統括官	東京電力福島第一原発事故で，最悪の事態を想定して，近藤駿介，原子力委員長が作成したシナリオに関する文書。1/6の細野大臣の閣議後の会見で言及された	開示	2012.1.6	2012.1.13
安全委	平成23年3月下旬に，班目原子力安全委員長が，当時の菅首相の指示を受けて作成した福島第一原発をめぐる不測の事態，最悪ケースについてのシナリオ	不存在	2012.1.6	2012.1.13
政策統括官	「最悪シナリオ」。報道によれば，当時の菅首相の指示で，近藤駿介・原子力委員長が事故発生2週間後の2月25日に作成したとのこと	開示	2012.1.10	2012.1.13
政策統括官	原子力委員会作成「福島第一原子力発電所の不測事態のシナリオの素描」	開示	2012.1.10	2012.1.13
政策統括官	「原子力発電・核燃料サイクル技術等検討小委員会」の事務方名簿および「原子力発電・核燃料サイクル技術等検討小委員」委員の人選等の経緯がわかる事務方資料一式	開示	2012.1.16	2012.2.15

担当	請求文書名	決定	受付日	決定日
政策統括官	原子力委員長が3月に作成した福島第一原子力発電最悪のシナリオ（毎日新聞12月24日（夕））の紙面に紹介されたもの及びそれに関連した資料	開示	2012.1.18	2012.1.23
政策統括官	「福島第一原子力発電所の不測の事態シナリオの素描」近藤駿介氏により作成　日付は3月23日（平成23年）	開示	2012.1.23	2012.1.25
政策統括官	福島第一原子力発電所事故対策統合本部並びに現地対策本部で開催された会議等の議事録・議事次第。配布参考資料などのすべて	開示	2012.1.23	2012.4.3
政策統括官	東京電力福島第一発電所事故に伴う警戒区域，計画的避難区域，計画的避難準備区域，避難勧奨地点をはじめ，避難指定に関して，原子力災害対策本部［住民支援チーム］と原子力災害現地対策本部［住民支援班］で開かれたすべての会議及び両対策本部と福島県または福島県内の基礎自治体の首長／担当者との間で開かれた会議それぞれの議事録，メモ，会話の記録，配布資料のすべて	開示	2012.1.25	2012.3.23
政策統括官	福島第一原子力発電所の不足の事態シナリオの素描（近藤駿介原子力委員長作成のもの）	開示	2012.1.26	2012.1.31
政策統括官	福島第一原子力発電所の不測の事態シナリオの素描	開示	2012.1.26	2012.1.31
政策統括官	福島第一原子力発電所の不測の事態シナリオの素描　H23.3.25近藤駿介	開示	2012.1.26	2012.1.31
政策統括官	福島第一原子力発電所の不測の事態シナリオの素描（近藤駿介原子力委員長が作成）	開示	2012.1.26	2012.1.31

担当	請求文書名	決定	受付日	決定日
政策統括官	福島第一原子力発電所の不測の事態シナリオの素描	開示	2012.1.27	2012.2.2
政策統括官	福島第一原子力発電所の不測の事態シナリオの素描	開示	2012.1.30	2012.2.2
政策統括官	中央防災会議「日本海溝，千島海溝周辺海溝型地震に関する専門調査会」 第8回会合（平成17年2月22日）非公開資料1，第11回会合（平成17年8月19日）非公開資料3，第12回会合（平成17年9月21日）非公開資料1～3，第13回会合（平成17年10月26日）非公開資料3	開示	2012.2.1	2012.2.29
政策統括官	中央防災会議「日本海溝，千島海溝周辺海溝型地震に関する専門調査会」第10回会合「非公開資料1及び非公開資料の参考資料」平成17年6月22日	開示	2012.2.1	2012.2.29
政策統括官	中央防災会議「日本海溝，千島海溝周辺海溝型地震に関する専門調査会」の発言者名を明らかにしている議事録	部分開示	2012.2.1	2012.2.29
政策統括官	原子力被災者生活支援チーム 議事録及び関係書類すべて	部分開示	2012.2.2	2012.5.2
政策統括官	福島第一原子力発電所の不測の事態シナリオの素描	開示	2012.2.2	2012.2.10
政策統括官	原子力災害対策本部，政府・東京電力統合対策本部（室）における原子力災害への対応について，議事録に代わり政府の意思決定過程を明らかにする上で必要な資料一式	開示	2012.2.3	2012.4.27

担当	請求文書名	決定	受付日	決定日
政策統括官	政府・東京電力統合対策室の議事概要すべて	開示	2012.2.6	2012.4.3
政策統括官	政府・東京電力統合対策室の議事録すべて	不存在	2012.2.6	2012.3.5
政策統括官	政府・東京電力統合対策室で作成されたメモ（別紙記者会見録参照）のうち組織的にも用いられたものすべて	開示	2012.2.6	2012.4.27
政策統括官	原子力災害対策本部会議の議事録及び関連文書やメモ等すべて（出席者座席表を含む）	部分開示	2012.2.9	2012.4.12
政策統括官	中央防災会議「日本海溝・千島海溝周辺海溝型地震に関する専門調査会第6回／平成16年12月24日非公開資料1～3	開示	2012.2.9	2012.2.29
政策統括官	中央防災会議「日本海溝・千島海溝周辺海溝型地震に関する専門調査会第9回／平成17年4月27日非公開資料1～4	開示	2012.2.9	2012.2.29
政策統括官	原子力委員長が内閣に提出した福島第一原発最悪のシナリオの写し	開示	2012.2.16	2012.2.24
政策統括官	福島第一原発事故に係る平成23年3月～5月の間に開催された原子力委員会の会議資料及び議事録の写し	開示	2012.2.16	2012.2.24
安全委	福島第一原発事故に係る平成23年3月～5月の間に開催された原子力安全委員会の会議資料及び議事録の写し	部分開示	2012.2.16	2012.3.16

第3章　福島原発事故と情報公開請求

担当	請求文書名	決定	受付日	決定日
政策統括官	2011年3月25日近藤駿介原子力委員長「福島第一原子力発電所の不測事態シナリオの素描」	開示	2012.2.17	2012.2.24
政策統括官	原子力委員会（事務局）が保有する福島第一原子力発電所に係る未公表文書・生データの写し（平成23年3月〜4月分）メモを含む	部分開示	2012.2.22	2012.3.21
安全委	原子力安全委員会（事務局を含む）名で作成し発出した福島第一原発に係る未公表文書全データの写し（平成23年3月〜4月）メモを含む	部分開示	2012.2.22	2012.3.22
政策統括官	福島第一原子力発電所の不測の事態シナリオの素描	開示	2012.2.23	2012.3.5
政策統括官	近藤駿介原子力委員長の委員長室で開かれた3/16, 17の勉強会で議論された「最悪のシナリオ」（プランB）を含むシナリオの資料	不存在	2012.3.14	2012.4.3
政策統括官	平成23年3月11日から同年3月20日の間，東京電力福島第一原発の事態の予測に関する文書の一切（不測事態のシナリオの素描を除く）	不存在	2012.3.16	2012.4.3
政策統括官	「福島原子力発電所統合対策本部」「政府・東京電力統合対策室」の「特別プロジェクトチームメンバーの名簿」の2011年10月6日改訂版以前のメンバー名簿すべて	開示	2012.3.19	2012.5.1
政策統括官	2011年11月21日以降に作成・取得された「福島原子力発電所事故対策統合本部」「政府・東京電力統合対策本部」において行われた内部及び関係機関との協議・打ち合わせ・調整などの会議の開催状況のわかるもの，会議の開催状況のわかるもの，（職員の書き留めた，あるいはまとめた備忘録を含む），会議の配布資料	取下げ	2012.3.19	

担当	請求文書名	決定	受付日	決定日
政策統括官	原子力被災者生活支援チームの議事録，関係書類，官房長官の発言要領すべて（2011年3月11日～2011年4月11日分）	取下げ	2012.3.19	
政策統括官	原子力災害対策本部の議事概要を作成するためにあたって参照したメモ録音などすべての資料	取下げ	2012.3.21	
安全委	「福島県内の学校等の校舎，校庭等の利用判断における暫定的考え方」に対する技術的助言について（平成23年4月19日付）をまとめるにあたり開かれた原子力安全委員会内部の協議の内容がわかる文書一式	部分開示	2012.3.27	2012.4.6
安全委	「福島県内の学校等の校舎，校庭等の利用判断における暫定的考え方」に対する技術的助言について（平成23年4月19日付）をまとめるにあたり開かれた文部科学省との打ち合わせの内容がわかる文書一式	取下げ	2012.3.27	
安全委	統合会見が始まった4/25以降で福島第一原発事故で，緊急時迅速放射影響予測ネットワークシステム（SPEEDI）の試算結果を関連省庁がどのような形で公開するのか方針を決めた文書（他省庁の作成した他省庁のみの方針を決めた文書を除く）（HPで公開されたものは除く）	開示	2012.3.28	2012.3.30
政策統括官	近藤駿介・原子力委員会委員長が平成23年3月25日に作成したとされる「福島第一原子力発電所の不測事態シナリオの素描」と題されるパワーポイントファイルの最終保存日時を分単位まで正確に了知できる文書	不存在	2012.3.30	2012.5.1

表8　2012年度の内閣府に対する情報公開請求（福島原発事故関係）

担当	請求文書名	決定	受付日	決定日
政策統括官	政策統括官（科学技術政策・イノベーション担当）において，日本原燃株式会社の経営破たん，もしくは経営状態が悪化した際の対応策を検討した資料一式	不存在	2012.4.5	2012.5.1
安全委	2007年5月の「原子力施設等の防災対策について（防災指針）」改定に関する，原子力安全委員会と以下の電気事業者等との協議の内容を記した文書：ホームページで公開されているものは除く。電気事業連合会，北海道電力，東北電力，東京電力，中部電力，北陸電力，関西電力，中国電力，四国電力，九州電力，日本原子力発電，電源開発	不存在	2012.4.5	2012.4.18
安全委	停止した原発の再稼働の判断に関する，経済産業省原子力安全・保安院及び経済産業省エネルギー庁との協議の内容を記した文書及び協議に使用した文書（2011年3月11日以降の分に限る）ホームページ等で公開されているものを除く。	不存在	2012.4.5	2012.4.18
安全委	原子力安全委員会事務局において，日本原燃株式会社が経営破たん若しくは経営状態が悪化した際の対応策を検討した一式	不存在	2012.4.5	2012.4.18
安全委	2000年以降原子力施設の耐震性バックチェックについて原子力安全・保安院又は電力事業者からあった要請，申し入れとそれに対応する回答文書（メール類を含む）	部分開示	2012.4.6	
安全委	2000年以降，耐震設計審査指針の改定をめぐり，原子力安全・保安院又は電力事業者からあった要請，申し入れ，それへの回答（メール類を含む）	部分開示	2012.4.6	
政策統括官	野田財務相（当時）が昨年の原子力災害対策本部の会議で東京電力擁護ともとられる発言をしていたことが，経済産業省原子力安全・保安院が開示した会議メモからわかったそうだが，内閣府がこの報道のもとになったと考える文書すべて	部分開示	2012.4.18	2012.5.18

担当	請求文書名	決定	受付日	決定日
安全委	安全委が原子力災害対策本部に対して「計画的避難区域と緊急時避難区域の設定について」を助言した昨年4月10日の前後にこの助言に関連して原災本部及び事務局（保安院）などと行ったやり取りの中で使った資料及びやり取りの中身がわかる資料（HP掲載資料は除く）	開示	2012.4.20	2012.5.18
安全委	原子力安全委員会が原子力災害対策本部に対し「20キロ以遠30キロ圏内の避難指示に関する助言依頼に対する回答」「周辺地域より比較的空間線量が高い30キロ圏外の扱いについて」「周辺地域より比較的空間線量率の高い30キロ圏外の区域の扱いについて」を助言した昨年3月22日の前後に，この3件の助言・回答に関連して原災本部および事務局（保安院）などとおこなったやりとりの中で使った資料及びやり取りの中身がわかる資料一切(HP掲載資料は除く)	不存在	2012.4.20	2012.5.18
政策統括官	東京電力福島第一発電所事故に伴う警戒区域，計画的避難区域，特定避難勧奨地点をはじめ，避難指示に関して，原子力災害対策本部（原子力被災者支援チーム）と原子力災害対策本部（住民支援班）で開かれたすべての会議及び両対策本部と福島県又は福島県内の基礎自治体の首長／担当者との間で開かれた会議それぞれの議事録，メモ，会話の記録，配布資料すべて	部分開示	2012.4.26	2013.4.24
政策統括官	内閣府原子力委員会の新大綱策定会議のうち，平成24年4月24日開催の会議で議論するテーマ内容について事務局で取りまとめたメモ類や打ち合わせの会議の議事を記した議事概要，メモ類一覧。経済産業省エネルギー庁や電気事業連合会に送付した資料と両組織から寄せられた回答を含む	部分開示	2012.5.8	2012.6.8

第3章　福島原発事故と情報公開請求

担当	請求文書名	決定	受付日	決定日
政策統括官	平成24年4月19日，内閣府原子力政策担当議員が電気事業連合会又は同会関係者に対し，新大綱策定会議に関連して送った電子メールのうち，「原子力利用の取り組みと国民・地域社会との共生に向けて」と題する文書の添付があるか，あるいは，同趣旨の本文の記載があるもの	部分開示	2012.5.8	2012.6.8
政策統括官	「東電福島第一原発事故の影響を受けた廃棄物の処理処分に関する安全確保の当面の考え方について」を策定した際に使用した資料（他省庁が作成したものを含む），及び策定までの検討経緯がわかる文書（HPに公開されているものを除く）平成23年3月～8月末日まで	不存在	2012.5.10	2012.5.31
政策統括官	原子力災害対策本部の議事録資料に記載されている「関係省庁レベル会議（実務調整会議などそれに類する会議）」の議事録，メモ，会話の記録，配布資料及びその会議に関する貴省庁担当者の事前調整会議資料や事後報告の報告書，メモなど	開示	2012.5.16	2012.7.17
政策統括官	別紙のとおり開催された会議，及び「勉強会」と称する会議の資料，議事録，及び議事に関して記載した職員のメモやメールの一切	部分開示	2012.5.25	2012.6.25
政策統括官	原子力委員会核燃料サイクル小委が電力関係者を招いて開いていた勉強会で配布された資料と出席者，発言等がわかる文書一式	部分開示	2012.5.25	2012.6.25
政策統括官	原子力委員会近藤委員長から菅総理あてに出された（H23年3月）いわゆる「不測事態シナリオ」	開示	2012.5.25	2012.6.1
政策統括官	原子力災害対策本部被災者支援チームが昨年（H23年度）日本原子力研究開発機構に委託した除染モデル事業について，同機構への委託の経緯，入札の場合は応札社名と金額，随契ならその理由	部分開示	2012.5.25	2012.6.25

担当	請求文書名	決定	受付日	決定日
政策統括官	原子力委員会核燃料サイクル小委員会が電力関係者と開催していた勉強会で配布された資料，議事録，メモ，録音など文書一式と勉強会開催を通知するメール，FAX。勉強会の報告をまとめたメール，FAXと出席者がわかる資料	部分開示	2012.5.25	2012.6.25
政策統括官	内閣府原子力委員会が原発の使用済み核燃料の再処理政策を議論してきた原子力委・小委員会の報告案を作成するために4月24日，経済産業省・資源エネルギー庁，電気事業者ら推進側だけを集めて「勉強会」が開かれていたと報道されていることに関して，この勉強会で配布された資料すべて。及び開催の起案や決裁，開催通知や通知先，出席者名簿，発言記録などこの勉強会に関する一切の文書	部分開示	2012.5.28	2012.6.28
政策統括官	核燃サイクル政策の見直しで内閣府原子力委員会が電気事業者ら推進側とだけ秘密会議を昨年11月から今年4月まで23回開いていたと報道されていることに関して，すべての秘密会議について，配布資料，開催の起案，決裁，開催通知や通知先，出席者名簿，発言記録など秘密会議に関する一切の文書	部分開示	2012.5.28	2012.6.28
安全委	2011年3月11日以降に原子力安全委員会に対して電力会社JAEA，電気事業連合会，日本原燃など原子力事業者から安全規制業務に関して提出された要望や陳情など文書一式	不存在	2012.5.29	2012.6.28
政策統括官	2011年3月11日以降に原子力委員会に対して電力会社JAEA，電気事業連合会，日本原燃など原子力事業者から政策策定業務に関して提出された要望や陳情など文書一式	不存在	2012.5.29	2012.6.28
政策統括官	原子力委員会に2011年以降，電事連，JAEA，電力会社など原子力推進側から業務などについて提出された陳情，メール，要望書など一式	開示	2012.5.30	2012.6.29

第3章　福島原発事故と情報公開請求

担当	請求文書名	決定	受付日	決定日
政策統括官	内閣府原子力委員会の作業部会（秘密会議）に提出された文書及び会議メモ，関連するメール文書	部分開示	2012.5.30	2012.8.31
政策統括官	2012年1～3月までの間，原子力安全委員会へJAEA，電事連，電力会社などの事業者が安全委員会の行った業務について提示した要望，陳情書，メールなど一式（HPに掲載されたものを除く）	不存在	2012.5.30	2012.6.28
安全委	原子力安全委員会が2011年3月の東京電力福島第一原発の事故について，原子力事故，故障分析評価専門委員会の開催や開催見送りを検討したことを示す会議資料，メモ類，メールなどの記録すべて	不存在	2012.6.14	2012.7.13
政策統括官	原子力政策担当室の山口嘉温・上席政策調査員が平成24年5月に■■■■氏と送信したメール	不存在	2012.6.18	2012.7.17
政策統括官	2002年7月24日～26日内閣府の防災担当（中央防災会議事務局）と文部科学省の地震・防災研究課（地震本部事務局）に対する，地震活動の長期評価公表に関する申し入れメール及び資料（文科省側からの返信を含む）	不存在	2012.6.19	2012.7.18
政策統括官	2002年7月内閣府の防災担当（中央防災会議事務局）と文部科学省の地震・防災研究課（地震本部事務局）における，三陸沖から房総沖にかけての地震活動の長期評価に関する打ち合わせの資料，会議録，及びメモ	不存在	2012.6.19	2012.7.18
政策統括官	2002年7月内閣府の防災担当（中央防災会議事務局）と文部科学省の地震・防災研究課（地震本部事務局）に対する，地震活動の長期評価公表に関する申し入れ，及びやり取りに関する資料（メール，書類，メモ等）	不存在	2012.6.19	2012.7.18

担当	請求文書名	決定	受付日	決定日
政策統括官	2002年7～8月防災担当大臣から文部科学大臣に対する地震活動の長期評価に関する申し入れ及び関連する資料，議事録，メモ	不存在	2012.6.19	2012.7.18
政策統括官	原子力委員会が決定した核燃料サイクル政策の選択肢の作成のために使われたドラフトすべてと検討に使われたメモや資料一式。2012年6月1日～6月21日までの分	部分開示	2012.6.21	2012.8.22
政策統括官	昨年4月1日～4月22日までに，原子力災害対策本部の避難区域指定に関する検討内容のわかる資料一切（すでに公表されている分を除く）	部分開示	2012.6.26	2013.1.22
政策統括官	平成24年6月7日，14日に開かれた原子力委員会の「打ち合わせ会」に関する資料，記録	部分開示	2012.6.29	2012.8.29
政策統括官	平成24年6月21日に公表された原子力委員会決定「核燃料サイクル政策の選択肢について」の策定作業に関する資料（素案，ドラフト，協議記録，Eメールを含む）	部分開示	2012.6.29	2012.8.29
政策統括官	平成24年1～5月に開かれた原子力委員会の「打ち合わせ会」に関する資料，記録	部分開示	2012.6.29	2013.3.29
安全委	北陸電力志賀原発1，2号機の原子炉設置許可申請に関する資料で未公開のもの，安全審査の過程で行われた現地調査の報告書，会議議事録など	開示	2012.7.18	2012.8.20
政策統括官	別記記載の内閣府原子力政策担当職員の送受信メールの一切（サーバー内に存在するもの）	部分開示	2012.7.20	2014.9.20
政策統括官	平成24年6月1日に発足した後藤斎副大臣の検証チームが収集したすべての資料一式及び作成した文書一式	部分開示	2012.8.3	2013.10.2

担当	請求文書名	決定	受付日	決定日
政策統括官	平成24年6月に発足した後藤斎副大臣を長とする検証チームが収集した資料のうち原子力政策担当室の山口嘉温職員が本年5月24日，25日に送受信したメール	部分開示	2012.8.3	2012.11.2
政策統括官	平成24年6月に発足した後藤斎副大臣を長とする検証チームが収集した資料のうち原子力政策担当室の山口嘉温職員が本年4月24日〜5月9日に送受信したメール	部分開示	2012.8.3	2013.3.29
安全委	炉安審第51回部会の資料のうち耐震性を考慮する上で必要な地質調査関連の資料	取下げ	2012.8.7	
政策統括官	平成24年4月16日に開催された新大綱策定会議に関する打ち合わせに関連し，原子力委員会の委員及び原子力政策担当室の職員が作成した文書，メモ，メール，入手した文書，メモ，メールなど一式	部分開示	2012.8.10	2013.7.31
政策統括官	平成24年5月1日に開催された「調整会議」に関連し，原子力委員会の委員及び原子力政策担当室の職員が作成した文書，メモ，メールと入手した文書，メモ，メールなど一式	部分開示	2012.8.10	2013.7.31
安全委	原子力安全委員会第51部会の北陸電力志賀原発1号機審査に関するすべての資料	開示	2012.8.20	2012.9.18
安全委	北陸電力志賀原発の設置前後に開催された公開ヒアリング関連資料（1998年10月分）	部分開示	2012.8.20	2012.9.18
政策統括官	原子力発電 核燃料サイクル技術等検討小委員会の委員が就任した理由や経緯の分かる書類や推薦書など一式	開示	2012.8.21	2012.9.21
政策統括官	放射線モニタリング・影響評価の進め方に関する非公式打ち合わせの配布文書・議事録・メモなど関係するすべての文書	開示	2012.8.31	2012.10.31

担当	請求文書名	決定	受付日	決定日
政策統括官	内閣府原子力政策担当室の職員が、福井県職員と会談した別紙記載の打ち合わせについて、日時、場所、双方の面会者、発言内容の詳細がわかる職員作成の資料、備忘録などの記録のすべて。及び会談に関して、内閣府側が提示（提供）した資料、内閣府側が提示（提供）を受けた資料のすべて	不存在	2012.9.12	2012.10.12
政策統括官	内閣府特命担当大臣（原子力行政）の下に設けられた「原子力委員会原子力発電・核燃料サイクル技術等小委員会での検討に関する検証チーム」により、内閣府「原子力委員会原子力発電・核燃料サイクル技術等小委員会」の審議期間中、委員の一部等が参加する「原子力発電・核燃料サイクル勉強会」などと称する集まりが開かれたこの勉強会についての議事メモ、議事録、電子メール等、議事の内容に関する一切の資料・事務局長の役割を務めていた者、勉強会に参加したものが作成した勉強会等に関連するメモ、資料、電子メール等一切の資料（ただし、8月に公表された「原子力委員会原子力発電・核燃料サイクル技術等小委員会での検討に関する検証チーム」がまとめた検証報告書及び別冊資料に掲載されていない資料）	部分開示	2012.9.13	2015.3.31
政策統括官	福島第一原子力発電所事故以後、住民の健康診断及び調査などに関して議論や検討を行った会議や打ち合わせなどの議事録、録音、メモ、配布資料など一切の書類（ただし、すでにインターネットにて公開されているものは除く）	不存在	2012.9.14	2012.10.12
政策統括官	放射線モニタリング・線量評価に関する連絡調整会議のすべての回の議事録（要旨のみでなく発言者がわかる会議録）及び配布資料（ただしインターネットにて公開されているものは除く）	開示	2012.9.14	2012.10.12

担当	請求文書名	決定	受付日	決定日
政策統括官	計画的避難区域及び特定避難勧奨地点の設定および指定に関して検討したすべての会議，打ち合わせのメモ，会議録，録音，配布資料などすべての文書（ただし，インターネットにて公開されているものは除く）	部分開示	2012.9.14	2013.4.24
政策統括官	2011年第37回原子力員会定例会に提出された「原子力委員会技術等検討小委員会の設置について（案）」の別紙「原子力委員会技術等検討小委員会構成員名簿」に記載された7名の者が，構成委員名簿に記載されるにいたった理由，経緯の分かる内閣府原子力委員会及び同委員，内閣府原子力政策担当室職員の打ち合わせ記録，会議録，メモ，電子メールのすべての書類。	部分開示	2012.9.26	2013.9.24
政策統括官	除染モデル実証事業において，工事を請け負った企業名，契約内容，実際にかかった経費，実際に業者に支払った金額の分かるものすべて。	部分開示	2012.11.15	2012.12.18
政策統括官	津波被害想定及び津波被害想定図（1998～1999頃のもの国土庁）	開示	2013.1.29	2013.2.20
政策統括官	①1998年2月の資料　1996年1月23日の「原子力政策の進め方について」の3県知事提言に対する回答。（佐藤栄佐久の「知事抹殺」のP61ご参照）②1994年3月に開催された原子力政策に関する「ご意見を聞く会」の議事録，議事要旨　③1994年と2000年の「原子力の研究，開発及び利用に関する長期計画」に対するパブリックコメントおよび原子力委員会の考え	開示	2013.1.31	2013.3.1
官房	原子力発電施設等緊急時安全対策交付金の平成25年度の使途とその積算内訳の分かる文書	開示	2013.2.21	2013.3.8
政策統括官	平成24年6月21日原子力委員会決定「核燃料サイクル政策の選択肢について」を策定した経過がわかる一切の文書	部分開示	2013.2.27	2013.3.29

担当	請求文書名	決定	受付日	決定日
政策統括官	平成24年12月25日原子力委員会見解「今後の原子力研究開発の在り方について」に関わる全てのドラフト	開示	2013.2.27	2013.3.29
政策統括官	平成24年12月18日原子力委員会見解「今後の高レベル放射性廃棄物の地層処分に係る取り組みについて」の策定経過のかかわる一切の文書（ドラフトを除く）	部分開示	2013.2.27	2013.3.29
政策統括官	平成24年12月18日原子力委員会見解「今後の高レベル放射性廃棄物の地層処分に係る取り組みについて」に関わる全てのドラフト	開示	2013.2.27	2013.3.29
政策統括官	平成24年12月25日原子力委員会見解「今後の原子力研究開発の在り方について」の策定経過がわかる一切の文書（ドラフトを除く）	部分開示	2013.2.27	2013.3.29
政策統括官	2012年6月に作成された「使用済み核燃料の全量再処理路線は放棄する内容の原案（HP掲載分を除く）」	部分開示	2013.3.21	2013.4.5
政策統括官	「南海トラフ沿いの大規模地震の予測可能性に関する調査部会」の報告書	不存在	2013.3.28	2013.4.5

表9　2013年度の内閣府に対する情報公開請求（福島原発事故関係）

担当	請求文書名	決定	受付日	決定日
大臣官房	平成25年度予算のうち、電源開発促進勘定（エネルギー対策特別会計）に原子力安全規制対策財源に内閣府から繰り入れた額の積算内訳のわかるもの	開示	2013.4.5	2013.4.26
政策統括官	原子力委員会原子力災害補償専門部会の各回ごとの議事録及び配布資料、第6回原子力委員会の議事録及び配布資料、原子力委員会参与会第1回〜第4回の議事録及び配布資料	開示／不存在	2013.5.13	2013.6.12／2013.9.24

担当	請求文書名	決定	受付日	決定日
政策統括官	東電福島第一原発温原子炉1〜6号機に関する以下の文書。①MarkⅠ型原子炉の設計上の問題について1985年に米国原子力規制委員会（NRC）による分析がなされた後，並びにその後に引き続く議論において，東京電力，ゼネラルエレクトリック社，政府及び原子力規制機関との間で交わされた通信文等の文書及び会議の議事録，②NRCが1989年9月1日にすべてのMarkⅠ型原子炉について，原子炉格納容器の圧力制御プールにベントを設置するよう勧告した後，政府の原子力規制機関が東電に情報の提出を求めた文書，並びにそれに対して東電が政府の原子力規制機関に提出した文書，③MarkⅠ型原子炉の設計上の問題及び解決方法に関する，1972年から現在に至るまでの間に東京電力と政府（経済産業省）との会議の議事録，④本件原子炉における諸問題に関する1971年から現在に至るまでの，国会（関連委員会を含む）における審議に関する原子力規制機関の報告書及び議事録，⑤本件原子炉における諸問題に関する，1971年から現在に至るまでの，国会（関連委員会を含む）の審議において，経済産業省，資源エネルギー庁及び原子力安全・保安院が行った説明，答弁に関する資料（説明や答弁の根拠となった資料を含む）	取下げ	2013.5.13	
大臣官房	平成24年度の原子力発電施設等緊急時安全対策交付金の交付申請書（石川県，富山県）	開示	2013.5.27	2013.6.25
政策統括官	共同通信の配信記事（2012.9.9岩手日報など）にある原子力委員会鈴木委員長代理による素案と事務局の修正案。これに絡むエネ庁とのメールのやり取り	部分開示	2013.5.27	2013.6.27

担当	請求文書名	決定	受付日	決定日
政策統括官	福島原発事故による住民避難の解除，除染，子ども・被災者生活支援法などの被ばく線量の基準について，関係省庁の参事官・課長らが協議する会合・議事録一式(招集メールなども含む)	部分開示	2013.7.2	2013.8.29
政策統括官	被災者支援チームで実施した，チェルノブイリ法に関する現地での調査に関する文書一切	開示	2013.7.23	2013.9.24
政策統括官	「年間20ミリシーベルトの基準について」（平成25年3月）を作るに当たって参考にした検討資料一切	開示	2013.8.8	2013.8.8
政策統括官	東京電力福島第一原発事故による避難勧奨地点指定に関する決定について，平成23年11月25日の避難勧奨地点追加指定に関する協議，調整等の内容とその経過のわかるもので，伊達市に提供した資料及び伊達市から提供された資料	部分開示	2013.8.16	2013.10.15
政策統括官	平成25年3月26日に開催された原子力委員会において，日本原燃と電気事業連合会が報告した「六ケ所再処理工場の現状及びプルトニウム利用について」に関する文書	部分開示	2013.8.26	2013.10.24
政策統括官	2012年8月に作成された「チェルノブイリ出張報告～原子力発電所事故における被災者への対応について」に係る2012年2～3月にかけて原子力被災者生活支援チームが実施した現地調査の，出張記録，面会記録，ヒアリング内容を記録した音声データと議事録や議事メモ等一切	部分開示	2013.10.8	2013.11.7
政策統括官	2013年5月12～19日にかけて原子力被災者生活支援チームが実施したチェルノブイリ原発事故に係る調査についての出張記録，面会記録，ヒアリング内容を記録した音声データと議事録や議事メモの一切	部分開示	2013.10.8	2013.11.7

担当	請求文書名	決定	受付日	決定日
政策統括官	「第1回帰還に向けた安心・安全対策に関する検討チーム」に提出した「チェルノブイリ原発事故に関する調査レポート」の参考文献（日本語訳／一般に公開されていないもの以外）及びヒアリングのメモ・報告書一切	部分開示	2013.10.21	2013.11.20
政策統括官	①これまでに指定された特定避難勧奨地点の指定に至る経緯（庁内での調整・協議，関係機関，地元自治体との協議・調整など）の内容のわかるものと関係資料，②特定避難勧奨地点に関して寄せられた地元自治体，住民からの要望・意見，③特定避難勧奨地点の指定解除に至る経緯（庁内での調整，協議，関係機関，地元自治体との協議・調整など）の内容のわかるものと関係資料のうち，内閣府原子力被災者生活支援チーム事務局が保有する行政文書	部分開示	2013.10.21	2013.11.5
政策統括官	昭和35年原子力委員会第1回（昭和35年1月6日）から第23回まで（4月27日）の全議事録と全配布資料。		2013.12.11	
政策統括官	原子力委員会（昭和35年度）（保存期間満了時期2006年3月31日のもの。別紙参照）		2013.12.11	
政策統括官	原子力委員会（昭和35年度）（保存期間満了時期2008年3月31日のもの。別紙参照）		2013.12.11	
政策統括官	原子力委員会（昭和33年度）（保存期間満了時期2006年3月31日のもの。別紙参照）		2013.12.11	

担当	請求文書名	決定	受付日	決定日
政策統括官	東京電力福島第一原発事故に伴う避難指示・屋内退避指示，警戒区域・計画的避難区域・緊急時避難準備区域・特定避難勧奨区域の立案・審議・決定ないし設定過程で作成，配布ないし添付された議事録・稟議書・配布資料・添付資料その他一切の文書（立案・審議・制定の準備過程で作成・配布ないし添付された一切の文書，立案・審議・決定ないし設定過程の関与者の人選に関する一切の文書を含む）		2013.12.20	

（2）請求からみる請求者の関心

原発事故を受けて内閣府に対して行われた情報公開請求から，請求者の関心がいくつかに分かれて発現しているとみることができる。

1つ目は，原発をめぐって過去に事故・トラブル隠しが様々発生しており，福島原発事故の対応でも情報公開は後手に回り，公開されても後出しが多く，必要なタイミングで情報が公開されなかったことで，事故に関して適切な判断を政府が行えているのかという強い疑問につながっているということだ。たとえば，2011年度の「原子力安全委員会が，福島第一原発事故に関して行った対応や助言などに関わる全ての文書」や「福島第一原発事故で試算したSPEEDIのデータに関しデータを公開，非公開にするか意思決定にかかわる文書」といった情報公開請求はこうした疑問に対応するものになるだろう。

2つ目は，なぜ過酷な原発事故に至ったのかは，格納容器の中で起こっていることを把握することだけでなく，安全対策・安全基準に問題があったということが社会的共通認識であり，その問題を放置あるいは無視してきたのはなぜかを問うことが，最終的にこの事故の責任をしかるべき人や組織に取らせるためには，不可欠だという問題意識だ。このことは，被災者の補償内容やその範囲に関わる。2011年度の「全交流電源喪失事象検討ワーキンググループ報告書と同検討WGの議事録など一切の書類」や，2012年度の「2000年以降原子力施設の耐震性バックチェックについて原子力安全・保安院又は電力事業者からあった要請，申し入れとそれに対応する回答文書

（メール類を含む）」などは，そうした問題意識に対応するものになるだろう。

　3つ目は，事故が発生している以上はどんなリスクが発生しうるのかを，社会は知るべきだということだ。後手に回る政府の対応とも関係するが，政府がリスクを正しく伝えていないと認識されれば，実際に何が起こりえたのかに関心が向くのは当然のことだろう。2011年度はその存在が報道されて明らかになった，原子力委員会委員長が総理大臣の依頼を受けて作成した「福島第一原子力発電所の不測の事態シナリオの素描」について，報道後に多くの情報公開請求が行われている。知らされていなかったからこそ，何を政府が知らせなかったのかを知りたいという関心が，こうした情報に向くことになる。

　4つ目は，原発事故を受けて全原発が停止している中で，再稼働やこれまでの原子力政策で堅持してきた再処理，そしてエネルギー政策をどうするのかという問題だ。この問題は，「私たちがどういう選択をするのか」ということが問われている問題だ。原発のリスクがこれだけ明確に示された事故後，それでも原発を維持するのかという議論をするためには，今回の事故で政府や電力会社，専門家は何ができて何ができなかったのか，コントロールできなかったのかを政府の記録から検証していく必要があるということになる。また，その政策判断をするプロセスの監視が必要ということになる。たとえば2013年度に出されている「原子力委員会核燃料サイクル小委員会が電力関係者と開催していた勉強会で配布された資料，議事録，メモ，録音など文書一式と勉強会開催を通知するメール，FAX。勉強会の報告をまとめたメール，FAXと出席者がわかる資料」の情報公開請求は，正規の会議外で電力事業者側と「勉強会」として会合を持ち，意見を聞くなどしていたことが明らかになったことを受けてのものだ。

　このような情報公開を求める行動は，反面これがなければ情報公開されない，市民は表面で見えている物事の先を知る機会を得られないということでもある。原発事故に関連しては，特に情報公開請求すれば公開されるという情報がいまだに相当数眠っており，その情報の存在に市民が気づかない，あるいは気づきにくく存在しているものも少なくない。そこにどう食い込んで

いくのかを見定めることが，情報公開を求める行動につながるだろう。

3　福島原発事故情報アーカイブの試み

　福島原発事故をめぐる問題には，以上のような問題のほかに，長期的に見て政府等の持つ公文書をどう保存し，長期的にアクセスできる環境を作るかという課題がある。

　福島原発事故は，短期的な回復や復旧が到底見込めない大災害に伴い発生し，複数の原子炉が同時に炉心溶融しているなど，それまで発生していた国内外の原発事故のどれとも異なっている。事故がなぜ発生したのかについては，原発の安全性確保の規制・対策が脆弱で，認識されていた脆弱性への対応も怠っていたという問題，津波被害により全電源喪失した後の対応の問題と2つの問題がある。すでに，これらについては，政府の「東京電力福島原子力発電所における事故調査・検証委員会」（政府事故調），国会の「東京電力福島原子力発電所事故調査委員会」（国会事故調），一般財団法人日本再建イニシアティブの「福島原発事故独立検証委員会」（民間事故調），東京電力「原子力安全・品質保証会議　事故調査検証委員会」（東電事故調）の4つの報告をまとめ，その他様々な書籍が出版されている。福島原発事故すべてが解明されているわけではなく，今後も検証と問題の追及は続ける必要があるが，時間の経過とともに考える必要がある課題の1つが，これらの事故調査に関連する様々な文書をどう把握し，体系的に収集，保管，利用していくかだ。

　福島原発事故に関する核心的な問題の一つは，間違いなく情報公開のあり方だ。初期の事故とその対応に関する情報，放射性物質の拡散情報と健康の影響に関する情報など，初動時の迅速な情報公開のあり方には多くの問題と課題が残った。大規模な自然災害がひきがねになった原発事故は，人や物資の移動，情報収集，情報伝達などの様々なモノの流れを遮断し，困難にし，その結果が政府の判断への疑問や，伝えられる情報が現実を反映していない，あるいは事故を矮小化しようとしているのではないかという疑問を生んでい

くことになった。

　加えて，事故の収束まで数十年は優にかかるであろう事故処理に関する情報公開，放出された放射性物質による被ばくの与える人の健康への影響，自然環境への影響に関する情報公開，事故に伴う補償や賠償に関する情報公開など，長期にわたって必要な情報が作成・取得，管理され，公開されるかという課題も残っている。事故の被害や影響を客観的，合理的に把握して評価・検討し，市民生活の支援のために必要な政策を実施していくには，必要な情報が作成・取得され，適切に活用されていなければならない。この前提が満たされていなければ，情報公開は本当の意味で進まないだろう。

　筆者が関わる情報公開クリアリングハウスは，いくつかの枠組みと連携をしながら福島原発事故情報公開アーカイブを公開した。事故収束も人や環境への放射能の影響も長期的な対応が必要な中で，公文書として作成・取得されている関連情報の中で，主に公開・公表されていない公文書類を情報公開制度に基づく公開請求を行い，検索可能で一次情報の公文書まで誰でもアクセスできるアーカイブだ。

　アーカイブは，いくつかの目的をもって作られている。1つ目は，時間の経過とともに選別された情報しか残されなくなる可能性が高く，選別が誰の視点で行われるかによっては後に市民が必要とする情報が残っていない可能性があるため，なるべく多くの公文書を収集するということだ。2つ目は，すでに内閣府への情報公開請求の状況で見たとおり，実際に情報公開制度による公開請求をする人はまだ少数であるため，請求すれば公開される情報が，公開されずに政府や自治体の中に眠ることになってしまう。そのため，公文書へのアクセスを保障するためには，情報公開制度があるだけでなく，それを使って公開された情報を共有できる枠組みを作るということだ。3つ目は，公開された情報を共有する仕組みができることで，様々な人の目に情報が触れる機会を増やし，原発事故や放射能の影響という合理的な検証・評価をするためには専門性が必要な情報について，専門性ある人が見る可能性を高めるということだ。4つ目は，こうした一連の目的は最終的に20年，30年後に，現時点では予測できない事態や状況が起こったときに，影響や被害

を受けた人の救済に役立てるということだ。

　これらの目的に行ったアーカイブの構築のため，主に国と福島県に対して原発事故に関連する多くの情報公開請求を行ってきた。2015年10月時点で，総枚数にして15万枚を超える公文書が情報公開請求により公開された。これまでに公開請求が行われた情報を類型化すると，①事故発生当時の政府・東電間の情報のやり取り，②政府・東電による会見の資料・記録，③事故当時の政府内の会議等の資料・記録，④SPEEDIやモニタリングに関する情報，⑤政府から自治体に対して事故時に提供された情報，⑥福島県の県民健康調査に関する情報，⑦除染に関する情報，⑧特定避難勧奨地点に関する情報，⑨福島県内をはじめ周辺自治体の小中学校の学校検診情報（原発事故前，事故後とも），⑩環境省などが事故に関連して行っている調査研究・業務委託情報，におおよそ整理される。これらの情報に加えて，事故に関してそれぞれの問題意識に基づいて情報公開請求を行ってきた団体，個人から提供を受けた情報もアーカイブには収蔵されている。

　公文書を通じて，事故に関する状況がどのように記録され，何がわかるのかについて，次章からみていきたい。

【注】
1）　総務省の「行政機関情報公開法の施行の状況について」の各年度データより作成。なお，新規の請求受付件数と決定内容の合計は必ずしも一致しない。前年度の請求の繰り越し分の処理や，請求の取り下げ，あるいは請求時点での件数のカウントと決定時の件数のカウントが異なる場合などがあるからである。

第4章
SPEEDIと特定避難勧奨地点と公文書

1 SPEEDIをめぐる情報

(1) システム概要と運用実態

　緊急時迅速放射能影響予測ネットワークシステム（SPEEDI:System for Prediction of Environmental Emergency Dose Information）は，大量の放射性物質が放出される原子力災害が発生した場合，あるいはそのおそれがある場合の防災対策として開発されたものだ。放出源情報と気象予測，地形データに基づいて，周辺環境における放射性物質の拡大や住民の被ばく線量等を予測計算して，それを地図上に表示する。1979年の米スリーマイル島原発事故を契機に日本原子力研究所（現，日本原子力研究開発機構：JAEA）が開発し，1984年に基本システムが完成した。1989年に財団法人原子力安全技術センターに運用が移管され，ネットワークシステムとして整備されてから運用が開始された[1]。文部科学省が整備，維持，管理，機能拡充を所管し，文科省と自治体からの委託により財団法人原子力安全技術センターが実際の運用の業務を行っている。計算結果は，経済産業省緊急時対応センター（ERC），原子力安全委員会，立地道県，オフサイトセンター等に設置された端末で閲覧できるようになっている[2]。

　SPEEDIで予測計算を行うための放出源情報は，「緊急時対策支援システム（ERSS）」を用いて原子力施設から大気中に放出される放射性物質の核種や時間ごとの放出量として算出される。ERSSは，1986年のチェルノブイリ原発事故を契機に原子力工学試験センターによって開発され，1996年に運用が開始されたもので，原子力発電所から送信されるプラント等の情報に基づき，プラントを監視し，事故の進展を予測して外部への放射性物質の放

出状況を予測計算するシステムだ。ERSS の整備，維持，管理，機能拡充は経済産業省の所管で，実際の運用管理は独立行政法人原子力安全基盤機構（JNES）が行っている。予測結果は，ERC，原子力安全委員会，オフサイトセンター等の関係機関に送付され，SPEEDI の予測計算に利用されることになっている[3]。

　SPEEDI の運用は，原発での異常事象段階では平常時運用として，立地道県の要請で予測計算をすることも可能だ。しかし，原子力災害対策特別措置法（以下，原災法）10 条通報に該当する特定事象に至った場合は，文部科学省の指揮下で SPEEDI は運用され，緊急時モードへの切り替えが指示される。それを受けて，放射性物質の放出量が不明であることを想定し，単位量の放出率（放射性希ガス，放射性ヨウ素ともに 1Bq/h）を仮定して予測計算が行われる。この結果は，文科省，経産省，立地道県，オフサイトセンターに配信され，緊急時モニタリング計画の策定や防災対策の準備に活用することになっている。原災法 15 条通報により原子力緊急事態になると，放射性物質の放出のおそれが生じるので，ERSS による放出予測計算が行われ，それを基に SPEEDI による住民被ばく線量等の予測計算が指示される。計算結果は，文科省，経産省，立地道県，オフサイトセンターに配信され，モニタリング情報，気象情報なども踏まえて，住民避難等の防護対策区域案の検討等が行われる。実際に放射性物質の放出がされると，実際放出された放射性物質と放出量に基づいて SPEEDI の計算が行われ，防護対策の追加・変更の必要性の判断などに用いられることになっていた[4]。

(2) SPEEDI の緊急時モード運用のための契約

　以上のようなシステム概要を踏まえると，放射性物質の放出がはじまるまでは，福島原発事故でも予定どおり稼動していなければならないものだ。放射性物質が放出に至ると，東日本大震災と津波被害で，福島県内 24 か所にあるモニタリングポストのうち，23 台は使用できなくなり，福島県は 3 月 12 日早朝からモニタリングカーによる測定を開始するなど，予定外の状況にそれぞれが対応する状態となった。

第4章　SPEEDIと特定避難勧奨地点と公文書　157

　福島原発事故では，3月11日の15時42分に原災法10条通報が，同日16時36分には原災法15条通報があり，16時40分に文科省がSPEEDIシステムの緊急時モードへの切り替えを指示，単位量（1Bq/h）での計算が行われていた。しかし，15条通報により予定されていたERSSによる予測計算を基にしたSPEEDI計算は放出源情報が得られなかったため行われず，ERC，文科省，原子力安全委員会事務局が，放出源情報をそれぞれ仮定した予測を行っていたが住民避難に活用されず，事故発生から1か月以上たってようやく情報が公表された。モニタリング測定，SPEEDIに関する経過等の時系列は表1のとおりとなる。

表1　SPEEDIに関する経過

月日	モニタリング・SPEEDIの経過	避難指示等
3月11日 14時46分 地震発生	福島県内モニタリングポスト24台中23台が停止。原子力センターの4台のゲルマニウム半導体検出器のうち2台が使用不可。福島第一原発敷地内は8台のモニタリングポスト，14台の排気筒モニターがすべて監視不能	15：42　原災法10条通報
3月11日 16時40分	文科省が原子力安全技術センターにSPEEDIの緊急時モードへの切り替えを指示	16：36　原災法15条通報
3月11日 16時43分	福島第一原発からオフサイトセンターを経由しての，SPEEDI計算の前提となるERSSの計算機にデータを送付する政府専用回線が使用できなくなる	19：03　原子力緊急事態宣言 20：50　半径2km圏内の避難指示
3月11日 16時49分	SPEEDIの緊急時モードに切り替え。安全委員会作成の「環境放射線モニタリング指針」に基づき，福島第一原発から1Bq/hの放出があったと仮定し，拡散予測計算を開始。結果を文科省，ERC，安全委員会，オフサイトセンター，福島県，JAEAに送付	21：23　半径3km圏内の避難指示。10km圏内は屋内退避
3月11日	文科省地震発生後に，「防災基本計画」等に従い，オフサイトセンターへのモニタリングカーの派遣を決定	
3月11日 17時～	東電，福島第一原発敷地内の複数地点をモニタリングカー1台を用いて測定。東電，保安院HPで順次結果公表	

月日	モニタリング・SPEEDIの経過	避難指示等
3月11日夜	福島県，モニタリングカーによる測定を決定	21：52　官房長官会見
3月11日～15日	保安院が，様々な仮定の放出源情報を入力して45件のSPEEDI予測計算を実施し，ERC内で共有し，最初の数例を官邸及びオフサイトセンターに送付（信頼性が低い旨記載した補足資料を添付）	
3月12日早朝	福島県，モニタリングカーによる測定開始	5：22　半径10km圏内の避難指示
3月12日13時半過ぎ	保安院がSPEEDI計算結果を官邸地下に詰めていた同院職員に送付し，同職員が内閣官房職員に渡し，さらに官邸地下にいた各省職員に計算結果の共有を図る。（受け取った内閣官房職員は，単なる参考資料に過ぎないものとして扱い，総理等への報告なし。保安院も報告していない）	9：35　官房長官会見　15：36　第1号機で爆発。20km圏内の避難指示を決定
3月12日夜	安全委員会，SPEEDIの計算を原子力安全技術センターに1度依頼。結果を委員，緊急技術助言組織メンバー，事務局職員で共有	18：25　半径20kmの避難指示
3月12日頃	文科省　航空機モニタリングの検討を開始	
3月12日夕方以降	文科省　オフサイトセンターへのモニタリングカー派遣を指示	
3月12日以降	モニタリングカーによるモニタリングデータを原災本部事務局のあるERCにFAXで送付。3/13以降は現地対策本部がモニタリング結果を取りまとめ，現地対策本部長名でERCに送付（3/13以降は保安院HPに掲載）	
3月12日～14日	福島原発20km圏内のモニタリングを福島県が断続的に実施	
3月12日～16日	文科省が様々な放出源情報を仮定し，38件のSPEEDI予測計算を行い文科省非常災害対策センター（EOC）内部で共有し，一部結果をERCと安全委員会に送付	
3月13日11：20頃	文科省支援要員現地着	
3月13日～	福島県，国の派遣した職員がモニタリングカーにより空間線量測定，大気浮遊埃，環境試料，土壌の採取等を実施	3/14　11：01　3号機爆発

第4章　SPEEDIと特定避難勧奨地点と公文書　　159

月日	モニタリング・SPEEDIの経過	避難指示等
3月15日	当日の記者会見でSPEEDIの結果公表を求められたことを受けて，文科省で政務三役が出席する省内会議にSPEEDIとWSPEEDI（worldwide version of SPEEDI）の計算結果を提出。公表すると混乱を招くおそれがあるとの意見。公表の可否については意見なし	6時頃　4号機方向からの衝撃音 8：11　4号機建屋損傷確認 11時頃　半径20km～30km圏内に屋内退避指示
3月15日夜	福島県双葉郡浪江町昼曽根で330μSv/hを測定（文科省のみでデータ収集・公表・評価のすべてを行うことが困難と認識）	
3月15日以降	現地対策本部を県庁へ移転	
3月16日午前	官邸での協議を行い，福島第一原発から半径20km以遠の陸側で各機関が実施しているモニタリングのデータ取りまとめ・公表は文科省，評価は安全委員会，評価に基づく判断は原災本部が行うとの役割分担を決定。SPEEDIは，モニタリングデータの評価を行うことになった安全委員会で運用・公表することに合意	
3月16日以降	現地対策本部が取りまとめたデータをERCとEOCの両方に送付。文科省がデータを集約の上，安全委員会に送付し，公表も開始。	
3月17日頃～	安全委員会委員長代理らの意向で，緊急事態応急対策調査委員を中心にJAEAや（財）日本分析センターの協力を得つつSPEEDIに関する検討開始	
3月17日～20日	米エネルギー省が米軍機を使い，独自に福島第一原発周辺の航空機モニタリングを実施。外務省経由で文科省，保安院に送付	
3月21日～	東電・敷地内2か所の放水口付近での海水採取・分析を開始（汚染水流出の可能性があったため）。比較データとして福島第二原発の2か所の放水口付近の海水の採取・分析も開始	
3月22日	米エネルギー省がデータを公表	
3月23日9時頃	3/11～3/24の福島第一原発周辺の積算線量等に関する予測結果を得，計算結果の一つである小児甲状腺の等価線量の値が，安全委員会作成の「原子力施設等の防災対策について」に定めた安定ヨウ素剤の配布基準を超えていたことから，安全委員会委員長，委員長代理が官邸に報告	

月日	モニタリング・SPEEDIの経過	避難指示等
3月23日 21時頃	官邸の指示で当該計算結果を安全委員会が会見で公表	
3月23日～	東電,仮設モニタリングポスト3台を敷地内に設置。27日から結果公表	
3月24日～ 4月1日	自衛隊が福島県上空の塵中の放射能濃度の測定を実施	
3月25日	安全委員会評価結果の公表を開始	
3月25日	「文科省航空機モニタリング行動計画」を発表。独立行政法人宇宙航空研究開発機構の協力を得て福島第一原発から30km以遠の上空の空間線量の測定	
3月25日・29日	東電・福島第一原発敷地内の既設モニタリングポスト復旧	
3月28日～	福島第一原発20km圏内のモニタリング実施の検討を開始	
3月30日	IAEAが,IAEAの避難基準値を超える放射線量が飯舘村で観測されたと発表	
3月30日・31日	東電・電気事業連合会の協力を得て,20km圏内の33か所のモニタリングを実施	
4月1日～	東電・福島第一原発敷地内で1日1回巡回によるデータ収集	
4月2日	文科省が3/30・31の東電等によるモニタリングから追加的に20km圏内17か所のモニタリングを実施	
4月6日～29日	文科省と米エネルギー省が飛行区域を分担して福島第一原発80km以遠上空から地表面1mの高さの空間線量率と地表面への放射性物質の蓄積状況を確認	
4月9日	東電・8台の既設のモニタリングポスト伝送システム復旧	
4月18・19日	文科省,東電,電事連が共同で20km圏内128か所のモニタリングを実施(←公表)	

第4章　SPEEDIと特定避難勧奨地点と公文書

月日	モニタリング・SPEEDIの経過	避難指示等
4月22日	原子力災害対策本部「環境モニタリング強化計画」を発表（計画的避難区域等の設定等のため）	計画的避難区域と緊急時避難準備区域を指定。半径20～30km圏内の屋内退避指示を解除
4月25日	官邸の指示で政府が保有するSPEEDIの計算結果すべての公表を決定	
5月3日まで	文科省，保安院，安全委員会などがSPEEDIデータをそれぞれ公表	
5月6日	4/6～4/29に実施した福島第一原発80km以遠上空から実施した地表面1mの高さの空間線量率と地表への放射性物質の蓄積状況の結果を公表（文科省）	
5月18日～26日	文科省と米エネルギー省が飛行区域を分担して福島第一原発80～100km圏内で上空から地表面1mの高さの空間線量率と地表面への放射性物質の蓄積状況を確認	
5月28日	東電・3/11～3/21のモニタリングデータ未公表データを追加して公表	
5月31日～7月2日	第三次航空機モニタリングとして文科省が防衛省の協力を得て，福島原発80km圏内の地表面1mの高さの空間線量率と地表面への放射性物質の蓄積状況を確認	
6月16日	5/18～5/26の結果を公表（文科省）	
6月3日	3/12のモニタリング結果，3/11～3/15に収集されたモニタリングデータを追加公表（保安院）	
7月8日	5/31～7/2の結果公表（文科省）	

※政府事故調中間報告，最終報告をもとにまとめたもの

　SPEEDIの運用を文科省から委託を受けて行っている原子力安全技術センターには，2011年3月11日付けで緊急時モードで運用するための契約が行われていた。情報公開請求により文科省から公開された委託契約書によると，エネルギー対策特別会計委託事業として予算化されており，福島原発事故のあった2010年度は7億7,418万6,344円を委託費として支払う契約

を行っていた[5]。契約書の添付文書である「業務計画書」によれば，委託業務の題目は「緊急時迅速放射能予測ネットワークシステム調査」で，業務内容は①緊急時対応準備調査，②システム高度化調査で，SPEEDIの運用をしながら機能向上を図る，という調査業務としての委託となっている。業務計画には「その他」の項目が設けられ，ここに「原子力災害対策特別措置法第10条または第15条該当事象に至った際は，文部科学省の指示によりSPEEDIシステムを緊急時モードへ切り替え，単位放出量による放射能影響予測を実施し，結果を文部科学省の端末に配信すること等の緊急時対応を実施する。ただし当該緊急時対応に係る業務及びその経費については，別途協議する」とある。そのため，緊急時対応のため，2011年3月11日付けで文科省は「原子力災害緊急時対応業務」を原子力安全技術センターと契約し，3月11日から31日までの業務として871万5,000円が支払われていた。

緊急対応業務の内容は，①SPEEDIシステム対応体制（24時間体制）を整え，文部科学省の依頼によるSPEEDIシステム操作要員派遣計画を整える，②文部科学省より指示のあった関係機関〔非常災害対策センター（EOC），緊急時対応センター（REC）及び原子力安全委員会〕へ24時間体制SPEEDI操作要員を派遣することだ。「原子力災害緊急時対応業務」は，4月，5月と継続して契約され，4月1日から30日分として529万8,879円，5月1日から27日分として370万1,856円で契約された。5月分の契約の仕様書には，SPEEDIシステム操作要員の派遣について，「平成23年5月20日から操作要員の派遣を段階的に縮小するため，20日は12時間，23日から27日までは7時間とする。また，21，22日の派遣は必要としない」との記載があり，5月27日で緊急時対応業務は終了となっていた。

SPEEDIは，計画どおり福島原発事故の発生とともに24時間体制が整えられ，そのためのコストとして約2か月半で約1,700万円が支出された。ERSSが停止し，モニタリングデータも収集できず，SPEEDIが想定どおりに運用できなかったのは確かだが，モニタリング計画の策定や防災対策の準備のために活用するための単位量の放出率を仮定した予測計算は行われていたわけである。その情報が，文科省や経産省には送信されるが，実際に避難

等の意思決定者(総理大臣ないし官邸)に,そもそも直接流通するようになっていなかったことが,SPEEDI情報の公表の遅れ,未活用の一つの問題だったのではないだろうか。

SPEEDI の運用を行っている,原子力安全技術センターの役割は,文科省の指示で 24 時間体制の緊急時対応を行うことであり,予測計算を行った結果を文科省と経産省に送信することで,委託された業務としては完結していることになる。SPEEDI の通常時の委託契約内容には「緊急時対応準備調査」が含まれているが,実際に SPEEDI による予測計算結果が想定どおりに機能しているかは,原子力安全技術センターの範疇外という扱いになるだろう。そのため,SPEEDI による予測計算結果の扱いは,業務受託者と意思決定者の間にいる,行政部門の責任に収れんされるべき問題ということになるだろう。

(3) 福島県に造られた SPEEDI モニタリングデータ

SPEEDI の予測結果は,1 か月以上公表されなかったが,政府内では判断決定者には届いていなかったとされる一方,一定の共有はされ,福島県にも送られていた。3 月 11 日の 16 時以降,単位量(1Bq/h)で計算され 1 時間ごとに出された予測結果は,3 月 12 日深夜から原子力安全技術センターがデータを福島県原子力安全対策課の代表メールアドレス宛に送信し,3 月 13 日 10 時 37 分に ERC から福島県災害対策本部に宛てて 3 月 11 日～13 日の福島第一原発・福島第二原発でのモニタリングデータと,3 月 12 日の午前 3 時から 13 日の午前 6 時までの SPEEDI の予測結果 31 枚が FAX で送信されていた[6]。

FAX が送信されていたのは,福島第一原発 1 号機での爆発により,半径 20km 圏内の避難指示が出された翌日の午前中のことだ。公開されている FAX の表書きには「3/12 13:00～19:00 の結果以外は特に関係はないと考えます」とあり,モニタリングデータには,「陸側に影響のある日時は 3/12 13:00～19:00, 3/13 4:00～6:00 特に汚染の可能性があるのは 1〇:00～17:00 頃」(注:〇は判読不能な部分)との手書きがある(資

料1公開文書1）。送信されていた単位量で計算されていた予測結果には，確かに3月12日の13時〜19時と，3月13日4時〜6時に陸側に拡散予測が出されている。また，福島第一原発内のモニタリングデータでは，12日未明から放射線量率が上昇し，同日の午後まで高い線量で推移していた。このとき陸側に拡散する予測がSPEEDIの計算結果にあるが，その方向が，のちに住民が避難することになる飯舘村や南相馬市の一部の地域だ。

　SPEEDIのデータが，特に3月13日にメモ書きが添えられてERCからFAXで送信されていた経緯や意図は，公開されている情報からだけではわからないが，注意を促していたとも読める。一方で，3月11日から15日にかけてERCから官邸にも送付されていた予測結果は，「あくまで仮定の放出源情報に基づく計算結果であることから信頼性が低い旨を記載した補足資料を作成し，官邸に送付していた。3月12日未明に前記計算結果を保安院職員から受け取っていた内閣官房職員は，この計算結果を単なる参考情報にすぎないものとして扱い，菅直人内閣総理大臣等への報告は行わなかった。また，保安院も，独自にこれらを菅総理らに報告することはなかった」とされている[7]。この情報の意味づけの違いは，結果的に避難指示の判断に影響を与えることになったとも言えるのではないだろうか。

　なお，福島県は，注意を引くはずのメモ書き付きのFAXを受け取っていたが，当時の県災害対策本部内では，こうした情報を取り扱えるだけの認識がなかったことが後にわかってくる。2012年4月24日，福島県は「福島第一原子力発電所事故発生当初の電子メールによるSPEEDI試算結果の取扱い状況の確認結果」（以下，「確認結果」）を公表した。2011年3月12日〜16日に県災害対策本部が受信していたSPEEDIの予測結果に関するメール86通のうち，65通を削除したことが問題になり，かつ国側と県のデータ提供に関する見解が大きく異なっていたため，県が調査を行った結果を取りまとめたものだ。

　「確認結果」によるとメールが廃棄された理由の一つとして，受信容量の問題を挙げているが，本質的な問題は，計画どおりに物事が動かなかった結果，情報の価値判断をしなかったことと述べていることだ。「確認結果」では，

「本来，県災害対策本部が単独でこれらの情報を入手し，防護対策の検討に活用するものではないことから，受信した電子メールの取り扱いについて明確に定められていなかった」と原因を述べている。続いて特に注意書きで，「SPEEDI試算結果の本来の活用法」として「オフサイトセンター内に設置される国，県，関係町等で構成される原子力災害合同対策協議会において，モニタリング結果やSPEEDI試算結果などに基づき，避難などの防護対策を協議する。こうした協議結果を踏まえ，国の原子力災害対策本部長，又は現地対策本部長が意思決定を行う」と説明している。計画どおりであれば，協議会の設置など判断系統と情報の共有が一体のものとして行われていくことになるが，そうではない場合に必要な判断をするために情報を取捨選択する，価値判断ができる組織を目指す必要があるということだ。

(4) SPEEDIの公表と情報公開請求

　SPEEDIが存在することが一般に認識され，公表が表立って求められるようになったのは，2011年3月15日のことだ。文科省の記者会見で，報道関係者が計算結果の公表を求めたことを受けて，文科省の政務三役会議でSPEEDIの計算結果などが提出された。翌16日午前の官邸での会議で，各省庁のモニタリングの役割分担に関する協議を行い，モニタリングの集約・公表は文科省が，データ評価は原子力安全委員会，評価に基づく対応は原子力災害対策本部で行うこととなったことを受け，同日の文科省の政務三役会議で，SPEEDIはその評価を行うこととなった原子力安全委員会において運用・公表すべきであるということを決定した。そしてこのSPEEDIの運用主体変更の文科省の決定を安全委員会に口頭で伝え，EOCにいた原子力安全技術センターのオペレーター2名を安全委員会事務局に派遣した[8]。

　同23日には，安全委員会は，3月11日から24日までの積算線量等の予測結果を得て，放出源情報を逆推定したところ，計算結果の一つである甲状腺等価線量の値が，「原子力施設等の防災対策について」に定められた安定ヨウ素剤の配布基準を超えていたことが判明した。これを官邸に報告し，官邸の指示で計算結果を安全委員会が公表をしたが[9]，これはSPEEDIの計算

結果ではなく，過去の放射性物質の拡散状況を再現計算したものであった[10]。

その後，SPEEDIの計算結果について，3月24日に文科省に対して情報公開法に基づく情報公開請求があり，それを契機として，情報公開請求があった場合の対応について文科省，原子力安全・保安院，原子力安全委員会の間で検討され，4月中旬までにその対応を次のとおり整理した[11]。

① 1Bq/hの放射性物質の単位量放出を仮定した定時計算の結果については公開

② モニタリング結果を用いて放出源情報を逆推定し，その情報を基にSPEEDIにより積算線量等の値を計算した結果については，安全委員会が公表し得る程度に精度の高い計算結果が得られたと判断した時点で公表

③ 文科省，保安院，安全委員会等がさまざまな仮定を置いて行った計算については，混乱を招くおそれがあるので非公開

この検討の契機となった情報公開請求については，請求の事実が確認できていない。文科省に対して行われた情報公開請求とその請求年月日，決定状況などの一覧表には，2011年3月24日及びその前後にSPEEDIの計算結果を請求した事案が存在しない。請求が取り下げられた場合は，「取下げ」と記録されて請求案件として記録が残されるため，請求の取下げが行われたとも言えない。同じ頃に情報公開請求が行われていたことが確認できるのは，原子力安全委員会に対してだ。筆者が内閣府に対して公開請求を行った情報公開請求状況の一覧表には，3月25日に「今回の福島第一原発から放出された放射性物質拡散予測シミュレーション結果のすべて（SPEEDIを用いたシミュレーション計算過程と結果）」が請求されたとある。また，3月31日には，「東日本大地震以後の，原子力安全技術センターによる被ばく予測データ（東京電力，福島第一原発について計算。放射性ヨウ素や希ガスについて，放出量の見積もりを何段階かに変化させて計算し，1時間ごとに2時間後までの被ばく予測データを原子力安全委員会に報告しているもの。直近までの全データ）」が請求されている。しかし，これらは奇妙なことに，いずれも

4月22日付けで「不開示（不存在）」との決定が行われたことになっている。文科省に情報公開請求がされた形跡がないことも，SPEEDIの計算結果の一部を少なくとも保有していたはずの原子力安全委員会が不存在と決定していることも，いずれも公表されている経緯等からはありえないものとなっている。

この不存在決定が出された直後，SPEEDIの計算結果を公表していないことが報道されたことで公表のあり方が再検討され，官邸の指示で4月25日にすべての計算結果を公表することを決定し，5月3日までに公表がようやく実施された。

(5) 小括

SPEEDI情報の公開問題については，いくつかの側面から整理して考える必要があることがわかる。1つは，情報を届けるべき人に届いていたかどうかという問題だ。具体的には，政府内での意思決定者と，避難のためにその情報を必要とする自治体と市民だ。2つ目は，SPEEDI情報は最終的には公表されたが，度重なる政府の公表に関して判断がぶれたことに加え，公表するタイミングの問題だ。事後に後出しで公表されても，その情報を必要としている人と気にしている人に届いていなければ，事後公表は単なる言い訳と受け止められる。

また，SPEEDI問題は，単なる情報公開の問題ではなく，情報公開が適切に判断されなかったのは，SPEEDI計算の前提となるモニタリングデータが収集できないときの対応，地震と津波の影響でSPEEDI情報のデータ送信が通常の方法では自治体等にできないときの対応，実際に事故が発生した際に避難にどのように生かし市民に情報提供をするのかという情報を活かすための対応など，様々な想定がなされていなかった，あるいは極めて不十分だったということが背景にあるだろう。

後から振り返ればいろいろな問題点の指摘ができ，それは俯瞰的に情報や状況を総合して事態が把握できるようになるからでもあるが，言い換えれば，事故・災害対策や対応のための備えは，そうした俯瞰的な視点でさまざまな

可能性を考慮して機能するように行われていなければならないということだろう。また、平時からこのような想定や備えがとられ、また住民に対してリスク情報やマイナス情報を公開し、どのようにこうした情報や状況と付き合うのかという日常的な情報公開の文化がないと、実行もできないだろう。SPEEDI情報の公表問題は、単なるSPEEDIをめぐる問題という枠におしこめて検証、議論するのは不適当であることは、明らかである。

2 特定避難勧奨地点の指定をめぐる情報公開

(1) 対象となる区域の指定がされなかった特定避難勧奨地点

　福島原発事故後、政府は同心円状に避難指示を行い半径20km圏内を警戒区域に設定した。また、2011年4月22日には半径20km以遠で1年間の積算放射線量が20mSvに達するおそれがある地域を計画的避難区域と指定し、住民がおおむね1か月以内に避難を完了することが望ましい区域とした。指定された区域は葛尾村、浪江町、川俣町、南相馬市の一部と飯舘村全村であったが、これらに隣接する地域にも空間線量の高いところが存在していた。しかしながら、当時、面的な汚染レベルは基準を下回るという判断から、避難区域への指定が見送られた。その地域の一つが、伊達市霊山町小国地区で、指定が見送られた経緯については、「計画的避難による経営への打撃をおそれた農協などの意向をくみ取り、伊達市が国に指定回避を働きかけたというのが真相だとされる」[12]との指摘もある。

　この計画的避難区域外で、事故発生後1年間の積算放射線量が20mSvを超える空間線量と推定される地点を「特定避難勧奨地点」に指定することが、2011年6月16日に原子力災害対策本部から発表された[13]。指定されると、「そこに居住する住民に対して、注意を喚起し、避難を支援し、促進する」というものだ。特定避難勧奨地点は、その他の避難区域と異なり、地域という面的な避難ではなく世帯単位という点での指定であり、避難に伴う賠償もされる。6月30日に伊達市で最初の指定が行われたが、その結果、伊達市では同じ集落の中で、指定される家とそうではない家が併存する地域環境を

生み，加えて指定地点と決定する基準が不透明で，地域住民には納得できるようなものにならなかった。対象になりうる地域が農村部の小集落が点在する地域であり，この中で世帯ごとの指定がされたことの影響は非常に大きかった。

　国や自治体に対しては，地域住民から指定についての要望が何度も出されている。たとえば伊達市霊山町小国地区では，「7月5日に地区住民集会を開催し，（略）今回の指定に至るまでの経緯は，住民すべてが困惑を示しており，地域のコミュニティまでも破壊するおそれがある。（略）『特定避難勧奨地域』として変更していただくよう強く要望」し，具体的に妊婦・子どものいる世帯の優先的な避難，希望住民の避難，地区全体の除染などを，地区住民総員の署名を添えて国等に要望書として提出している。また，飯舘村に隣接する10軒ほどの集落である同月舘町相葭地区は，6軒が指定，4軒が指定されなかったことについて，「7月4日の住民説明会において，市の側より，『指定されても，されてなくても，全く変わりないと思う，差がない』と話が出たが，今まで通りの集落の付き合いが（略）できるかどうかは，大変疑問である」とし，「地域のつながり，絆を壊す前に，（略）相葭地区全体を特定避難勧奨地域（仮称）として指定し，原発事故が収束し，除染の効果が現れるまで，希望する住民の避難をお願いします」と，地区住民総員の署名を添えた要望書を国等に提出している[14]。

　仁志田昇司伊達市長は，6月30日の会見で「前日に市としての勧奨地点の考え方について改めて国に要望した結果，基本的な国の考え方と市の考えは一致した」と述べており，市の意向にも沿う指定が行われたと述べていた。しかし，同年12月14日の記者会見では，「特定避難勧奨地点の指定は解除されたが，コミュニティ（を分断した）という点では，禍根を残した制度だった」「当初から国とは考え方が違っており，我々は（世帯単位ではなく）地域で指定をして欲しいと言ってきた。町内会コミュニティのまとまりを分断するような『地点での指定』はまずいと思った」と述べているという[15]。

　なぜこのような結果になっているのか。その結果に至る過程は，情報公開請求により公開された文書からある程度追うことができる。

(2) 政府内での検討

　政府内での検討経過は，情報公開請求により公開された行政文書により，ある程度明らかになっている[16]。

　特定避難勧奨地点に関する政府内での協議・検討過程に関する最初の記録は，2011年6月6日の10時35分から官房長官室で行われた「伊達市と南相馬市の線量の高い地域についての議論」のメモ（資料2）とその際の資料だ。出席していたのは，枝野官房長官，福山副官房長官，伊藤危機管理監，菅原経済産業政策局長，西本技術総括審議官，森口文部科学審議官らだ。議論では，文科省が同3日に発表した放射線等分布マップ作製で用いた線量率の推定値で，年間積算放射線量が20mSvを超える地域への対応が話し合われており，以下のようなやり取りが記録されている。

　　福山副官房長官「一般的な生活区域の線量が高いと子どもにとって厳しい」
　　伊藤危機管理監「ただ，（線量分布が）まだら（になっている地域）をどう指定するか」
　　菅原局長「区域指定はやりすぎでは」
　　　（略）
　　菅原局長「面というより点や線をどうするか。また，本当は，気になるのは解除。少し上がって下がるような場合をどう考えるか。飯舘や川俣についてもどのようになったら帰れるのかまだ言っていない」
　　　（略）
　　枝野官房長官「今後，ホットスポットへの対応は，一軒単位で，（住んでいる人に線量の）地図を見せて進めるということだ」
　　「自治体と相談して一軒一軒声をかける。そういう線で良いか。自治体とやる必要がある」
　　菅原局長「南相馬は（軒数が多くないので）そういう線だろう。伊達は少し広いので集落単位か」
　　枝野長官・福山副長官「出て行ってもらってよい，強制はしない。安全サイドに立って」
　　伊藤危機管理監「自主避難ということか」

枝野長官「計画的避難区域外」

菅原局長「区域と言うより概念的なもの」

伊藤危機管理監「区域の避難ではなく，個別の避難」

　（略）

枝野長官「……政府としては，安全の観点では 20mSv 前後なので大丈夫だが，安心の観点で情報提供をして避難を希望する方には避難していただく，というラインでどうか」

福山副長官「伊達の小学校は開けておいて良いのだろうか」

枝野長官「子どもの避難は強く促す。学校は除染して，学校の周りが低ければ良いし，周りが高ければ避難を促す。20mSv の境目は柔軟に対応する」

　この会議で 4 月から 6 月の間に行った 6 回の空間線量測定結果が報告されていたのは，伊達市霊山町下小国高屋敷，同町上小国末坂，同町上小国茶畑，同町石田，南相馬市原町区大原だ。これらの地域を念頭に，年間 20mSv を超える積算線量となると推定されるところについては，一軒単位で対応を進めること，住民の選択による避難となること，子どもの避難は促すという方向性が確認された。また，この時の会議では南相馬市の該当地区は一軒ごとの声掛け，伊達市は対象となる人口が多いので集落単位での対応が現実的という意見が出されていた。

　同 8 日は，内閣府原子力被災者生活支援チーム幹部会合（第 37 回）が 15 時 30 分から開催され，そこで「『選択的避難支援』の仕組みの骨子（案）」〔以下，「骨子（案）」〕が提示され，議事概要にはそれについて「共有・確認を行った」とある[17]。「骨子（案）」では，支援の枠組みについて，

- 計画的避難区域のような面的な広がりはないが年間 20mSv を超える高い線量を政府が確認した地点に対し，住民の積算線量について 20mSv を下回らせるため，政府と自治体が選択的避難の促進，支援を行う
- 避難を選択する際の支援や補償等については，政府の避難等の指示を受けた場合の扱いとのバランスを確保しつつ認める必要がある
- モラルハザードを起こさずに事務的にも執行可能な簡易な方法で補償の対象となる相当因果関係を持った選択的避難地点からの選択的避難と，

そうでない一般的な自主避難を仕分けする仕組みが必要という3点を踏まえて，①政府の合理的・科学的な判断，②政府の関与，③対象の特定に関する仕組みが制度骨子となる，と基本的考え方を示している。
「骨子（案）」ではこれらについてそれぞれ，①除染が容易ではない一定の地域的範囲で年間20mSvを超える線量が高い地点が確認された場合，選択的避難地点と特定し，政府としては一律に避難を指示しないが，生活形態や家族形態によっては20mSvを超える可能性が否定できないので避難を支援・促進する，②地点は官房長官会見で発表し，福島県及び関係市町村に対して通知，公表，③罹災証明の発行を行うものとしている。また補足として，選択的避難地点の範囲は住居単位などを想定，高線量地点が側溝や雨どいの下などの「特異な点」にとどまる場合は対象としないこと，活動範囲が極めて狭い乳幼児や，自宅と仕事場が同じでほとんど一日中選択的避難地点で暮らす人など，生活形態によっては20mSvを超える懸念がある場合があるため，これらの人々には被ばく線量を下げる合理的理由があり国として避難を促進・支援していくことが適当としている。

名称は異なるが，この時点で，面的な指定をする仕組みではないこと，補償等の対象とするため対象者を特定すること，自宅以外での生活時間が長い人のいる世帯とそうではない世帯では自宅付近が同じ線量でも異なる扱いになる可能性があることは，少なくとも大きな方針として確認されていたことになる。

翌日の6月9日には，伊達市で行われた打ち合わせの場で，国の原災現地対策本部原子力被災者生活支援チームの佐藤室長から，伊達市に対して「避難勧奨制度『選択的避難』を検討していることが伝えられた」こと，市の方針として「これまでの法的強制力を持つ『計画的避難区域』の指定は望まず，住民自らが避難するかしないかの選択が可能な，緩やかな制度設計をお願いした」ことが，伊達市から情報公開された行政文書「『特定避難勧奨地点』に係る協議経過」（以下，協議経過）に記録されている[18]。

6月10日に行われた内閣府原子力被災者生活支援チーム幹部会合（第38回）では，原子力被災者生活支援チーム作成の「年間20mSv超線量地

点への対応について（案）」[19] が配布された。ここで，対象となる地点以外の周辺住民に対して，「リスク情報や科学的知見等に関する情報を速やかに開示」「その意味を丁寧に説明し，希望する者には行政として支援をしていくこと」とし，支援とは「災害救助法など，利用可能な支援の枠組み等の情報を提供，希望者には避難を支援する（福島県や市町村に支援を促すことを含む。）」であるとした。

　また，避難地点については，原災法等の法的な避難指示・勧告とはせず，仕組み・運用としては，次のようなものとすることが確認された。この時点では該当する地点の名称が決まっていないが，これが6月16日に決定された方針になった。

　①原子力災害対策本部長（総理大臣）から原子力災害現地対策本部長に対して「事故発生後1年間の積算線量が20mSvを超えると推定される特定の地点への対応について」を出し，公表
　②文科省は月2回公表する放射線量等分布マップの作成過程で，年間20mSvを超えることが推定される地点があるときは，詳細モニタリングを行い，現地本部を通じて速やかに公表前に福島県と関係市町村長に連絡
　③②を基に関係機関が協議し，除染が容易ではない地点を住居単位で特定し，現地本部長が当該市町村に通知（罹災証明発行を県から市町村に通知）
　④市町村が特定地点に該当する住居に対し，説明資料を個別に通知
　⑤解除は柔軟に行う

(3) 伊達市の指定についての関係者の反応と対応

　また，この配布資料には，「関係者の反応」がまとめられている。福島県森合局長（避難担当）の反応として，「できるだけ確実に保障するためにも地域を設定することは理解」「一戸ずつ指定するより地域で設定する方が混乱は少ない」「（6月13日に）県議会の災害対策特別委員会が予定されているので，発表時期については配慮してほしい」と記述がある（なお，決定・発表は6月16日）。桜井南相馬市長は，「一律の避難など大げさな対応ではなく，該当する区域を個別に訪問して説明する対応とすべき」「一方で，国

として地域の特定をしてほしい」との反応で，仁志田伊達市長などは「国による一方的な強制力がない本地域の設定については受け入れ可能」「年間積算予測が20mSvを少しでも下回ると，対象外にすると，隣同士で争いになるので注意が必要」とある。基本的には，いずれも特定地点の指定という考え方に同意していたことがわかる。

6月16日に「事故発生後1年間の積算線量が20mSvを超えると推定される特定地点への対応」を発表する前，官房長官へのレクが行われその内容が議事メモとして残っている[20]。それによれば，特定避難勧奨地点について福山副官房長官から「隣の人が対象になるのに，自分は対象にならない，などの声が地元で起きている。どのように対応するのか」という問いに対し「実務的には，連たん（相互に連なっていること）している住居の場合には，一括して特定する。ただし，今，対象になりそうな地帯は，住宅が連たんするような地域ではない模様」（回答者不明）との見解が示されている。

6月20日には，伊達市役所で伊達市（途中から市長，副市長，市民生活部長ら）と原災現地対策本部原子力被災者生活支援チームの佐藤室長らによる地点指定に関する打ち合わせが行われた。伊達市が記録した打ち合わせ概要を記した「『特定避難勧奨地点』に係る協議経過」[21]には，調整課題として「国は，住居単位で特定したい。伊達市は，小集落（町内会）を希望」とある。同じ会議を記録した原災現地対策本部が作成した「伊達市との打ち合わせ概要（特定避難勧奨地点）」[22]には，伊達市から，小集落（町内会）単位での指定の希望があったこと，加えて具体的に「霊山町上小国中島，本組，下小国松の口，山下，西組，石田坂ノ下，八木平，月舘町月舘相葭の8つ。全部で246世帯」の指定の希望があったことがわかる。また，「小集落単位は『小さな生活圏』として密接に繋がっており，至近距離で『こっちは○，隣は×』と区分すると住民の疑心暗鬼を生む」とも述べられている。前述の6月16日の官房長官レクでは，「対象になりそうな地帯は，住宅が連たんするような地域ではない模様」との認識を政府はしているが，伊達市の「小さな生活圏」という説明からすると，住居が隣同士か否かへの配慮だけの問題ではないことがわかる。

第 4 章　SPEEDI と特定避難勧奨地点と公文書　175

　6月21日に開催された第41回の内閣府原子力被災者生活支援チーム幹部会でこの打ち合わせの概要を整理した資料が配布された。その後，6月23日，24日と原災現地対策本部，伊達市の協議が行われ，25日は福島県を入れた三者協議，27日に原災現地対策本部による勧奨地点の現地調査，29日に三者協議が行われ，30日に特定避難勧奨地点の決定が国から伊達市に通知された。当初の仕組みの想定どおり，小集落単位であっても面的な指定となるような全戸の地点指定は行われず，104地点，113世帯が指定された。

　7月12日には伊達市役所で市側と原災現地対策本部の面談があり，市長が特定避難勧奨地点の設定について「地域でなく住居ごとの設定によりコミュニティが崩壊するとの意見があるが，畑や牛の世話など好きなことをするため毎日帰ってきて良いのだから，指摘は当たらない。避難について住民の自由意志で決めることができる点において，今も基本的に良い制度であると思う。その考えは変わっていない」と述べている[23]。続けて市長が，「すぐに見直してくれとは言わないが，実務上の問題として，住居ごとに特定避難勧奨地点を設定するより，例えば，小字単位の地域で設定する方が簡単である」「住民の不満については，子どもの避難等より賠償問題が根底にある印象を受ける。例えば，避難して赤十字から家電6点セットをもらってまた元の住居に戻ってくるとの噂話や，小国地区の世話役のところに住民が飯舘村の住民はいくらもらったとの話に来る」と述べたことが記録されている。

　7月15日には，仁志田伊達市長と原子力災害対策本部原子力被災者生活支援チームの富田審議官の間で電話会談があり，「電話概要」（資料3）が残っている。仁志田市長は12日の面談時の話に加えて，「『住居単位』『年間20mSvを超えるおそれ』の基準を国が基本として決めているので，自分としてはこれを損なうことは国に要望できないと答えている」と住民への対応を述べ，続けて「住民から市が独自に取り組むよう要請されたが，そうであっても，国の制度を損なうことに変わりはないと思っている」と述べている。また，「いずれにしても，自分たちから制度を壊すような要請はできないと考えるが，国として何らか柔軟な対応をご検討いただけるのであれば，それ

はありがたい」と述べた[24]。

　このころには特定避難勧奨地点とそれ以外が混在した地区の住民からの要望書が出されるなど，地域には疑問，不満，不信が指定とともに生まれ，その声は市役所にも届いていたが，市長が大きな問題とは考えていなかったこともこれらの記録からわかる。もともと，特定避難勧奨地点の存在する地域については，前述のとおり，計画的避難区域に指定されなかったことへの疑問が住民の中にあったところで，加えて特定避難勧奨地点による地域内の分断が起こり，やるせない状況になっていたことは想像に難くない。

　11月に追加の特定避難勧奨地点の指定が行われたが，小国地区にある集落では除染終了後に子どものいない2世帯が指定されたことに疑問をもった地域住民が，市に対して質問状を出して説明を求めた。しかし，まともな回答が得られずらちが明かなくなり，市に情報公開請求をして検討経過の情報公開を求めることになった。筆者は，その時からこの地域の問題の一端に少しだけ関わることになった。情報公開制度という手段を知った住民は，それまで市に何度説明を求めても答えてもらえなかった情報の一端が，制度を通じて公開され，筆者が国に対して特定避難勧奨地点に関する情報公開請求を行ったことでさらに情報を得て，「わくわくした」と語ったことが，強く印象に残っている。しかし，このことは十分な説明が政府や市から地域住民にされてこなかった結果でもあり，また，公開された文書で納得できる声が得られたわけでもなかった。地域住民感覚からは，指定は合理的な政策判断ではなかったと認識されており，その答えはなかなか公文書からは見つけられないところがある。

（4）記録の少ない南相馬市などでの指定の経緯

　南相馬市での避難勧奨地点の指定に関しては，7月21日の第47回内閣府原子力被災者生活支援チーム幹部会で議題に上っているが，南相馬市からの要望などは中央にまでは届いていない。指定が原災現地対策本部を中心に協議されているためと考えられるが，伊達市に比べて内閣府の本府が保有している関連情報は少ない。南相馬市では8月3日に65地点，72世帯が指

定されるに至っている。

　特定避難勧奨地点の設定について，伊達市と南相馬市では異なる基準だとされている。地点特定の基本的考え方は，①事故発生以後 1 年間（平成 23 年 3 月 12 日〜平成 24 年 3 月 11 日）の積算線量が 20mSv に達するおそれのある地点，及び②その近傍地点（なお，妊婦や子どもがいる世帯については，この近傍の評価に関し配慮する）としている。南相馬市は，これに加えて，「50cm の高さで 2.0μSv 毎時以上」も判断する際の基準とするとし，これが他の市町村に適用されているものと違うとされている。これについて，2011 年 7 月 30 日付けの原子力災害現地対策本部作成の「南相馬市の特定避難勧奨地点の設定の考え方（案）（7 月 13, 18, 21 日測定分）」[25]には，「なお，50cm 高さで 2.0μSv 毎時以上の判断基準については，南相馬市との協議上の際の便宜上用いられたことは承知しているが，国としてはあくまで近傍を評価した結果，65 地点を選定」との注意書きがある。実施の地点指定の判断にどの程度影響を与えたかといえば，この記述からは与えていないという結論になろう。

　また，川内村でも 1 か所特定避難勧奨地点の指定が行われたが，それ以外の市町村についても，モニタリングは実施されている。2011 年 8 月 1 日の内閣府原子力被災者生活支援チーム作成「特定避難勧奨地点をめぐる状況」では，いわき市のモニタリングの結果，該当地点がないことが報告されている。また，2011 年 8 月 11 日付けの同名の資料では，福島市大波地区のモニタリングで最高値が 2.9μSv で特定しない方向で検討中，相馬市でもモニタリングを実施（結果待ち），田村市は若干線量の高い地点があったが人家から遠いので市と調整して特定は見送りとある。

　福島県内の人口が多く空間線量の高い地域では，特定避難勧奨地点に対する関心が高く，たとえば福島市渡利地区などはどうなのかが問題になっていた。これについて，2011 年 11 月 8 日付けの原子力被災者生活支援チーム作成の「特定避難勧奨地点（伊達市・南相馬市）の追加指定について（案）」[26] は，特に「一方，福島市渡利地区など，特定を見送る地域もあることから，追加指定に当たっては，十分な説明が必要」との記載がある。また，「参考」

として,「福島市渡利地区・小倉寺地区の検討について」の説明の記載があり,「8月に住居を対象とした詳細調査を実施した結果,測定した1,038地点中,2地点でしきい値を超える値が計測されたが,以下の理由により,特定を見送る」として,2地点が地理的に地域の端に位置し周辺住居の線量率が低いこと,年間積算量が20mSvをわずかに超える程度であることを挙げている。また,除染を行った結果,両地点とも基準を下回ったともある。渡利地区については,2015年になって,事故後,年間20mSvを超える地点が多数存在していたにも関わらず,避難指示などの措置が取られず精神的苦痛を受けたとして,住民約3,000人がADR（和解仲裁手続）を申し立てている[27]。

(5) 小括

以上みてきたことから,特定避難勧奨地点には世帯単位での指定という考え方が妥当であったのかどうかという政策的な問題と,指定に関する意思決定の妥当性の問題,そして指定の結果,地域住民や地域社会が受けた影響という問題がある。福島原発事故により飛散・拡散した放射性物質は,人が線引きできるほどわかりやすく単純に分布しているわけではない。そのため,警戒区域等,避難を強制される地域外だが空間線量の高い地域の住民避難をどのように支援をするのか,という課題はある。ただ,情報公開された文書からわかる特定避難勧奨地点という考え方,そして指定に関する経緯は,原発事故という事態の発生による不安を抱えた地域社会,住民を結果的に振り回すことになった。

特に,国は地域の意向を汲みつつも指定した地点の世帯の避難に対して国として支援をするという枠組みであるため,他の指定区域外で空間線量が高く出ている地域での補償問題に発展することを警戒しているところがある。世帯ごとではなくその周辺も含めたコミュニティ単位での避難を認めると,同じような空間線量で避難にあたっての支援のない地域への抑えが利かなくなるということなのだろう。

一方の自治体は,当初はコミュニティ単位の避難を国に主張しつつも,途中からコミュニティ単位で指定しなくてもコミュニティは崩壊しない,世帯

ごとの指定について良い制度であるという認識を示すに至っている。この経緯も含めて，特定避難勧奨地点に指定された世帯のある集落の住人は，仕組みそのものと指定対象の決定に疑問を抱き，国・自治体の対応に不信感を持つに至るのである。

　このような経緯をたどっているのは，原発事故を受けて警戒区域等以外の住民の避難の支援政策が，住民の選択を認め支援するのではなく，地域に留まらせることを政策の中心に据えていることが原因であることは明らかであろう。

【注】
1) 須田直英「SPEEDI ネットワークシステムの現状と展望」『保健物理』vol.41 (2)，2006 年 6 月，88 頁。
2) 東京電力福島原子力発電所事故調査委員会『国会事故調報告書』徳間書店，2012 年，384-385 頁。
3) 同上，383-384 頁。
4) 須田直英，前掲 94 頁。
5) 「委託契約書（平成 23 年 4 月 1 日付）」(2012 年 1 月 25 日文部科学省一部開示決定行政文書)。
6) 2012 年 1 月 24 日付け。福島県一部開示決定公文書。後に，福島県のホームページでも公開「県が受信した Fax 個別データ」, https://www.pref.fukushima.lg.jp/uploaded/attachment/57350.pdf。
7) 東京電力福島原子力発電所における事故調査・検証委員会「中間報告」2011 年 12 月 26 日，260 頁。
8) 同上，261 頁。
9) 同上，262 頁。
10) 東京電力福島原子力発電所事故調査委員会，前掲書，352 頁。
11) 東京電力福島原子力発電所における事故調査・検証委員会「中間報告」2011 年 12 月 26 日，263 頁。
12) 岡田広行「原発事故『避難勧奨地点』指定の理不尽　あいまいな賠償の基準，住民同士は口も利かぬ状態に」東洋経済オンライン，2013 年 8 月 11 日。
13) 原子力災害対策本部「事故発生後 1 年間の積算線量が 20mSv を超えると推定される特定の地点への対応について」2011 年 6 月 16 日。
14) 2013 年 11 月 5 日，内閣総理大臣開示決定行政文書。

15) 岡田広行，前掲記事。
16) 2013 年 11 月 5 日，内閣府政策統括官（防災担当）開示決定行政文書及び同付け内閣総理大臣開示決定行政文書。
17) 2013 年 11 月 5 日，内閣府政策統括官（防災担当）開示決定行政文書。
18) 2013 年 8 月 26 日，伊達市長部分開示決定行政文書。
19) 2013 年 11 月 5 日，内閣府政策統括官（防災担当）開示決定行政文書。
20) 2013 年 11 月 5 日，内閣府政策統括官（防災担当）開示決定行政文書。
21) 2013 年 8 月 26 日，伊達市長部分開示決定行政文書。
22) 2013 年 11 月 5 日，内閣府政策統括官（防災担当）開示決定行政文書。
23) 2013 年 11 月 5 日，内閣府政策統括官（防災担当）開示決定行政文書。
24) 2013 年 11 月 5 日，内閣府政策統括官（防災担当）開示決定行政文書。
25) 2013 年 11 月 5 日，内閣府政策統括官（防災担当）開示決定行政文書。
26) 2013 年 11 月 5 日，内閣府政策統括官（防災担当）開示決定行政文書。
27)「庭の汚染土と暮らす　福島市渡利地区住民の怒り」『東京新聞』2015 年 7 月 28 日。

第5章
福島県「県民健康調査」と公文書

1 原発事故による健康への影響と県民健康調査

(1) 県民健康調査の概要

　福島原発事故への対応として福島県が福島県立医科大学に委託して実施しているのが，県民健康調査（旧県民健康管理調査）だ。

　福島第一原発事故で放出された放射性物質が，福島県内だけでなくその近隣にも広く降下したことで，初期被ばく，そして継続する低線量被ばくの健康への影響，避難，そうした環境下で生活する人々の心身の健康への影響などは，長期にわたりフォローしていく必要がある。福島県民を対象に30年の継続を想定し国の拠出で福島県民健康管理基金が設けられ，それを財源に福島県が県民健康調査を行っているが，実際の調査の実施やデータ等を管理しているのは福島県立医科大学（以下，県立医大）で，県から県立医大への業務委託という形態が取られている。

　県民健康調査は，原発事故時に福島県内在住の18歳以下であった子ども全員を対象に行われている甲状腺検査の結果が特に注目を集めている。2011年から2015年9月30日までの間に152人が甲状腺がんの悪性または悪性疑いと診断され，そのうち115人が手術後悪性と診断されている。すでに，1回目の先行調査が終了し，現在2回目の本格調査が甲状腺については実施中で，甲状腺がんの診断数が増加し続けている。この増加をめぐる評価が議論されているため，県民健康調査という甲状腺検査を思い起こす人が多いだろう。

　調査は，甲状腺検査だけでなく以下の調査で構成されている（表1）。

表1 県民健康調査の対象

調査	対象	実施内容
基本調査	全県民	事故発生時から2週間の行動記録を回答し,それにより事故時の推定被ばく線量を推定するもの
甲状腺検査	事故時18歳以下,事故後1年間に出生した子ども	甲状腺の超音波検査。先行調査を行い,その後に本格調査を実施
健康診査	主に避難区域の住民。基本調査で一定線量を超える住民も対象	身長,体重,血圧,血算,尿検査など(年齢に応じて実施範囲が異なる)
こころの健康度・生活習慣調査	主に避難区域の住民	こころとからだの健康状態,生活習慣について(食生活,睡眠,喫煙,飲酒,運動),最近の行動,現在の生活状況,人とのつながりなどの調査票調査
妊産婦調査	母子手帳の交付を受けた妊産婦	こころの健康,現在の生活,育児状況,妊婦出産の経過,次回の妊娠に対する意識等の調査票調査

　こころの健康度・生活習慣調査,妊産婦調査は,回答された調査票からフォローが必要と判断された対象者に対して,相談支援対応も実施している。

　県民健康調査というと名がついているが,全県民を対象とする調査は基本調査のみで,主に避難区域の住民と,放射線の感受性が高い子どもを中心にフォローがされる仕組みだ。それ以外でフォローの対象となるのは,基本調査の結果で一定の線量を超える住民に行う健康診査だが,基本調査の回答率は27.3%[1]と低調だ。

　一方,甲状腺検査は,先行調査で81.7%が検査を受けており,高い検査受診率になっている。しかし,甲状腺検査を受けた子どもが基本調査に回答しているとは限らず,甲状腺検査のみを受けている子どもが相当数いる。現状は,避難区域等を除けば,子どもが甲状腺検査でフォローされているほかは,基本調査に回答していない限り,原発事故後の健康上のフォローは「県民健康管理調査」という枠組みではなされていない状況である。低線量被ばくは急性症状がないが,長期にわたるばく露の影響による晩発性の健康上の

影響が生じる可能性もあり，今の段階で将来的な影響の有無について判断をすることはできないものだ。そのため，健康管理の方法として現行のものでよいのかという疑問の声もある。

　この県民健康調査には，3つの側面がある。1つ目は，文字どおり県民の健康管理のためである。健康に関わる問題は，本人だけでなくその家族の問題でもあり，生活そのものでもある。県民健康調査が個人やその家族の生活を支えていくものになっていくことが，最優先されるべき課題である。2つ目は，臨床的研究，疫学的研究という側面だ。福島県が実施する調査は県立医大に委託して実際には行われ，県立医大には各調査を担当する講座が設けられ，疫学的にも臨床的にも様々なデータが収集，解析されている。3つ目が，公共政策としての側面だ。原発事故を受けて，国と福島県が県民の健康をフォローする政策を実行しているわけであり，また，健康調査の結果や評価が次の公共政策の策定や判断の根拠になっていくことにもなる。

　この3つの側面が相互に結びついて実際の調査は行われており，県民，県立医大，県の三者はともに当事者である。しかし三者が対等な関係ではなく，調査を行いデータを独占しているのは県立医大で，疫学的・臨床的研究としての側面が突出している傾向がある。公共政策として住民の生活を支えるという側面は弱く，住民に最も近い市町村は調査の周知など健康調査の運営の補助的な役割以上の関与がないまま，調査が始まっている。それが，健康調査を通して県民や市町村を支援する具体的な仕組みに欠けている原因にもなっている。

　健康調査の必要性という大きな枠組みだけで言えば，三者の間に大きな違いはないだろうし，市町村も同様だろうが，三者のバランスがいびつであれば，論争や問題を引き起こすことになる。健康調査はスタート以来，常に論争の対象になっているのは，三者のバランスに欠けていることも原因の一つだろう。議論の対象は，調査の目的・対象・方法と情報の分析・評価，そして低線量被ばくに対する見解の相違などがある。加えて，実施する側への信頼性という問題もある。福島県健康リスク管理アドバイザーであり，のちに県立医大副学長となる山下俊一教授が，事故発生直後に県の依頼を受けて県

内各地で講演し、年間100mSvを被ばくしても安心と繰り返し発言していたことへの批判は強く、その人物らが健康調査を行っていることへの疑問・不信だ。そのため、初期被ばくの影響、そして低線量被ばくという生活環境の変化を過小に評価する方向で調査が行われているのではないか、という疑問につながっている。

多くの県民にとって、県民健康調査は実施内容やその実施も、気づいたら決まっていたというものだろう。県民健康調査という公共政策が作られ実行に移されるプロセスでは、公開で県民参加の機会を設けられず、情報公開がされたのは枠組みが決まってからだった。この県民健康調査は、どのように形作られ、どのように実施されていったのかを、主に県立医大から情報公開された文書をもとに経過を追うと、次のようになる。

(2) 県民健康調査の枠組みが決まる過程

県民健康調査の検討が始まったのは、2011年4月中旬とされている。2011年6月1日頃に作成された「『県民健康管理調査』について（メモ）」[2]によると、4月中旬に内堀副知事から県保健福祉部長に対し、放射線の影響に関して県民の健康への影響を考慮した取り組み（調査）を検討するよう指示があり、部長が県健康衛生総室次長、課長等を招集し全体スキーム作りを指示した。同じころ、県立医大でも県民健康調査の実施を大学の災害対応策の取り組みの一つに位置づけ、県立医大の藤島事務局長から県に対する申し入れがあったとされている。県立医大では、副理事長らが調査のために4月下旬に広島大学、長崎大学等を訪問し、準備を進めている。4月下旬には県がスキームを作成し、5月1日には県立医大側と山下俊一長崎大教授（当時）、県災害対策本部による打ち合わせが行われ、県側がスキームを提示し、県立医大側は実施の受け入れを申し出て、5月3日までに副知事も了承したとある。

5月1日の打ち合わせについては、「県民健康調査（仮称）に係る打ち合わせ」[3]というメモが残されている。県側が作成したこのメモは、もっぱら山下教授のコメントが記録されており、「県が責任をもってやることが大切

（県一本化）」，「類例のない原発事故」であり「200万県民の生涯にわたる健康管理の必要性〔健康調査以外に定期健診の実施，生涯1カルテ，福島を低線量被ばくの研究拠点とする（世界へ発信）〕」ことなど，県主導で調査を実施すべきことを述べ，そのためにどのように予算を国に要求するのかについても，長崎県の原爆被爆に関する国からの年間予算などを示しながら説明している。これを受けて，県立医大側として国に対する予算要求の方向性や金額の積み上げを行い，県と調整すること，調査の実施に当たって「調査検討会」を県が設置予定であること，外部メンバーとして「神谷広島大教授，文科省，放医研」に山下教授が根回しを進めることが確認されている。

この打ち合わせで，①県が健康調査を行い県立医大が実施を請け負う，②国にそれに伴う費用の予算要求を行う，③調査実施に当たって県が検討会を設ける，という健康調査の基本的なスキームができあがった。

①準備会合で最初の実施計画案を県立医大が提示

2011年5月13日に，「ふくしま健康調査検討委員会（仮称）準備会」（資料4）が開催された。会議には，県立医大，県のほか，福島県医師会，放射線医学総合研究所（以下，放医研），長崎大，広島大，放射線影響研究所（以下，放影研），文部科学省，厚生労働省，内閣府，国立精神・神経センターから参加者があった。そこで，県立医大作成の「実施計画書（案）『ふくしま健康調査（仮称）』（部外秘）」[4]が検討された。

調査の目的は，①高い線量の計測された地域に住んでいる住民，及びすでに避難した住民を対象に放射線推定評価を行い，安全であるかどうかを確認すること，②健康管理・生活支援のための判断材料とするため，心身の健康状態，生活習慣，生活上の課題等に関して調査を行い，必要な支援を実施，③健康管理・生活支援のために，継続して定期的に調査を実施し必要と考えられる生体試料の採取・長期保存，分析評価を行う，とある。基本調査項目と詳細調査項目が具体的に提案され，後者は避難区域の住民を対象，前者は全県民を対象としたものであるのは，実際に行われている県民健康調査と同様だ。異なっていたのは，基本調査項目の範囲だ。

実際に行われた基本調査は，行動記録とそれによる線量評価だが，この時点では，こころの健康度評価，健康関連事項の評価（健康状態，既往症，妊娠・授乳の有無，ヨウ素剤投与の有無など），生活習慣等の評価（日常生活機能，睡眠，喫煙，食事，運動習慣など），社会・経済的項目（家族構成，就業状況，教育歴）と幅広い項目について質問紙調査を行うとして，問診票案も提示された。これらは，実際には詳細調査として行われた内容で，この時点での詳細調査は，身体計測，採血，採尿となっていた。

会議では大枠が了解されたが，「予算との関係もある」ことから，県立医大の安村誠司教授を中心にワーキンググループで問診票の内容をまとめること，調査については医大に司令塔を置き，必要に応じて各機関から人員の派遣などの応援を行うことが確認された[5]。会議に参加した内閣府は，「必要性に異論をはさむつもりはない。前向きに検討させていただく。ただし，私見として検診費用は国が支出すべきものだが，補償は放射線との因果関係が明らかになった範囲で行うべきものと考えている」と，調査と補償を切り分けるべきことを述べている。

なお，国は，5月17日に原子力災害対策本部が「原子力被災者への対応に関する当面の取組みのロードマップ」を決定し，5月以降に被災住民の健康調査の前提となる放射線量の推定を開始し，その後長期的な健康管理の実施を行うこと，実施方法については推計結果を踏まえて検討を行うとしていた。また，同日決定の「原子力被災者への対応に関する当面の取組方針」は，線量評価について放医研が協力をすることを決定しているが，長期的な健康管理については何も言及しておらず，線量評価を急ぐことが国の方針だったといえる。

こうした国の方針から準備会合で放医研が説明していたのが，住民被ばく線量評価システムだ。インターネット上で住民が行動データを入力すると推定被ばく線量が計算されるというもので，5月20日にシステムを公開予定，5月22日に田村市で説明会開催を予定していることが，放医研の明石真言理事から報告された。しかし，県医師会から参加した星北斗氏が「違和感がある。現場はピリピリしている。ていねいな議論を望む」，県庁からの参加

者は「現段階で住民の不安をあおるような説明会は遠慮願いたい」と反発し[6]，この日を境に，放医研のシステムの公開は中止された[7]。

その後，このシステムについて言及がされたのは，第1回県民健康管理調査検討委員会のときだけだ。議事録ではオブザーバーとして参加した文科省科学技術政策研究所総務研究官の伊藤宗太郎氏が，「ホームページでの線量のサイトも作った。県外の方々をいちいち捜し出すのは難しいので，そういったものも活用していくべきではないか」と発言しているが，検討されることはなかった。初期被ばくの線量評価をなるべく早く行うための手段が県民に向けて使われることはなかった。県側は，不安を招くという住民感情に対する「配慮」を求めているが，実施の時期や方法を変更して線量評価をしても結果が変わるわけではない。「被ばくした」という事実に不安を覚えている市民に対して，現実を「今は知らせない」ことを，この時点で選択したといえるだろう。

②第1回県民健康管理調査検討委員会

5月27日に第1回県民健康管理調査検討委員会の開催が決まり，前日に「県民健康管理調査検討委員会の進め方」と題するメモが内部打ち合わせ用に作成されている[8]。それによると，検討委員会での主な検討項目は，①実施目的の共有，②支援体制（オールジャパン）の構築，③調査内容・実施の具体化とし，「今回の会議の落としどころ」として「『県民健康管理調査』第1回検討委員会における『最終整理』（案）」も用意されていた。調査として，全県民に線量調査のための基本調査を行い，詳細調査として避難区域住民には問診と採血等を行い，15歳以下の子どもを対象に甲状腺検査を行う案が用意されていた。

第1回で検討委員会の委員に委嘱されたのは以下のとおりで，座長には山下教授（のちに福島県立医大副学長）が就任し，オブザーバーとして委員以外に内閣府，文科省，厚労省から8名が出席していた。

【委員】
　明石真言（独立行政法人放射線医学総合研究所理事）

児玉和紀（財団法人放射線影響研究所主任研究員）
神谷研二（広島大学原爆放射線医科学研究所所長・教授）
山下俊一（長崎大学医歯薬学総合研究科長）
星北斗（社団法人福島県医師会常任理事）
阿部正文（福島県立医科大学理事兼副学長）
安村誠司（福島県立医科大医学部公衆衛生学主任（教授））
阿久津文作（福島県保健福祉部長）

「県民健康管理調査」検討委員会設置要綱は，その設置目的を「専門的見地から広く助言を得るため」としているが，実際に調査を実施する県立医大教授，調査の実施主体である福島県部長が委員に就任した。調査について，実施側が「専門的見地から広く助言」をするという不思議な構成で委員会がスタートした。

設置要綱は，「県民健康管理調査」の実施目的を「県民の健康不安の解消や将来にわたる健康管理の推進を図ること」とした。会議資料として配布された県立医大作成の5月23日版「実施計画書（案）『ふくしま健康調査（仮称）』（部外秘）」[9]では，5月13日版から調査の目的が修正されている。目的は，①県民の生命と健康を守るという立場から，全県民の被ばく放射線量の推定評価を行い，安全かどうかを確認し，科学的な評価を行うことで，県民の被ばくに対する不安の軽減に資することが期待，②避難区域等の住民，乳幼児から中学生までの健康管理，生活支援の判断材料とするため心の健康状態，生活習慣などに関する詳細調査を行い必要な支援を実施，③対象住民の将来にわたる健康管理・生活支援のため継続して定期的に調査を実施，とされた。県民全員を対象とした基本調査は，線量評価が不安の軽減のためであること，避難区域の住民と子どもに対する健康管理，生活支援のための調査を継続的に行うことを健康調査と位置づけた。

調査項目は，基本調査と詳細調査に分けられ，前者は全県民を対象にした事故直後の行動記録からの線量評価，後者は主に避難区域の住民を対象とした心の健康度，生活習慣，健康関連評価，就業状況，教育歴，身体計測，採血，採尿と，中学生までの全員を対象にした甲状腺検査が案として示された。

また、基本調査は3月11日以降、調査時までの住民行動を対象とし、「全県民を対象とした基本調査（質問紙調査）は毎年郵送にて実施する」ともなっている。この案ではまだ、実際に行われている妊産婦調査の情報がない。

第1回検討委員会の「会議の結果（概要）」[10]では、県民健康管理の目的が、「県民の健康不安の払しょくと将来にわたる健康管理の推進」であることについて全員が一致したとある。「第1回福島県『県民健康管理調査』検討委員会議事要旨（取扱注意）」[11]には意見交換の概要が記録されているが、調査の内容ではなく、主に調査実施に当たっての懸念、スケジュール、実施体制などが話し合われており、調査の実施内容については、特段「専門的見地からの助言」らしき記録が見当たらない。安村教授から、「県民からホールボディカウンター（WBC）を受けたいという内部被ばくを心配する問い合わせが多いので、まず県民の不安を解消できるようにし、心配な方、検査が必要な方に対応していきたい」とあり、内部被ばくへの懸念が県民の間に広がっていることは報告されている。

③第2回県民健康管理調査検討委員会前の関係者ミーティング

6月18日に第2回検討委員会の開催が決まり、その前の12日に「『県民健康管理調査』関係者ミーティング」（資料5）が3時間、開催された[12]。これが、のちに「おもて」の会議である検討委員会のほかに行われていたとして、事前調整等のための「秘密会」と呼ばれるものである。

会議が開催された前日の11日に2つの出来事があり、それが議論に影響を与えたと思われる。一つは、政府原子力災害現地対策本部長の田嶋要経産省政務官が福島市で記者会見し、ホールボディカウンター（WBC）を使った県民の内部被ばく線量調査を、0～5歳の乳児を優先して県内で放射線量の比較的高い地域から実施すること、それを県民健康管理調査の一環として実施する方針であることを表明したことだ。会議の配布資料[13]には6月12日付けの福島民友の会見内容を報じる記事がある。

もう一つは、政府の原発事故対応を批判して内閣官房参与を4月末に辞任した放射線防護が専門の小佐古敏荘東大教授が、辞任の直前に菅直人総理

大臣に提出した「震災後，1か月余の活動と今後に向けての提言」を共同通信が入手し，その内容を報じた記事が11日付けの福島民友に掲載されたことだ。これも，会議資料として配布されていた。記事には，提言が不適切な初動で住民に余分な被ばくを与えたこと，小児甲状腺がんの発症が予想されることなどを指摘しているとある。

福島原発事故後，外部被ばくだけでなく体内に取り込まれた放射性物質による内部被ばくという問題が知られるようになったが，甲状腺に集積される放射性ヨウ素は半減期が1週間程度であり，早急に調査を行なわなければ初期被ばくの線量評価ができなくなることが指摘されていた。政府原子力災害現地対策本部は，原子力安全委員会の依頼を受けて2011年3月26日〜30日にいわき市，川俣町，飯舘村で1,080人の0〜15歳の子どもの甲状腺被ばく検査を実施したが，この検査は一定基準を超える者がいるかどうかを把握するための簡易なもので，正確な調査ではなかった。また，調査結果から基準を超える甲状腺被ばくがなかったとして，政府，安全委員会とも調査を拡大せず終了した[14]。しかし，内部被ばくへの懸念が増し，尿検査やWBCによる検査の実施を求める声が強くなり，独自にWBCの導入・実施に動く福島県内の自治体が出てきていた。

関係者ミーティングでは，配布資料として「県民健康管理の全体イメージ」[15]が示され，目的として「県民の健康不安の解消，長期にわたる県民の健康管理に対する安全・安心の確保」を掲げ，調査は「メイン調査」である「県民健康管理調査」と「サブ調査」のフローに分けられている。メイン調査で基本調査と詳細調査を行い，基本調査は一部地域で先行調査を行うこと，サブ調査でWBC，母乳検査を実施し，両調査のデータをリンクさせるという構想が示されていた。県の担当者が作成した「平成23年度『県民健康管理調査』関係者ミーティング復命」[16]によると，全体イメージは県が提示したもので，了承を得たとある。また，WBCは15歳未満の子どもを重点にすること，放医研でプロトコル，資料を作成すること，甲状腺検査は「3年後でいいが，まったくやらないわけにもいかない」と山下教授が発言したと記録されている。

このミーティングの時点では，小児甲状腺検査は3年後から本格実施で，バックグラウンドとしての調査を2011年度に対象を限定して行う方向が示されていた。会議資料として，「甲状腺検査について」[17]と題する県立医大の鈴木眞一教授作成のレジュメが配布された。そこには，「スポットで行っても，通常は検査の必要がないことをコメントしないと，結局全県調査になりかねない」「すでに『小佐古氏』が小児甲状腺がんの検査を熱望との記事もあり，やはり世論は検査に動くか」と懸念が示されている。

④第2回県民健康管理調査検討委員会

6月18日に開催された第2回検討委員会では，「県民健康管理調査の概要」[18]が示され，3月11日以降の行動記録による被ばく線量の推計評価と食事等の状況について調査を行う基本調査を8月から実施すること，詳細調査として主に避難区域の住民と，基本調査の結果必要と認められた者に対して生活習慣とこころの健康度等に関する質問紙調査，健康診査，子どもを対象とした甲状腺検査を実施する（いずれも実施時期未定）ものとされた。これらの調査の実施に先立ち，一部地域で基本調査の先行調査を6月下旬から実施することとなっている。一方，6月12日時点ではサブ調査で実施するとあった母乳検査は削除された。

会議では，先行調査で実施する基本調査の調査票が了承されている。「第2回福島県『県民健康管理調査』検討委員会議事録」によると，内部被ばく問題，特に甲状腺検査ではなくWBCをどこまで実施するのかについて議論されている。WBCの実施について，検討委員会委員の佐藤県保健福祉部長が，「保護者の不安が非常に強い。福島市や郡山市では空間線量率もほとんど下がらない。言葉は悪いが，一部ヒステリックになっているので，不安を鎮めるのが行政としては非常に重要。サイエンスと安心の，安心の部分。サイエンスとしては余分こ とも，安心のためにやらざるを得ない状況」と発言し，県事務局から先行調査地域を飯舘村，川俣町山木屋地区，浪江町で行い，対象となる住民約28,000人のうち1割程度でWBCを行いたいという県の方針を説明した。

これに対し，山下座長が「住民の1割をやらないと説明がつかない状況なのか」と質問し，事務局が「そういう状況に追い込まれている。ある首長からは，全員と言われている。先行調査の期間の中で，できるところまでやりたい」との考えを示している。また，事務局の説明は，「安全だけでなく，安心の問題。福島市・郡山市・二本松市といったところに収まらない。尿については，ある首長に話したがメジャーになっていない。WBCでないとだめだという固定観念がある」と状況を説明している。これに対し，オブザーバー参加の内閣府の西本氏が「合理的には尿だと思うが，WBCはバス移動や機器の圧迫感などのストレスがある。負担感は尿の方が少ない。尿を本流に位置づけるようにすべきではないか」と発言するものの，事務局は「尿検査よりもWBCを皆が言っている状況で，尿に舵を切れない」と返している。原発事故から時間が経過していくにつれて，健康調査を実施すると表明しつつ，不安に具体的に答えない県に対する県民や市町村の不満が県の方針の背景にあると思われる。

　一方，複数の委員が，WBCを中心にすると線量評価が基本調査では足りないから実施するのだと誤解を与えることにならないか懸念を述べ，先行調査の1割である2,800人にWBCを実施することに異議を唱えている。たとえば，以下のような発言が議事録にはある。

　　　阿部委員：「尿が中心なのか，WBCが中心なのか。2,800人やったら，次々要望が上がるのが目に見えている。今後の内部被ばくの評価をどうするかという問題。ただ，WBCをやればよいということではない」

　　　星委員：「WBC2,800人，尿100人では，WBCの方が良いというイメージになる。200万全県民WBCというばかげた議論になってしまう。安心を与えるためにやるのに，結果が逆になってしまう」「基本調査で線量評価は足りると言わないと，基本調査への協力が得られなくなる。皆WBCでやればよいとなる」

　　　明石委員：「WBCが取りざたされすぎている。WBCで何でも分かるような世論に警告を出す必要がある」

安村委員：「問題は，県民に線量評価をすることが伝わっていないこと。調査票の記入は面倒。1割もWBCをやったら，皆，調査票を記入しなくなる。きちんとしたメッセージは出すべきでWBC2,800人は反対」

こうした委員の意見に対し，事務局は「知見がある人たちまでWBCと言っている中で，それを鎮めないと。県が姿勢を見せないと基本調査にも協力してもらえないかもしれない」，「聞く耳を持たない人があまりに多くなっている。委員の皆さんの認識と，住民や首長の認識には相当なギャップがある」と述べ，最終的にWBCの実施をどうするかについて明確な結論がないまま終了している。また，WBC問題に時間を割いたため，甲状腺検査についての検討は先送りされた。

健康調査を構想し実施する側のスタンスは，山下座長の「この委員会は外部被ばくが中心で，内部被ばくはサブ」という発言に集約されている。国も同様の考え方で，内閣府の西本氏も「WBC神話論になっている。行動でしか外部被ばくを知ることはできない。外部被ばくの方が，内部被ばくの100倍は多いのに」と発言している。

確かに，甲状腺に集積される放射性ヨウ素は，すでに体内に取り込んでいたとしても事故直後の被ばく状況はWBCでは検出されないが，原発事故の健康への影響に不安を感じる県民に対して，有効な方策を講じてこなかったのが国と県だ。健康の問題は県民という集団に対しての情報提供だけでは不十分で，個人の状況の把握や支援やその枠組みが示されないと，情報は合理的に届かない。事故後3か月以上それがないままに，検討委員会は非公開で健康調査について検討を行い，県民に十分な情報提供を行わず，県が主導的に健康調査を実施することだけを決めてきたことのつけが回ってきていることが，県事務局の説明からわかる。こうした県民感情の上に，健康調査が行われていくことになるのである。

⑤第3回県民健康管理調査検討委員会の事前打ち合わせ

7月24日に開催されることとなった第3回検討委員会の前に，いわゆる「秘

密会」である「『県民健康管理調査』打ち合わせ」が17日に開催されているが、さらにこの打ち合わせの前に事前打ち合わせが行われている。両方の会議内容は概要がまとめられており[19]、それによれば、打ち合わせは検討委員会の委員、その前の事前打ち合わせは県立医大と県の担当者の打ち合わせであることがわかる。

第3回検討委員会では、第2回検討委員会からの申し送りで詳細調査について県立医大から提案をすることになっていた。「事前打ち合わせ」では、主に詳細調査について議論され、初めて妊産婦調査を詳細調査の一環として実施する旨が示された。甲状腺検査については、「福島県民健康管理調査7月13日（第5版）」と題する資料が配布された。初年度は主に避難地域で先行調査を実施し、実施の目的として「甲状腺がんの発生があったとしても発症は5年後であり、いまだ放射線の影響がないバックグラウンドを、将来発生の可能性が否定的できない高線量地で調査する」が、「コントロールとして、生活環境が近い低線量地域を含める」とした。

対象とする子どもは、18歳以下の子どもとする案が示されている。従来中学生までとしていたのを拡大した理由として、「甲状腺がんの発生は被ばく時年齢10歳以下に多いが、安全域を広くとり、18歳未満の全小児とする」としている。「事前打ち合わせ」の記録では、「医学的には18歳まで必要なのではないか」（鈴木教授）、「住民に安心を与えるため、18歳も入れた方がよいのではないか。学内の話し合いでは、了承を得ている」（阿部副学長）との意見に対し、消極的な意見も出され、直後に行う「打ち合わせ」で決めることになった。

また、実施に当たり「結節性病変が見つかることをあらかじめ示しておく」ことを注意点としている。検査実施のための教育・訓練、体制確立のため、対象の子どもは土日に県立医大にバスで移送し、学会の支援を受け検査を行うこと、平日は学校や避難所を訪問して検査を行うことを想定し、10月からのスタートを見込んでいた。

「打ち合わせ」では、甲状腺検査について、最初は子どもを県立医大に移送して検査を実施することについて、「精度を統一したいので、最初は医大

で一括実施したい」,「今後は,県内の病院で実施できるよう,拠点を整備し,各地区でできるようにしていくという説明を丁寧にする必要があると思う」(鈴木教授)として,体制整備をしつつ検査を行っていく方針が説明されている。また,この段階で「10月ぐらいから体制を整備して,2年間で全県民が検査できるようにする予定」(安村教授)と,開始時期についても共通認識化している。対象年齢については,「18歳はキリがよい。やるべきではないか」(星福島県医師会常任理事),「安心,安全を伝えるためには必要なのではないか」(安村教授)という発言を受けて,山下座長が「委員会の提言としては18歳以下とする」とまとめ,検討委員会ではなく事前打ち合わせで結論をまとめた。

前述のとおり,検討委員会の設置目的が「専門的見地からの助言」であり,本来であれば検討委員会でこのような議論を行えばよいところだが,事前の打ち合わせでこうしたことを決定していったことが,「秘密会」問題の一つの核心である。

⑥第3回県民健康管理調査検討委員会

7月24日に開催された検討委員会では,基本調査の先行調査が始まり,100人を対象としたWBCと尿検査が実施されていたので,その評価と今後の対応が冒頭に議論された。「第3回福島県『県民健康管理調査』検討委員会議事メモ(取扱注意)」[20]によると,WBCで一部の人からセシウム134と137が検出され,尿検査は「評価として,全員が1mSv未満」との報告が明石放医研理事からあり,山下座長の「今後,尿検査をする意味があるのか」の問いに対し「検証にもう少し時間をいただきたい」と返答している。しかし,その後,同様の尿検査は継続して実施されていない。

内部被ばくを今後どのように計測していくのかについては,「WBC検査を受けに来ることができない方,来ることが難しい方に,尿検査でスクリーニングできれば,多くの方に内部被ばく検査を効率よく実施できると思う」(明石理事)と意見が述べられていた。一方,県事務局からは,健康調査とは別に,6月下旬から主に避難地域の希望者に対してWBCでの検査を始め

ており，日本原子力研究開発機構で2,800人を実施中で，今後拡大していく方針が説明された。第2回ではWBCの拡大に対して否定的な見解を述べていた山下座長が，「内部被ばくデータも健康管理上重要」と発言し，第3回の配布資料にある「県民健康管理（全県民対象）」では，健康管理のデータを集約するデータベースの構築を行い，そこにWBCのデータも取り込んでいくが，実施は県が行うということで整理がされた。

　第3回検討会のメインの検討課題は詳細調査で，甲状腺検査は18歳以下（平成4年4月2日から平成23年4月1日までに生まれた者）を対象にすることについて，「4月1日以降に生まれた子どもは甲状腺検査をしないのか。胎児期の影響は考慮しないのか」（星委員）との意見があった。これに対して，「放射性ヨウ素の影響を考えるなら，23年5月か6月ぐらいまでに生まれた子どもが対象となるか」（山下座長）との発言を受け，オブザーバーとして参加をしていた鈴木教授が，検討し直したいと引き取っている。

　また，配布資料「県民健康管理（全県民対象）」ではじめて，構築されるデータベースに全県民の一般健診項目を取り込むことが示された。健康調査として実施する健康診査は，主に避難区域の住民を対象としているが，県民健康調査とは別に行われている全県民の一般健診情報を取り込むことになった。これを受けて，一般健診の受診率の低さが議論になり，佐藤県保健福祉部長が「基本調査後のフォローとして，18歳以下は甲状腺検査，19〜39歳は既存の健診制度のはざまにあるので，追跡して見守る体制が必要。集団検診に限らず，例えば医療機関に行って受けていただくことも含めて検討したい。健康管理の啓発にも活用したい」と説明している。

　この点について，山下座長は「検診は既存の健診を活用して，第4回の検討委員会で内容を確定させる。基本調査に回答された方は，19〜39歳もしっかりフォローしていく」とまとめている。フォローとは県が基本調査回答者に配布を決めた，記録編（線量測定値記録，健康の記録，健診等の記録，受診の記録），資料編（知っておきたい放射線のこと），クリアポケット（検査結果等の保存）からなる「県民健康管理ファイル」と，健康調査のデータベースの登録を指していると理解できる。しかし，座長の発言は，基本調査

の回答とその後の見守りがセットであることを述べており，さらに最後に「健康影響はすぐには出ない。何年も過ぎてから万が一というところ」と発言している。基本調査への回答の有無で将来的に違いが出てくることを想定した座長発言だとすると，重要な指摘をしていることになる。

基本調査は，後に回答率が低迷し打ち切りも示唆されるに至り県立医大でも対策が議論されて，その際にも同じような意見が出されている。2012年7月25日に開催された第41回県民健康管理調査実施本部会議（後述）では，「最終的に，放射線の影響による健康被害となった場合，例えば賠償などの話になったときに，線量データがないと問題があるのではと思う。打ち切ることに関しては，県民にとっての利益を考えると，続けていくことが大切だと思う」，「今の時点で，なぜ必要なのか理解されていないが，例えば賠償の話をしたときに，やはり必要なのだと理解される」（いずれも発言者は非公開）との意見が出ている[21]。基本調査は，賠償問題と関連するものであるという認識があることがわかる。

第3回検討委員会で，健康調査の枠組みは決定され，第4回からは実施されている基本調査，詳細調査の実施状況，実施結果などの報告と検討の中心が移っていく。

2　福島県立医大と県民健康調査

(1) 委託契約と調査研究

健康調査は，実施主体は福島県となっているが，調査を実際に行い主導権を持っているのは福島県立医科大学であることは間違いない。県と県立医大の間では，実施のための業務委託契約が締結されている。

両者の関係は，財源を持ち予算の采配をする県と，調査に必要な経費の予算を獲得するために県と折衝する県立医大と言うことができる。県の決めた調査を実施するだけでなく，県立医大として実施する必要がある，あるいは実施したいという調査については，予算上の措置を交渉しているからだ。。県立医大には，健康調査を実施する「放射線医学県民健康管理センター」が

でき，センター長には山下俊一副学長が就任，2011年度は疫学部門と臨床部門（甲状腺担当，こころの健康度担当，妊産婦担当）が設けられ，県立医大の組織も拡大している。

福島県に対する情報公開請求で公開された，県と県立医大の間の委託契約書類[22]によると，2011年度は7月11日付けで最初の契約が締結されている。「福島県県民健康管理調査事業」委託仕様書によると，委託業務の目的は2つ挙げられている。1つ目は，「原発事故に係る県民の不安を解消するため，被ばく線量を推計，提示し（基本調査），不要な不安を払拭する」ことだ。2つ目が「基本調査及び詳細調査の結果を踏まえ，数十年単位の長期的な健康管理を実施することで，長期にわたり県民の健康を見守り，将来にわたる健康増進につなげていくこととし，県民の安全・安心を確保する」だ。委託業務の内容は，①基本調査，②詳細調査，③調査結果等のデータベース構築，④関係機関等との調整，⑤広報関係の活用が挙げられている。②は避難区域等の住民に対する健康診査を業務とし，⑤は基本調査に関する広報となっている。当初の契約金額は37億1,995万5,700円であった。10月には当初契約には含まれていない甲状腺検査を実施するため契約内容の変更があり，その分を積み増した契約が締結された。しかし最終的には基本調査の回答率が低迷し，そのデータエントリーにかかる人件費などが削られ，初年度は健康調査に関連して19億5,213万4,079円が県立医大に支払われた。

2012年度は4月に52億500万1,433円で委託契約が締結された。業務委託仕様書の委託業務の目的は前年度と同様で，業務内容は①基本調査，②詳細調査（甲状腺検査，健康診査），③その他の3点だ。③は，1つはデータベースの構築の検討で，2つ目が「県の広報や報道等既存メディアを有効，効果的に活用して『福島県県民健康管理調査事業』の正しい情報を発信し，県民に対して不要な不安を与えないよう努める」とある。健康調査に関しては，実施が遅いことや，検査の内容・方法，調査の目的などをめぐり，県や県立医大に対して批判的な報道や市民団体からの意見が出ている中で，2012年度から「放射線医学県民健康管理センター」には広報部門が設けられ，日経BP社出身の松井史郎氏が特任教授として部門長に就任し，県立医大と

して新たな広報体制がとられるようになった。2012年10月には，詳細調査にこころの健康度・生活習慣調査，妊産婦調査が業務内容に追加され，また，国際連携業務（シンポジウム，客員教授等によるセミナー。英語ホームページの運営など）が業務に追加された。2012年度は10月時点で54億4,509万953円の委託契約が行われた（なお，2012年度の最終支払金額については情報公開請求していないため未入手）。

(2) 委託契約としての健康調査と個人情報の取り扱い

　こうしたコストをかけて実施している県民健康調査で収集されている情報の取り扱いは，契約書に添付されている「個人情報取扱特記事項」で定められている。そこには，「乙（県立医大）は，業務を行うため甲（福島県）から提供を受け，または自らが収集した個人情報が記録された資料等をこの契約の終了後直ちに甲に返還し，又は引き渡すものとする。ただし，甲が別に指示したときは，この限りでない」とある。県が別に指示をした場合を除いて，業務委託の範疇で収集された健康に関する個人情報は，県に帰属した情報になる。

　一方で，たとえば甲状腺検査で甲状腺がんが発見され，手術が行われるなど健康調査外の診療行為は，業務委託の範囲外となるため，健康調査と関連する情報であるが健康調査の情報として扱われることにはならないだろう。また，個人情報取扱特記事項には，「乙は，甲の指示又は承諾があるときを除き，業務に関して知り得た個人情報を契約の目的以外に利用し，又は第三者に提供してはならない」ともある。この場合の「目的」とは，前述の業務委託の目的を指すと理解され，研究目的での利用がどこまでこの「目的」に含まれるのかということも，県と医大の間での合意が本来は必要であろう。

　一般論としては，県立医大も実施機関となっている福島県個人情報保護条例は第7条第2項第5号で，個人情報の目的外利用外部提供ができる場合として，「前各号に掲げる場合のほか，専ら統計の作成又は学術研究の目的のために保有個人情報を提供するとき，本人以外の者に提供することが明らかに本人の利益になるときその他保有個人情報を提供することについて特別

の理由があるとき」と定めている。県立医大が実施機関として独自に取得している個人情報に関してはこの規定が適用されるが，健康調査は県からの委託を受けて実施しているため，個人情報の取り扱いは委託契約内容に拘束されることになる。

　また，別の観点で言えば，医学系研究について研究者が意識するのは，文科省，厚労省，経産省が共管する「人を対象とする医学系研究に関する倫理指針」だ。2015年度以前は，「臨床研究に関する倫理指針」「疫学研究に関する倫理指針」及び「ヒトゲノム・遺伝子解析研究に関する倫理指針」の3つの指針に分かれていた。いずれも，研究対象者から試料・情報を得るにあたって，本人の自由意思による同意を原則としている。ただ，これはむしろ学術研究目的による個人情報の利用が，福島県個人情報保護条例でも目的外利用・外部提供規制の例外として認められ，他の個人情報保護法制でも同様で個人情報保護制度の直接の適用を受けないことから，研究倫理として遵守すべきものとして定められている。そのため，健康調査のような委託業務の場合は，倫理指針に適合しているか否かより，契約内容に適合しているかが優先されなければならないことになる。

　健康調査が，公共政策であるとともに，臨床的研究・疫学的研究，一部診療行為を伴うもので，これらが一続きになっている。そのため，厳密にどこまでは業務委託の範囲で，どこまで個人情報を利用できるのかの線引きは単純ではない。また，健康調査では甲状腺がんのケースが多く報告されているが，個別ケースの診療情報などがどこまで県や「県民健康調査」検討委員会やその関係の会議に提供できるのか，といったことも考え方の整理が必要である。県民のための調査であるという基本に立てば，県と県立医大の間で健康調査の情報とそれに関連する情報について，県民が自分自身の情報を知ることを保障し，誰がどこまでどのように利用できる情報なのかについて，県と県立医大の間だけでなく，県民との合意形成をしていく必要がある。ただ，すでに医学的研究としても健康調査は位置づけられているので，県立医大でどのように計画されているのかを確認したい。

（3）臨床研究・疫学研究としての健康調査

「人を対象とする医学系研究に関する倫理指針」や，その前身の指針では，ヒトを対象とした医学研究や臨床応用について，研究計画に倫理上の問題がないか事前審査を行う倫理委員会を各研究機関が設けることとしている。福島県立医大にも倫理委員会が設置されており，健康調査にかかる基本調査，詳細調査はいずれも研究計画が提出され，委員会の許可・承認を得る必要がある。計画内容に変更がある場合（問診票等の内容の変更も含む）も，倫理委員会の許可・承認を得ることになる。県から委託契約を受けて実施している健康調査についても，臨床研究として研究計画が作成され，学内の手続を経て実施されている。

第2回検討委員会後，基本調査の先行調査を実施するため，7月14日開催の倫理委員会で，「福島第一原子力発電所の事故に基づく周辺住民の外部被ばく線量推定のための問診票の検討」と「同問診票調査」の研究計画が審議の結果了承されている[23]。実際のところは，6月22日付けで許可申請が出され，同24日に申請結果通知書が出されて許可・承認となっており，会議を待たずに持ち回りで承認されている[24]。これは浪江町，飯舘村，川俣町山木屋地区での約100名を対象にしたもので，さらに6月30日には持ち回りで浪江町，飯舘村，川俣町山木屋地区全員を対象とした基本調査の先行調査の問診票調査の研究計画が許可された[25]。同研究計画は，7月25日，2012年4月11日に計画変更が行われ，また，全県民を対象とした基本調査の研究計画は，2011年8月18日付けで許可された[26]。

倫理委員会に提出された研究計画は，県立医大に対する情報公開請求で公開されている[27]。

計画には，「予測される研究結果並びに学術上の貢献」という記述欄があり，ここから県立医大としてどのようなことを想定しているのかがわかる。6月24日付けで許可された計画では，基本調査による線量推定を行うことについて，①原子力発電所の大規模事故における周辺一般住民の外部被ばく線量の実測を早期に実施された事例はなく，今後の低線量被ばくに対する健康影響解明における学術的な貢献度は高いこと，②①の結果を，今後の県民の

健康管理の方向性決定に活用することで，本研究を住民に還元し，対象者のみならず県民の放射線に対する不安除去に貢献することができる，としている。低線量被ばくに関する学術的な貢献度が高いことが強調されている。

しかし，6月30日付けで許可されている変更許可申請での研究計画ではこれが変更され，①原子力発電所の大規模事故における周辺一般住民の外部被ばく線量の実測を早期に実施された事例はなく，今後，低線量被ばくによる健康影響を長期的に検討するにあたり，本研究で得られる結果は重要な基礎資料となること，②①の結果を，今後の県民の健康管理の方向性決定に活用することで，本研究を住民に還元し，対象者のみならず県民の放射線に対する不安除去に貢献することができる，という記述に変更されていた。「学術的な貢献度」という言葉に変わって，低線量被ばくの影響を長期的に検討するための基礎資料と修正している。

全県民対象の8月18日付けで許可された研究計画ではさらに変更され，①本調査により，全県民の個人の外部被ばく線量推定値が明らかになる。このことは，今後の低線量被ばくによる健康影響を長期的に検討するにあたり，ベースライン時の曝露要因の評価として必要かつ重要な要素であること，②①の結果を，今後の県民の健康管理に活用することで，本研究を住民に還元し，対象者のみならず県民の放射線に対する不安除去に貢献することができる，としている。徐々に表現が研究としての価値から，県民にどのような意味のある研究結果になるのかに修正されてきた。

甲状腺検査については，2011年8月24日付けで「県民健康管理調査の一環としての福島県居住小児に対する甲状腺検査」が研究計画として申請され，9月22日に許可・承認された。研究期間は2011年10月から2016年9月までの5年間の計画で，「予測される研究結果並びに学術の貢献」として，「先行調査では，放射線の影響のない状態（ベースライン）での，甲状腺疾患の頻度・分布を明らかにすることができる。本格調査では，放射線の甲状腺に対する影響を評価でき，現時点での予測される外部及び内部被ばく線量を考慮するとその影響は極めて少ないことを明らかにできる」としている。研究の仮説といえるもので，同様の説明は一般に対しても行われてきた。し

かし，甲状腺がんが多く見つかっている状況で，この説明自体が説得性を欠くものになっている。そして問題は，臨床的研究，疫学的研究としての目的は，「予測される外部被ばく及び内部被ばく線量を考慮するとその影響は極めて少ないことを明らかにする」ことで，その観点から調査結果の評価が行われると，仮説を覆すだけの条件が整わないと，甲状腺検査結果に対する評価が仮説を維持するものになるおそれがあることだ。公共政策として，個人の健康問題として健康調査を捉えたときに，研究的視点は科学的に必要であるが，予防的な視点での対策を遅らせる，現に遅らせている可能性があることを考える必要があるだろう。

(4) 健康調査の実施体制

県立医大には，健康調査の実施を担当する「放射線医学県民健康管理センター」（以下，管理センター）が設けられ，前述のとおり2011年度の疫学部門と臨床部門（甲状腺担当，こころの健康度担当，妊産婦担当）という体制から，2012年度は管理センターに，事務部門，基本調査部門，臨床部門，基礎研究部門，疫学部門，国際連携部門，広報戦略部門，情報管理部門が設けられた。部門ごとに，あるいは必要に応じて専門委員会が内部に設けられるなどの体制がとられている。

健康調査の実施は，公立大学法人として健康調査担当の理事がおり，担当理事を本部長に「放射線医学県民健康管理調査実施本部」が設けられている。副本部長を大学の副学長が務め，その副学長が管理センターのセンター長を兼ねるという組織構成になっている。健康調査に関連して，確認できるだけで少なくとも県立医大内で次のような会議が開催されている。

【管理センター内の会議】
- 県民健康管理調査事務局会議→センター担当ミーティング（2011年6月20日～）
- 甲状腺検査専門委員会（2011年8月4日～）
- 妊産婦調査専門委員会（2011年8月4日～）
- こころの健康度・生活習慣専門委員会（2011年8月9日～）

- 健康診査専門委員会（95回から健康診査・健康増進専門委員会）（2011年8月24日〜）
- 甲状腺検査専門委員会診断基準等検討部会（2011年9月18日〜）
- 基本調査回収率向上専門委員会（2011年9月21日〜）
- 試料保存専門委員会（2011年11月24日〜）
- がん登録専門委員会（2011年12月15日）
- データベース専門委員会（2012年2月6日〜）
- 基本調査専門委員会（2012年3月14日〜）
- 放射線医学県民健康管理センター部門長会議（2012年6月13日〜）
- 放射線医学県民健康管理センターリスクマネジメント委員会（2012年12月5日〜）
- 基本調査・線量評価専門委員会（2013年9月19日〜）
- 病理診断コンセンサス会議（2014年4月9日〜）
- 受診率向上ワーキンググループ（2014年8月6日〜）

【大学】
- 放射線医学県民健康管理実施本部会議（2011年9月7日〜）
- 企画室会議（2014年5月21日〜）
- マネジメント会議（理事長，副理事長，理事，事務局幹部が集まる会議で健康調査に特化したものではない）

　これらはいずれも県立医大が情報公開請求に対して会議資料や議事録を公開した会議である。公開された行政文書類を見ていくと，外部の専門家会議を設けているもの（甲状腺検査），下部の会議体があるものなどもあり，他にも健康調査に関連して様々な会議が行われていると推測でき，全体像ではない。

　最も頻繁に開催されている会議は，県民健康管理調査事務局会議，のちのセンター担当ミーティングで原則毎日開催されている。事務局会議といっても，各部門長が参加し，日にちによってはセンター長，大学の担当理事が参加をしていることもある。この会議では，業務の進捗状況や課題，当面の実施業務の確認，事務局体制，健康調査に関連する様々な情報共有が行われて

いる[28]。

　放射線医学県民健康管理実施本部会議（以下，実施本部会議）は原則として週1回開催されており，実施本部長である担当理事と，本部員であるセンター長，副センター長，各部門長が出席し，健康調査の実施状況，実施内容，管理センターとしての対応，対外関係など，健康調査に関する実質的な意思決定機関として機能している。放射線医学県民健康管理センター部門長会議（以下，部門長会議）は，管理センターの部門が増え，スタッフが増えるとともに各部門の間の意思疎通を図るものとして設けられたもので，これも原則として週1回開催されている。公開された行政文書から，実施本部会議を行い，その後に部門長会議を行っていることがわかる。

　健康調査の実施内容は，管理センター内の各専門委員会で検討されており，各専門委員会は県立医大の研究者を基本に，委員会によっては外部の専門家を入れた構成となっている[29]。甲状腺検査専門委員会は原則週1回開催され，こころの健康度・生活習慣専門委員会と健康診査・健康増進専門委員会はおおむね週1回から2週に1回の頻度で開催されている。それ以外の専門委員会は，月1回開催するものや，数回会議を行った後は活動がないものなど様々である。専門委員会が重要なのは，ここで実際に行う調査の内容・方法，データの分析や評価について検討を実質的に行っていることだ。県の検討委員会に提出する健康調査に関する資料は専門委員会でまとめ，実施本部会議を経て県に出されている。

　これらの会議の記録から，実質的に調査を担っている県立医大の目線から，健康調査とその実施についていったいどのようなことが実際に起こっているのかが透けて見えてくる。そこで，次に主に実施本部会議，部門長会議，マネジメント会議，甲状腺検査専門委員会の記録から，健康調査の問題を見てみたい。なお，筆者は医療に関して専門的知見を持っているわけではないので，どのように物事が動いていったのかについて，主に見ることとする。

3 甲状腺検査と「県民健康調査」

(1) 甲状腺検査の目的は何か

　甲状腺検査の目的を説明したものとしては，第3回検討委員会の資料にある「甲状腺検査」と題する資料の「目的と概要」がある。

　　「東京電力福島第一原発事故による放射線の健康影響については，現時点での予想される外部及び内部被ばく線量を考慮すると極めて少ないと考えられます。しかしながら，チェルノブイリで唯一明らかにされたのが，放射性ヨウ素の内部被ばくによる小児の甲状腺がんの増加であったことから，甲状腺の長期健康管理に関しては，多くの保護者の関心の一つとなっています。原発事故後の県民の健康を管理するにあたり，安心していただくことが重要となります。また，チェルノブイリでは事故後4～5年後に甲状腺がんの増加を認めたことから，安全域を入れ3～4年後からの18歳以下の全県民調査を予定しております。

　　基礎知識として，放射線の影響がない場合でも，通常小児では触診で約0.1から1％前後，超音波検査で数％の甲状腺結節（しこり）を認めることが予想されます。しかし，小児甲状腺がんは年間100万人あたり1，2名程度と極めて少なく，結節の大半は良性のものです。

　　このように，現時点での子どもたちの健康管理の基本として，甲状腺状態をご理解いただくことが，安心につながるものと考えております。」

　甲状腺の超音波検査をすると，のう胞（嚢胞）と結節が見つかることがある。県立医大は，健康調査のホームページで「『のう胞』とは甲状腺にできた体液のたまった袋状のものです。のう胞の中身は液体のみで，細胞がないためがんになることはありません」と，「『結節』は「しこり」とも呼ばれ，甲状腺の細胞が変化したもの」で，「のう胞の中にはのう胞の中に結節を伴うものがあります。県民健康調査では，これをのう胞とせず，結節と判定」とも説明している。検査の判定結果は4段階で通知され，A1はのう胞，結節ともなし，A2は大きさが20mm以下ののう胞，または5mm以下の結節

が認められた状態，B判定は大きさが20.1mm以上ののう胞，または5.1mm以上の結節が認められた状態，C判定は複数の医師による検討の結果，すみやかに二次検査を実施した方がよいとの判断をした状態を指す，とされている。この判定基準や通知方法ができる過程は，情報公開された資料から次のように整理することができる。

(2) 甲状腺検査の実施目的と専門家

大規模な甲状腺検査を行うことになるため，県立医大だけでは対応できず，医師や甲状腺検査士といった専門職の確保は当然のことながら課題になっていた。

2011年8月29日に開催された第2回甲状腺専門委員会記録[30]には，「マニュアルの作成や，説明会等を実施して，手技や診断基準の標準化を入念に行う必要がある」，「手技の統一などは徹底しなければならない。検者の選定に当たっては，一定の経験や資格等を満たす者といった条件を明らかにしたうえで行う必要がある」とある。また，9月5日に開催された第3回専門委員会の記録[31]でも，「検者間のばらつきをなくすため，マニュアル（ガイドライン）の策定とトレーニングを行い，検査の質を確保することが必要」，「9月18日に学外専門委員会（仮称）で，診断基準の運用と細胞診の診断基準の確認を行い，それを踏まえて検者への周知を図りたい。県外の認定施設についても意見を求めている」とある。甲状腺検査を開始するまで，そして開始後も一貫して検査の質の確保が課題とされている。

9月21日に開催された第3回実施本部会議の配布資料[32]に，9月18日に開催した「第1回甲状腺検査専門委員会診断基準等検討部会」の記録と配布資料が含まれており，外部専門家（所属，氏名とも非公開）と検査と診断基準が検討されたことがわかる（なお，この検討部会は，「甲状腺検査の支援7学会[33]により構成される」ことが，2012年2月29日開催の第23回実施本部会議の資料[34]からわかる。県外の甲状腺検査施設への依頼状にその記載が確認できる）。資料では，「甲状腺超音波診断ガイドブック」（日本乳腺甲状腺超音波診断会議甲状腺班）をもとに，いくつかの項目を削除す

ることが示されている。削除するとしているのは、「甲状腺全体の観察項目」にある「甲状腺の内部変化」、「血流の状態」、「結節性甲状腺腫の観察項目」のうちの「腫瘍内・外の血流状態」「組織弾性イメージング（エラストグラフィ）」だ。

同検討部会の配布資料に含まれる「結節性甲状腺腫における診断の進め方」では、のう胞性病変は、のう胞内に充実部（しこり）がない場合、20mm以下は経過観察、20mm超は穿刺吸引を行う、のう胞内に充実部（しこり）がある場合は、10mm超で充実部の形状不整、微細高エコー多発、血流豊富などによって経過観察か穿刺吸引を行うという診断基準になっている。また、充実性結節は、5mm以下は経過観察、5～10mmが悪性を強く疑う、11～20mmが悪性疑い、20mm超は穿刺吸引となっている。

前述のとおり、健康調査で行う甲状腺検査では、のう胞内に結節がある場合は結節と判定するとされているので、観察項目と診断基準から推測するに、血流を観察項目から削除するが、のう胞内に結節があれば結節が5mmを基準にA2判定かB判定、のう胞は20mmを基準に判定を区別することにしたと理解できる。

この検査方法について、鈴木教授は「単純なシステムを開発した」と、2012年1月25日に開催された第5回検討委員会の準備会で説明したことが、会議の記録[35]からわかっている。

この観察項目の削除と診断基準については、専門部会で外部専門家の意見を聞き、記録によると診断基準は「資料のとおりとする」と結論づけ、「一次検査の診断基準及び検査の意義・実態・限界を受診者に説明すべき」とのコメントも記録されている。また、判断が困難な事例について、学外の委員に助言を求めるための超音波コンサルテーションボードを、2～3人ごとに順番にお願いするとしている。二次検査が出た場合の細胞診についても同様の仕組みを作り、手術適応は部会委員の外科医を中心に小委員会を組織するとした。

甲状腺検査が進むにつれて、甲状腺がんあるいは悪性疑いのケースが増え、その評価をめぐって2013年8月に開催された第12回検討委員会で甲状腺

検査評価部会の設置が委員から提案されることになったが、これを受けて議事録では鈴木教授が県立医大の実施体制について次のように説明をしている。

「私どもは公開をしておりませんがこの県民健康管理調査、甲状腺の検査を開始するにあたり、(略)我々日本の甲状腺の専門家、外科・内科・病理・超音波の専門家を多数集めた、諮問委員会を作って検査の妥当性、検査の間隔、そしてどういう専門家がやったらいいか、そういう意見をいただいてこの検査を始めました。逐一、途中で悪性の症例が出たときの手術方法、対処の方法を全部議論してその中で出しております。ただ、こういう公開する形をしていない、その前、逆に諮問を受けて、当初の段階ではいろいろわからない画像、初めての手術の症例、いろいろな情報の共有というのは日本中の専門家でされております。そこは全くされていないところで今後は（各自治体での独自検査が※筆者補足）始まるのではないかというところだけは、ご理解いただきたい」

甲状腺検査評価部会の設置に異論はないが、県立医大では外部専門家と甲状腺検査の準備段階から協議をし、体制を作ってきたという自負とともに、それが理解されていないことに対する苛立ちが見える発言だ。もっとも、こうした体制をとって実施していることなど、どこまで合理的かつ適切な時期に説明して共有してきたのかという問題がある。

(3) 検査結果をどう通知するのか
①いくつもの判定段階案

甲状腺検査の判定結果は、前述のとおり、A1、A2、B、C判定の4段階で通知されている。A判定は問題がないとされているが、A2判定が5mm以下の結節、20mm以下ののう胞が認められるというものであり、この判定を受け取った保護者らの不安を招き、判定結果の内容そのものが議論の対象になった。この判定結果がどのように作られていったのかは、甲状腺検査専門委員会での検討経過からわかる。

最初の甲状腺検査の結果の通知案が資料として配布されたのは、2011年10月11日開催の第8回甲状腺検査専門委員会[36]だ。判定結果の表記方法

として5案示されている。このうち4つの案がA，B，C判定の3段階で，Aは共通して「明らかな異常は認められませんでした」，Bが5mm以下の結節，20mm以下ののう胞があった場合で表記方法が若干異なるもの，Cは「二次検査をお勧めします」で共通している。C判定の説明には，「今回の原発事故以前から存在していた可能性が高いと考えられます」という説明が入っており，以降，C判定についてはすべての案に同様の記載が入っている。残りの1案は，A判定が「明らかな異常が認められませんでした」，B判定が「二次検査をお勧めします」の2段階で，A判定には注として小さい結節・嚢胞があっても二次検査は必要ないと書いてある。

同18日の第9回専門委員会で検討された通知案[37]は，A，B，C判定の三段階となっている。A判定は「異常所見は認められませんでした」，B判定は「明らかな異常はありませんでしたが，小さな結節（しこり）やのう胞を認めます。これは，現在の基準からは次回の健診まで経過観察とします」，C判定は「二次検査をお勧めします」との説明がある。B判定には，「自然退縮も見られ」という説明に加え，「異常を自覚された場合には下記にご相談ください」との記載がある。

通知の第3案[38]は同11月15日開催の第13回専門委員会で検討され，A1，A2，B判定という区分になった。A1は異常所見なし，A2は小さな結節・のう胞があるが経過観察，Bは二次検査で，説明は基本的に第9回と同じだ。ただ，手書きでB判定の説明が，「今回の原発事故以前から存在していた可能性が高い」という記載から「今回の原発事故」を消去するとの記載がある。また，A2判定は，第9回で「異常を自覚された……」の記載が消え，「通常の診療においても，検査や治療の対象とならずそのまま経過を観察します」との記載が追加された。

翌第14回専門委員会（同29日開催）で検討された案[39]は，第13回と同じ3段階の判定であるが，B判定は，「二次検査の対象となった皆さまの大部分は良性の結節であることが予想され，以前から存在していた可能性が高いと考えられます」との説明が冒頭に来ている。また，「今回の原発事故以前から存在していた可能性が高い」という記載そのものがなくなる。第

15回専門委員会（同12月6日開催）では，第14回と同じ3段階判定でほぼ同じ内容で，二次検査についての案文が加わった．

②4段階で判定する方針が固まる

第17回専門委員会（同20日開催）で検討された案[40]から，A1，A2，B，C判定の4段階判定となった．A1，A2は前回までと同じで，B判定は「二次検査をお勧めします」，C判定が「甲状腺の状態から判断して二次検査を受けることを強くお勧めします」という内容だ．A2判定の説明が簡略化され，「現在の診断基準から二次検査で細胞診をする必要はないとされております」という説明になり，C判定はかなり強い表現に変わった．12月16日に開催された甲状腺専門委員会診断基準等検討部会で，「ただちに二次検査を必要とする『C』判定を加えることとした」と記録にあり[41]，これを受けてC判定が加えられたことになる．このC判定の趣旨について，2013年2月6日開催の第66回実施本部会議で，「C判定が悪性で，B判定は良性ではない．そこで，あくまでもB判定というのは，悪性かどうか判別診断が必要な人．その中に含まれる．時間的な問題でC判定を作っている」との説明[42]があり，B判定と基本的には同趣旨で，すぐに二次検査をした方がよいという意味であるとしている．

第20回専門委員会（2012年1月17日開催）で検討された案[43]は，前回とおなじ4段階の判定で，C判定は「甲状腺の状態等から判断して，ただちに二次検査を受けていただくことが必要です」と若干の表記が修正された．また注記が加えられ，以前はB判定の説明として加えられていた，「原発事故による放射線の影響で，小児の甲状腺にしこりができたのではないかと心配されている方もいらっしゃるかと思いますが，今回の検査はあくまでも現在の甲状腺の状態を把握するためのものです．以上のことから，二次検査が必要ということが放射線による影響が甲状腺に表れたということではありません」という説明が，B・C判定向けの説明となった．

同25日には第5回検討委員会準備会が開かれ，そこで判定段階の説明がされており，記録[44]によると，阿部県立医大理事が「甲状腺検査の評価が

大事。県民が心配するところなので，先ほどの説明を丁寧にお願いしたい」と述べた後に，鈴木教授が「のう胞についても説明したい。A2 の時に，もう一度見てもらいたいという人が出てくると困るので，専門医が判定していることを強調して説明したい」と述べている。

③先行検査の通知結果の反応を受けて再修正

1 月下旬からの先行調査で行った甲状腺検査の判定通知送付後の反応などを受けて，第 30 回専門委員会（同 4 月 3 日開催）では，A2 判定の結節とのう胞を分けて通知・説明する案[45]が検討された。結節については，「5mm 以下の結節（しこり）は非常に小さいため，嚢胞（液体の入った袋のようなもの）と厳密に区別することは難しいことがあります。結節（しこり）であったとしても，5mm 以下であれば，長期間の経過観察によっても増大することはまれであり，細胞診を行う必要はないとされています。このため，次回の甲状腺検査を受けていただくことで十分と考えられますが，万が一，甲状腺の部位にしこりがふれたり，甲状腺の部位が急速に大きくなるような場合には，医療機関を受診されることをお勧めします」との説明がある。また，「のう胞は中に液体の入った袋のようなものであり，結節（しこり）とは異なります。20mm 以下ののう胞では，二次検査の必要はないとされていますので，次回の甲状腺検査を受けていただくことで十分です。まれに液体成分が増加してのう胞が大きくなる場合には，のう胞の中の液体を抜く場合があります。甲状腺の部位が急に腫れてくるような場合には，医療機関を受診することをお勧めします」との説明が加えられた。

さらに，第 32 回専門委員会（同 17 日開催）では，A2 判定ですでに通知したものが，結節・のう胞のどちらかの説明が明記されていなかったところ，結節・のう胞のどちらであるのか，あるいはいずれもが認められたかの追加通知を行うための案[46]が検討された。第 33 回専門委員会（同 24 日開催）では，A2 判定の結果通知方法について検討され，結果通知を，結節，のう胞，両方が見つかっている場合についてそれぞれ分けて通知する案[47]が出されている。そして，第 34 回専門委員会（同 5 月 8 日開催）で，別紙として，

「甲状腺検査の結果についての説明」が加わり[48]，A2判定についての詳細説明がされるものになった。

　先行調査をパイロットケースで行い，必要な修正・改善を行い本調査にのぞむという流れは，検査や調査票調査の実施と同じ流れだ。しかし，甲状腺検査の結果通知という当事者やその保護者にとっては重い意味を持つものが，先行調査では説明が不足した状態で通知が行われたことになる。

　加えて，2011年12月21日に開催された第15回実施本部会議では，判定を通知する前の準備として，A2判定の通知を受けた県民が医療機関等に相談することを想定し，甲状腺専門委員会診断基準等検討部会を構成する7学会に対し，県立医大から通知を出すための案文を検討[49]している。趣旨としては，「問い合わせ対応のために，各学会からパブコメを出していただく。その中にA2判定の説明を各学会からも出していただく。コメント（案）で良ければ7学会に承諾いただき，各学会のHP掲載していただくということで，それを見たドクターたちが相談対応できると思う。今回の結果開示に合わせて早くHPにのせた方が対応しやすいと思う」と説明がある。

　また，2012年1月11日の第16回実施本部会議の記録[50]には，「甲状腺の結果をお返しする中で，「A2」判定の方々が混乱しないよう，当初から支援いただいている7学会（会員）へ（案）により依頼し周知したい。依頼文に添付する資料はすでに決定して使用しているものです。先日，県医師会を訪問した折り，県医師会にも送付要望がありましたので，参考資料として送付したい」とあり，この会議で一部修正の上，決定した書面が7学会と県医師会に通知された。この通知内容には，A2判定について「この結果に対し，保護者の皆様から問い合わせやご相談が少なからずあろうかと存じます。どうか，次回の健診を受けるまでの間に自覚症状等が出現しない限り，追加検査は必要ないことをご理解いただき，十分ご説明いただきたく存じます」とあり，セカンドオピニオン封じなどと批判されることとなった。

(4) 待てない市町村・住民の動きと医大の反応

　甲状腺検査をめぐっては，住民の不安に直接対応する市町村が独自に検査

を実施したり，県立医大以外のところで検査を行う動きが出てきた。いずれも，子どもの健康を心配する保護者の不安を受けてのことだ。こうした動きに対して，たとえば，2011年11月30日開催の第12回実施本部会議記録[51]には，「東京の私大などで独自に甲状腺検査を実施する動きが出てきた。局地的に心配している母親たちがいらっしゃるので，収拾がつかなくなる前に県外避難者への施設認定が始まる動きがあることを伝える必要がある」（発言者非公開）と対応を急ぐべきという意見が出ている。

　一方で，検査の質や県立医大にかえって負担がかかることなどの不満も散見される。たとえば，市町村から県立医大の行った甲状腺検査のデータの提供を求められていることを受けて，2012年7月25日の部門長会議では，「目的が何なのかが重要で，甲状腺に関しては浪江町，川内村，飯舘村，独自に超音波検査を始めていた。この3つの町村はデータを求めている。県民健康管理調査のスケジュールではなく，独自にそのデータを使って行いたいとのこと。今後，町から開示請求があった場合，私たちの事業で行ったデータを，他のものに使用されて支障が出ては困る。市町村と，どう連携していくのかまで話し合わないといけない」，「情報を求められたときに，どのような使い方かどうかも含めて慎重に進めて行きたい」，「たくさん要望が来ていないのであれば，ケースバイケースで目的とその情報共有できる人の範囲で対応していけばよいのでは」などと意見が出，「情報公開，市町村にデータの共有することは重要である。また，情報提供については今は個別に対応ということで進める」[52]とまとめられている。しかし，市町村との連携がうまくいっていないことは，その後の実施本部の会議内容を見ても課題としてあったことがわかる。

　2013年1月23日開催の第64回実施本部会議記録[53]には，「甲状腺に関してはそれぞれの市町村で，我々が2年後に行う検査を前倒ししてその間に検査をやっている。3か月ごとにやっているところもある。除染も今クオリティコントロールを求められているように，甲状腺も実施すればいいという市町村が多く，まったくの素人が検査をしていたりする。そこに医大から画像をリファレンスしても，違うという回答だけで解説されないので，医

大に照会が来る。数多く対応しているうちに，1回でもあちらが正しいということがあるかもしれないことがたいへん怖い。大学のデータベースが各市町村に同じように伝わるということを前提にコントロールしながら，意思疎通できるようにしながら進めたい」とある。

市町村から県立医大の行った甲状腺検査のデータの提供を求められ，独自検査の結果と比較される事態に，市町村と意思疎通ができるようにしたいとしているが，3か月後の同3月6日の第69回実施本部会議記録[54]によると，一部の市町村の対応への不満が述べられている。たとえば，「市町村の計画の中に，甲状腺の専門家が誰も入っていない。必要性があるかどうかのところには，専門家が入っていない。この問題を解決していないで，どんどん行われ，データも送ることになり，二次検査も見てとなると厳しい。二度手間になってしまう」と問題が述べられているほか，市町村から甲状腺検査の結果のデータの提供が求められていることも検討されている。これについては，「求められたデータは出さざるを得ない。出す場合は，どのような問題があるのかその問題に対して，市町村がこのデータに基づき独自に検査する場合，専門家がいないということであれば，市町村と連携しないといけないのでは」，「市町村で独自に検査を行っている場合は，責任をもって結果を出してもらう」，「市町村の検者に，質的な担保がされていないことが，市町村の担当者が認識されていない。検者に関して，講習会参加もないし，専門医でもない。情報交換もされていない。市町村の担当者には，医大がどういう質で行っているか理解してもらいたい」（いずれも発言者名非公開）など，様々な苛立ちまじりの見解が述べられていたことがわかる。

待てない市町村・県民と県立医大のねじれは，同じ「不安」「心配」に対して安心を提供することに対する考え方の違いだ。市町村や県民は，早く検査を行い結節やのう胞の有無や追加検査が必要か否かを知ることが「安心」であるが，県立医大は統一した自らが考える「質」のそろった検査を提供し，検査結果を返すことが安心を提供すると理解をしている。県立医大のスタンスは，臨床的研究，疫学的研究として見たときに検査方法，判断基準の標準化がされていなければならないという，研究機関としての作法ともいえるだ

ろうが,早期ねじれを解消する方法を模索しなければならない状況があった。

(5) 注目される検査結果

　甲状腺検査の結果は,社会的に極めて注目されている。前述のとおり,2011 年から 2015 年 9 月 30 日までに 152 人が甲状腺がんの悪性又は悪性疑いと診断され,そのうち 115 人が手術後悪性と診断されている。検討委員会のもとに設けられた甲状腺検査評価部会は,2015 年 3 月の中間とりまとめで,「現時点で,検診にて発見された甲状腺がんが被ばくによるものかどうかを結論づけることはできない。放射線被ばくの影響評価には,長期にわたる継続した検査が必須である」としているが,甲状腺検査を始める前から一貫して説明されてきた甲状腺がんの発現率などと比べれば,格段に数が多いことは事実だ。

　この関心の高さを受けて,実施本部会議で検査結果をどう説明するか,公表するかという点でたびたび議論されている。甲状腺検査の結果の通知と結果の公表が始まったあとの 2012 年 2 月 22 日開催の第 23 回実施本部会議[55]では,「広島の原医研のシンポジウムで発表した時,すでに公表された数字について,これは他のところと比べて多いのか少ないのかの判断を聞かれた。これは元々世界でもデータがないので,これがファーストレポートだと説明するが,そのメッセージを詳細に出すほど,がんが出るまでずっと頑張っているみたいな誤解を持たれているところがあるのかと思う。あくまで元々のプレバレンスを地域で見ているというものだということのメッセージをきちっと出さないと,甲状腺の影響調査をやっているように見られる」,「各地で講演しながら思っているのは,この健診をすればがんにならないと思っている発想があるが,それで手遅れにならないもので見つかる範囲でスタディをやっているということで,その意味合いをよく伝えなければならないと思った。公表の前に■■■■とよくご相談したい」,「安村先生がおっしゃったことは,学会を含めて問い合わせがたくさんあり,診療行為で行ったことが,病気がいつ見つかるのかとか,基礎頻度がどうなのかということが学会会員からも問われている。初めてのことなので,しっかりと情報を出してい

くことが大事で，講演やHPができればそこでも出していきたい」と対応が議論されている。「専門家」の間でも甲状腺検査の結果や評価，理解をめぐりいろいろな見方が示されたことがわかる。

　また，甲状腺がんについて2013年2月13日開催の第10回検討委員会で報告する内容について，同6日開催の第66回実施本部会議[56)]で鈴木教授が，「二次検査の結果，甲状腺がんが出ている3名が手術を行ったことは報告する。詳細については回答しない。細胞診結果をどこまで開示するかを，センター長と協議中。細胞診が確定診断ではなく，病理組織標本での確定が確定診断になるので3名報告します」と説明したことを受けて，議論が行われている。

　　「細胞診は出す方向か」
　　「口頭で説明するつもりです。細胞診の正式な用語でいうと，悪性・悪性疑い・鑑別困難・良性・検体不良。良性以外は悪性にとらえる可能性があるので，診断基準通りに話す方が良いのか，悪性もしくは悪性疑い，良性の2通り分けた方がよいのか，その使い方の対応を相談し，2通りにしようかと思っている」
　　「手術決定している人として報告して，確定したら順次報告していくと回答してはどうか」
　　「悪性もしくは悪性疑い，良性として，それ以外は回答しない方がよいのでは」
　　「今回の問題は，次の5月の検討会の時に突然数が出ない方がいいので，今の細胞診の割合は口頭で説明した方がよい」
　　「口頭で説明してください」
　　「記者会見でも，細胞診で悪性と実際確定した人数は回答しないということでよいのか？　確定診断は病理診断となっていないので現在ここで発表を控えるという対応か」
　　「はいそうです」
　　「データを発表する以上，何等かこちらの展開や考え方が必要。記者会見に殺到することは間違いないので，想定されることについては，バックデータ

など用意した方がよい」

　甲状腺がんの手術について確定診断が出ていないことはこのやりとりからわかるが，提供する情報を制限することでどのようなことを獲得しようとしているかが，よく理解できない議論が展開されている。甲状腺検査の本格調査の実施の検討が始まると，2013年9月25日開催の第95回実施本部会議[57]では，次のような議論がされている。

　　「従来，チェルノブイリを例に出して放射線被ばく後3〜4年の間で甲状腺がんの発生は，放射線の影響とは考えられず，4〜5年たってから認められたという言い方をしている。今後，広報していくうえで気を付けなければならないのは，4〜5年たったものから甲状腺がんはすべて放射線の影響となるのかということに関し，これまでとの説明の一貫性を問われる可能性がある。先行検査を受診した人に関しては除外されたうえでの分析となると思うが，そうでない場合は危険だと思う。本格検査で実施することが，すでに放射線の影響があることを前提としていて，その評価になるという論理立てると危険だと思うので，早めに検討しておいた方がよいと思う」

　　「推定被ばく量で甲状腺がんが発症するより低い量と考えられている。チェルノブイリで認められた非常に早期のがんの組織系は特殊だということも分かっている。それを含めて，広報の先生方と説明の仕方について詰めていきたい」

　　「疫学部門長も懸念していたのは，リスクファクターの評価が十分ではないのでは？　線量評価の値をともにしたときに関連が出る可能性はあるが，もっとリスクの高い受動喫煙などファクターに関する情報をとっていない。関連するリスクファクターの評価をしないのか，検討した方が良いのではと思う」

　　「5mmをチェックアップしていくのにどれくらい意味があるのか。10mm以上になってからでも十分ではないのかなど専門家の中でも集約ができていない。学会での専門家の評価が変われば，こちらも変更する必要が出てくると考えています」

　こうした議論をオープンな場ではなく，非公開の一般の人が知ることのない実施本部会議などで行い，方針を決め，対外的に説明する段階では情報を

絞り込むというこのあり方自体が，本当は問題だろう。率直で自由な意見交換などができなくなるなどを理由に，こうした議論を公開の場で行うことに否定的な傾向は県立医大だけでなく一般的にあるが，一方で，率直さを欠く議論や経過が不透明であることが，健康調査やその結果と評価の妥当性への疑問を生むことになる。開かれた県民健康調査の議論は，県の行う検討委員会だけでは不十分すぎることは，こうした記録から明らかだろう。

4　福島県「県民健康調査」検討委員会

(1) 県立医大と検討委員会
①検討委員会を主導していた県立医大

そもそも，福島県「県民健康調査」検討委員会とは何なのかという問題がある。

設置時の検討委員会設置要綱は，第1条で「福島第一原子力発電所事故による県内の放射能汚染を踏まえ，福島県が，県民の健康不安の解消や将来にわたる健康管理の推進等を図ることを目的として実施する『県民健康管理調査』に関し，専門的見地から広く助言を得るために『県民健康管理調査』検討委員会を設置する」と定め，第2条で所掌事項を定めている。そこには，①調査の実施方法等の検討に関すること，②調査の進捗管理及び評価に関すること，③その他，調査の実施に必要な事項に関すること，とある。

第1回から第3回までは，前述のとおり健康調査の枠組みを決めるための会合になっており，所掌事務の①に該当する検討を主に行っていたことになる。2012年11月20日開催のマネジメント会議の記録[58]では，山下センター長が「第3回から県がイニシアティブをとっている」と検討委員会について説明をしており，また，設置のいきさつなどについて，2012年11月21日開催の部門長会議[59]（資料6）で，「(健康調査を)立ち上げることが主な目的で，この医大に事業を振ったときの決定は医大だけでは決められないので，検討会で承認もある意味しつつ進んだという実情がある」，「当初，進行管理・専門的な立場からの指導助言ということであり，権限はないが専

門的立場ということで,広島・長崎・放医研・放影研をはじめということで作ったということです」という説明がある。健康調査という専門性の高い事業を実施するため,県から県立医大に調査を委託するが,調査について医大だけで決めることはできないので,検討委員会を設けたということである。しかし,委員には,健康調査の実施主体である県の保健福祉部長や,委託を受ける県立医大関係者が就任しており,実施側が「専門的助言」を行うという不思議な会議体ができ上がったのは前述のとおりだ。山下教授が知事からの指名により座長に就任し,これについて山下教授は「去年は立ち上げで仕方なく座長を引き受けた」(前掲2012年11月20日開催部門長会議)と述べている。

　検討委員会では,当初は健康調査の実施内容を検討し,調査が始まると調査結果や進捗などが報告して質疑を行う場になっていく。調査を実際に実施している福島県立医大の放射線医学県民健康管理センターの各部門の責任者がオブザーバーとして会議に参加して報告を行い,質疑が行われるというスタイルで継続されていった。検討委員会はしばらくの間,会議に合わせて県立医大が健康調査の実施結果や進捗を資料にまとめ,報告することで健康調査に関する情報公開を行う場として,もっぱら機能していたといえる。2012年12月26日開催の第61回実施本部会議記録[60]には,「現状は調査として検討委員会にデータを出すのが最初のデータ公表になっている」との発言があり,県立医大側もそのように認識していたと思われる。

②矢面に立たされる県立医大の不満
　健康調査が進み,調査のあり方や甲状腺検査の結果に対する評価などに対して批判的な論調が強くなると,県立医大は調査を構想し,実施し,結果を評価しているため,その批判の矢面に立つようになる。また,検討委員会の構成として,県と県立医大とその関係者というような多様性を欠く構成に対して批判が強まり,2012年10月9日に県は「『県民健康管理調査』実施に係る改善策」を発表し,健康調査の透明性の確保と県民の健康への不安の解消のため,検討委員会に外部委員を追加すること,検討委員会の定例化,資

料の事前配布を改善策として実施することとなった。これを受けて，第8回の検討委員会をもって県保健福祉部長が委員から外れ，第8回から環境省と日本学術会議から，第9回から双葉郡医師会と福島県臨床心理士会からそれぞれ委員が就任した（表2参照）。

こうした動きの中で，県立医大の管理センターで，県立医大が批判の矢面に立たされていることに対する不満とともに検討委員会とは何かについて議論していたのが，前述の2012年11月20日の部門長会議である。会議では以下のようなやり取りがされている。

「検討委員会というものは，オブザーバーとして報告するだけでそれにご意見をいただくというような形になっていると思うが，実際にその後の記者会見を見ると，我々が発言したことに相当な責任が問われているが，最終的には昨日■■■■も，検討委員会で決まったことだ，というような発言をされていたように，本当は検討委員会として最終的に検討したことで結論として出すような流れがない。検討委員会で承認されて，又はそこで最終結論ならば，検討委員会として出したものなのか，我々が出したものなのか，そこを明確にしておかないと後々議論でどっちが話したらよいか難しいので，最終結論としてなんか出すものがあってもよいのでは。」

「基本的に助言組織ですので，県が決めなければいけないが，受けている我々がやっている方向からしか問題点・課題解決が出ないので，あのような形で推移してきている」

「実際に3つのタスクが書かれていて，この立ち上げと運営と評価とその他となっているので，その中で何らかの結論を提言するというのは今後，議事録署名もできましたことですから，最終的にはそのようにしていきたい」

「検討会の総括は誰がするのですか？」

「座長なのでは」

「それはおかしい。委託されている側が，座長も務め，オブザーバーも務め，というのであれば，先生は座長を降りていただいて委託される側は報告と提言でそれを検討会で詰めて県が出すという流れを作らないと，どんどん私たちに責任が出てくる」

「放影研の専門評議委員会のような格好だけど少し違う。専門評議委員会だと完全に外の人だけ。中の人は，報告するわけです。最後に専門評議委員会ではその年の勧告をする，そのようにしないと」

「その通りです。去年は立ち上げで仕方なく座長を引き受けた。■■■■のおっしゃったことは県にも伝えている」

「検討会の件ですが，本当に役目はアドバイスなのか。アドバイスであれば聞いて修正できるところは修正して次に報告する程度で，主体は医大となるということになる。コミットメントするのであれば，権限も持っていないような今のメンバーではできないのでは」

「当初，進行管理・専門的な立場からの指導助言ということであり，権限はないが専門的立場ということで，広島・長崎・放医研・放影研をはじめということで作ったということです。あくまで外部評価機関で放医研の作りが，少しイメージと違うかもしれない。ただこれから必要だということは当初から議論としてはあった」

またこの前日のマネジメント会議（2012年11月20日開催）[61]では，検討委員会に関する情報が事前にリークされて報道され，県立医大が批判の矢面に立たされることについて，以下のようなやり取りがある。

「検討委員会の前に取材で明らかになったという記事があったが，どのような経緯で事前に情報が出ているのか」

「情報のもれ方を見ると確信犯である」

「誰がもらしたのか徹底的に調査をする必要があると思う」（松井特任教授）

「第3回の検討委員会から情報がもれている」（神谷副学長）

「第3回から県がイニシアティブをとっている」（山下副学長）

「県の仕切りは悪い。記者会見をやると委員が被告人のようになってしまう」（阿部理事）

「抜本的に考えなければならない」

「本学は専門部会に参加するが，検討委員会には参加しないようにするのも一つではないか」

このようなやりとりが内部で行われ，2012年12月25日のマネジメント

会議[62]では、「『県民健康管理調査 検討委員会』の在り方についての要望」を知事あてに理事長名で早急に出すことを決定している。会議資料にある要望書は、「現在の検討委員会の構成や運営は、このような事業を推進するにあたり、県民との信頼関係の構築や円滑なコミュニケーションを展開するうえで支障をきたしております」との現状認識を示している。そして、当初は調査内容について議論する場であったため必要性はあったが、県立医大の放射線医学県民健康管理センターメンバーが委員でいることは、「例えば議論の客観性や透明性を示すうえで、県民に疑念を抱かせるとの懸念が、県民、メディアからも指摘されているところです」として、「現在の検討委員会の構成を再考する必要」があり、知事に早急に検討するよう求めている。要は、検討委員会の委員から県立医大関係者を外すことを求めているものであり、2013年2月13日開催の第10回検討委員会を最後に、4名の県立医大の委員は外れることとなった。同6月5日開催の第11回検討委員会から8名の外部委員が新たに就任し、15名の検討委員会となった。

表2 福島県「県民健康調査」検討委員会の委員の変遷 (回)

氏名	所属	1	2	3	4	5	6	7	8	9	10	11〜21
明石真言	放医研理事											
児玉和紀	放影研主任研究員											
神谷研二	県立医大副学長・放射線医学県民健康管理センター副センター長											
山下俊一	県立医大副学長・同センター長											
星北斗	福島県医師会常任理事											
阿部正文	県立医大理事兼副学長											

氏名	所属・職位										
安村誠司	県立医大医学部公衆衛生講座主任										
阿久津文作→佐藤節夫	福島県保健福祉部長										
春日文子	日本学術会議副会長										
佐藤敏信→塚原太郎→北島智子	環境省総合環境政策局環境保健部長					オブザーバー					
井坂晶→堀川章二	双葉郡医師会長										
成井香苗	福島県臨床心理士会副会長										
稲葉俊哉	広島大原爆放射線医科学研究所所長										
清水一雄	日本医科大内分泌外科学大学医院教授・日本甲状腺外科学会理事長										
清水修二	福島大学人文社会学群経済経営学類教授										
高村昇	長崎大原爆後障害医療研究所国際保健医療福祉学研究分野教授										
津金昌一郎	国立がん研究センターがん予防・検診研究センター長										
床次眞司	弘前大被ばく医療総合研究所放射線物理学部門教授										
前原和平	福島県病院協会会長										
室月淳	宮崎県立こども病院産科部長・東北大大学院教授										

(所属，職位は2015年11月時)

(2) 会議非公開と会議録改ざんと秘密会

検討委員会は，第1から4回まで非公開で会議が行われた。

福島県には，「附属機関等の会議の公開に関する指針」があり，「地方自治法第138条の4第3項の規程に基づき設置された附属機関，及び県の事務事業を遂行するため，法律または条例の規程によらず，要綱等に基づき設置され，県職員以外の者が全部又は一部となっている懇談会等」の会議は，原則として公開するものとすると定めている。ただし，①法令等の規定で会議が非公開とされている場合，②情報公開条例の不開示事由に該当する情報に関し審議等を行う場合，③会議を公開することにより公正又は円滑な議事運営に著しい支障が生ずると認められる場合には，会議の全部または一部を公開しないことができるとしている。検討委員会は，第1回開催を発表する際，非公開で開催するが報道機関の頭撮りのみ許可するとしていた。いずれの非公開理由に該当すると判断をしていたということだろう。結果的に，健康調査が形作られていて，経過に市民参加がないだけでなく，情報の公開もかなり時間がたってからで，しかも情報公開への姿勢としては最悪の経過をたどっている。

第4回検討委員会は会議は非公開で行われ，後日，資料と議事録が県のホームページで公表されたが，第1～3回検討委員会は，会議資料も議事録も公開していなかった。議事録については，「第1回～3回は，議事メモ。議事録は作成していない」（第4回「県民健康管理調査」検討委員会準備会メモ[63]）と県職員が説明をし，対外的にもそのように説明をしてきていた。ただ，議事録に等しい議事メモは存在し，第1回検討委員会後に，県立医大企画財務課から県健康増進課の職員に宛てて，「山下教授から同委員会の議事録，報道発表内容について，県及び県立医大関係者の間で共有するよう指示がなされました。県で取りまとめております議事録及び記者会見内容の草稿がございましたら，当職あて提供いただきますようお願いいたします」とのメール[64]が送られていた。メールは県庁課内で供覧され，手書きで「議事要旨は非公開」と書かれている。「議事録」という名称は付いていないが，議事内容を記録したものは作成され，県，県立医大内で共有されていたこと

第 4 回の資料や議事録を公開することについて第 4 回準備会の冒頭で諮られ[65]、「開示請求がある前に公開するということか」（阿部県立医大理事），「第 4 回のみ公開して，第 1～3 回は請求されないか」（山下教授），「公開しないと逆に指摘されるので公開する必要がある」（神谷教授）と意見が出されたものの，後日ホームページで公表された。会議が公開されたのは第 5 回からで，第 5 回準備会[66]で山下教授からは「議事進行に支障がなければすべて公開で実施したい」，県の小谷主幹から「第 4 回検討委員会終了後の記者会見で，『公開』と言っているので，頭撮りだけというのは違うのではないかという指摘があった」ともあり，第 5 回検討委員会冒頭で会議公開が諮られ，公開で会議が行われた。

　しかし，第 1～3 回の議事録は公表されることなく，それに対して福島県民が情報公開請求を行ったことで，県庁内でいろいろ動き出したことがだいぶ後になってわかった。そもそも，県と県立医大内で共有されていた「議事メモ」は，福島県情報公開条例第 2 条第 2 項が定める請求対象文書である「公文書」の定義を満たしていた。公文書とは，実施機関の職員が職務上作成し，又は取得した文書で，組織的に用いるものとして実施機関が保有しているものをいう。議事メモは，組織的に共有されている文書であり，実施機関として保有もしていたので，本来はそれを特定し，情報公開すべきで，また，情報公開請求があった時点で保有している文書を本来は特定しなければならないが，そうしなかったのだ。

　2012 年 4 月に情報公開請求を受けた県は，検討委員会委員全員に，次のようなメール[67]を送り，議事メモの修正について確認をしている。

　　「このたび，検討委員会第 1 回～3 回の議事録の情報開示請求がありました。1～3 回の議事録は作成していないとのスタンスでしたが，今般の議事録問題を踏まえ，議事メモとして開示せざるを得ない状況です。

　　つきましては，別添ファイルの内容をご確認の上，修正の要がありましたらご連絡くださるようお願いいたします。」

　ちょうど，国では東日本大震災，原発事故関連の会議の議事録未作成問題

が明らかになり，批判を集めていた。それを見て，検討委員会の議事録がないとすると同様に批判されると考えたわけだが，そもそも「議事メモ」が存在するのに議事録を作成していないとしてきた県の対応が間違っていたことは言うまでもないが，議事メモをそのまま請求対象文書として特定し，公開・非公開の判断をするのではなく，県は公開できる議事メモに作り替えることを選択したのである。そして県庁内でも関係する職員が内容の確認を行い，かなりの部分を削除して，情報公開したのである。

　この改ざんが明らかになったのは，検討委員会の秘密会問題が明らかになってからだ。

(3) 検討委員会の役割とは何なのか

　第11回検討委員会に先立ち，2013年5月24日付けで県は「『県民健康管理調査』検討委員会の在り方等の検討について」を発表した。検討委員会について，「調査事業の進捗や今後の方向性等を議論，提言する役割が大きくなってきたこと等を踏まえ，改めて検討委員会の『あり方』を検討し，以下の取組みにより，客観性や専門性の充実を図る」として改善案を示した。その一つが，検討委員会設置要綱の改正で，委員会の設置目的を，「東京電力株式会社福島第一原子力発電所事故による放射性物質の拡散や避難等を踏まえ，県民の被ばく線量の評価を行うとともに，県民の健康状態を把握し，疾病の予防，早期発見，早期治療につなげ，もって，将来にわたる県民の健康の維持，増進を図ることを目的として，福島県が実施する『県民健康管理調査』に関し，専門的見地から広く助言等を得る」ためとした。所掌事項に変更はないが，健康調査の目的が以前より具体的に書き込まれた。また，委員構成等を見直すとして前述のとおり外部委員を増員し，「県と一体となって県民健康管理調査の実施を担う県立医科大学関係者については，委員を解職」とした。

　検討委員会のあり方について，検討委員会で議論がされたのは，第16回検討委員会（2014年8月24日開催）だ。健康調査の目的とは何か，調査結果の活用や調査の実施について委員間で議論をする必要があることが確認

され，2015年2月12日開催の第18回検討委員会で「県民健康調査における論点整理（座長私案）」が出されるなど，本来は健康調査開始時点で行うべき議論が行われた。

5　県民健康調査と情報公開，データの利用

(1) 検閲制度の誕生か

健康調査のデータについては，研究データという前提で一次情報，とりまとめ，評価情報の独占とコントロールを当然とする県立医大と，それ以外の理解のずれが大きいことが，県立医大内部の会議の記録からわかっている。

2012年6月6日の第35回実施本部会議で，「県民健康管理調査　収集データの取り扱い及び解析・結果公表に関する取り決め」の案[68]が示された。健康調査の業務の一環として調査に係る匿名化されたデータを研究者及び公的機関の使用は，学術的又は行政的目的でのみデータ利用・解析と集計データの利用を認めるが，事前の申請が必要であること，データの利用・解析の場合は申請は5年後からという取り決めだ。第35回実施本部会議の記録では特にこの件についての議論はない。

同27日の第37回実施本部会議[69]では，改訂された「取り決め（案）」が示された。この案では，使用に当たり申請が必要なものとして，データ利用・解析，集計データ利用，公表データ利用を挙げ，いずれの場合も申請して採択されなければデータの使用ができないというものに変わった。また，前の案が「研究者及び公的機関」となっていたものが，「個人及び公的機関」となり，研究目的か否かを問わずに対象とするものになっている。この案では，公表データについて，「すでに公表されているデータの利用（公表データを掲載したパンフレット・ポスター・グッズ等の作成・配布など）を希望する際は，その利用目的や利用方法について，あらかじめ申請し，審査委員会の許可を得なくてはならない。なお，営利目的での利用や公表データの無断転載は認めない」としている。検討委員会の配布資料など，公表されている情報であっても，そのデータを利用する場合は利用目的を示して申請し，

採択・不採択を審査委員会が判断するという内部規定だ。この「取り決め」ができると、「検討委員会で使用した公表資料など、HPに載っているものには『無断掲載を禁ずる』と一気に入れていく」との説明が会議の記録にある。また、「検討委員会で公表された資料・集計データなどを利用して他の人が論文を書いたり、批判されるのは困ると思う」という意見、「現在、検討委員会でデータを出したものは、新聞に載っていたりしましたが、今後新聞社には県に許可を得ないといけなくなるのか」という質問に対し、「厳密にはこういうルールを作るとそうなる」と趣旨が回答されている（第37回実施本部会議記録）。

また、「取り決め」について、「HPでアップされている国のデータは使えるので、データの開示を拒んでいるような誤解を与えない程度に」、「情報発信する立場として、情報制限してしまうのもよくないので、あまり緩くしても、厳しすぎても批判は出る。制限をかける必要はあるが、情報はなるべく使えるようにしたい」など意見が述べられている。その一方で、「申請書等はHPなどに掲載するのか」という質問に対して「アクセスを制限して掲載したいと考えている」と答えるなど、データ使用は外部に基本的に認めず、ルールは作るが申請書などはオープンにしないという展開の議論になっている。

「取り決め」は、健康調査のデータを実施主体である県立医大、県や実施主体と同等にかかわっている者以外の利用をコントロールするものだ。臨床的研究、疫学的研究のデータの利用と学会発表、論文化では一般的にあるルールかもしれないが検討委員会の資料などにより公表されている情報であっても、県立医大の審査を経なければならないというルールは、もはや健康調査の情報や成果は、社会的に共有される公共財ではなく、県立医大の専有物であると意思表明をしているに等しい。さらには、報道機関も厳密には記事で使う場合にはその目的を申請して、県立医大側から採択されなければならないという検閲的な仕組みが提案されている。

2012年9月26日の部門長会議[70]では、「前回の会議で、収集データの公表されたデータに関しての取り扱いについて柴田先生から疑問がありまし

た。誤解を生じやすい表現もあったので,再度説明いたします。基本的には,公表されたデータを使用することに関する許可申請は必要とは考えておりません。商業目的等で勝手に使われることのないよう,公表されたデータに関しては審査委員会での取り扱いに含めた方がよいという判断なので,利用制限や事前審査するなどの意図では全くありません。ただし,従来通り講演発表等した場合は,松井先生へ事後報告してください」と説明しているが,「取り決め」自体は公表データについても使用に許可が必要である旨の定めが残された。

2012年12月26日の第61回実施本部会議[71]で改定案が提示された際には,「公表データはグラフはグラフで,表は表で利用するということで,生データは使えないということで良いですか」,「その通りです」というやりとりが記録されている。また,「取り決め」について「内部のルールとしてはよいと思います。外部の方は無視して発表するかもしれませんので,有名無実になってしまうかもしれないが,資料として残すことが大事です」,「公表データのこのルールが不要になるくらい,集計データではなくローデータを分析してとなったとき,他のところから論文作成はできなくなる。過渡的と思っている。現状は調査として検討委員会にデータを出すのが最初のデータ公表になっている。通常は違うのではないかと思うが,しばらくこれで行くしかない」ともあり,やはり公表データも使用申請が必要と理解される発言がされ,一貫していない。

2014年9月3日の第140回実施本部会議[72]で改定された「取り決め(案)」が示され,ここでこれが「学術的に利用される場合に適用されるものである」とされ,引き続き学術的利用については公表データであっても事前申請が必要だが,報道機関や一般の学術的利用以外の公表データの利用については,適用しないとされた。最初に「取り決め」が了承されてから2年近くたっていた。この間,検討委員会の資料により公表されたデータは様々なところで利用されてきていたが,県立医大としては公式にはそのような利用は認めていなかったことになる。

このような県立医大の対応は,健康調査のデータは誰のものであるのか,

何のためのデータなのかという本質的な問題を提起している。前述のとおり，県から委託を受けて実施している調査であり，健康調査としては「研究」を目的としていないわけである。県民の健康支援のために，どのようにデータが使われるべきかという観点からは，県立医大から市町村へのデータ提供という問題もある。

(2) 市町村と県立医大とデータ

健康調査が進むと，市町村から住民に関する健康調査のデータの提供が求められるようになる一方，県立医大も市町村との連携が課題になってくる。甲状腺検査に関わる市町村と県立医大の間の問題についてすでに一部述べたが，基本調査，詳細調査ともに県立医大は様々に市町村からデータの提供が求められるようになる。

2012年12月19日の第60回実施本部会議[73]で，県の意向は，市町村ごとにまとめた基本調査の推計結果については当該市町村分を提供し，また基本調査の結果の公表も行うということであることが報告された。この方針に対して，同26日の第61回実施本部会議[74]で配布された「基本調査結果に係る市町村への情報提供について（経過報告）メモ」によると，次のような意見があり，県立医大と県で再調整をすることになったとある。意見としては，①他市町村のデータや全市町村のデータを求められた際の対応，②個人の線量を求められた場合の対応，③少数値の場合の個人特定の懸念，④提供を受けた市町村側の対応の仕方，数値の意味等説明，⑤甲状腺検査結果の取り扱いとの整合性，⑥問い合わせ先として医大駐在員が当たること，⑦調査全体への影響を踏まえたロジックの再構築，が挙げられている。これについての調整が県と県立医大の間で12月20日に行われたことが前掲メモにあり，そこで県知事の意向として，市町村との情報共有が必要であることから基本はすべて公開であることが示された。しかし，県と県立医大の意見交換の結果，市町村への情報提供は説明会の場を設けて説明の上で提供を実施すること，情報提供に当たり想定される「問題点」の洗い出しと解決方法を検討すること，市町村への説明内容，各調査の資料等については，県と医大

ですり合わせることなどを確認している。また、1月17日に市町村保健担当者会議を開催することも決定している。

2013年1月9日の第62回実施本部会議[75]では、健康調査のデータの提供をどこが責任をもって行うのかについて、「市町村のデータを整理して集計結果を出すのは医大の役割と思うが、県から委託を受けていることなので、本来県が提供することなので、県にどう説明するかとか考えてもらうべき。医大として協力するが、本気で県に考えてもらいたい。困るのは県であり、県民である。データを県に渡して医大の責任になる話ではない。甲状腺、基本調査でもそうだが、医大が結果を出して県から市町村に結果を渡すとき、県が医大にやってもらっているから医大の責任というなら違うと思う。医大に丸投げの印象がある」という見解が述べられており、12月26日の会議の結論とは少しトーンが異なる。

1月23日の第64回実施本部会議[76]では、市町村保健担当者会議について、「各市町村の保健担当者とのやりとりの中で、早くデータがほしいという切実な要望があった。住民の健康管理に当たって必要な情報として、文書の中で約束しているのだから早くほしいという声が大きい」、「私も参加しましたが、ご質問があってA1のデータだけでもいいから市町村に返してほしいといわれ、基本調査は返したけど、甲状腺は少し待ってくださいと言った。他で出していると、なんでそんな説明をしたのかとなる。あと、外部被ばく線量と甲状腺の関係は見ていますか、ともよく質問される。学問的に比較する意味はないしデータベースができていないので簡単に分析できないと答えている。こういう説明は準備しておかないといけないと思っている」と報告された。

2013年3月6日開催の第69回実施本部会議[77]の資料には「県民健康管理調査事業　自治体向け情報開示について」があり、市町村ごとの基本調査の集計データ、甲状腺検査の判定別割合データの提供をしたとあるが、それ以上のデータについては検討課題にあげるにとどまっている。しかし、避難区域等にある南相馬市、伊達市、川俣町、飯舘村、田村市、葛尾村、川内村、双葉町、大熊町、富岡町、広野町、楢葉町、浪江町の13市町村は、健康診

査を既存の健診に上乗せして実施していることもあり，健診結果の個人データを提供していることが，同会議の資料「平成23年度県民健康管理調査『健康診査』結果データの市町村への提供について」で報告されている。

2014年3月に健康調査の結果等を統合したデータベースが構築され，データの蓄積がされていることを踏まえて，2015年11月30日開催の第21回検討委員会では，「『県民健康調査』におけるデータ提供に係る課題等について（座長案）」が示され，その中で個人へのデータの還元とともに，市町村での活用のためのデータ提供が検討事項に挙げられている。健康情報のデータベース化と共有は危うさもある問題であるが，一方でデータが県立医大と県の専有状態であることも望ましい状態ではない。何のための健康調査なのかが問われる問題である。

6　小括

福島県健康調査は，原発事故の発生を受け，放射性物質が広範囲に飛散・拡散している現実に対して，実施されなければならないものであることは，多くの人の間で共通認識であろう。問題は，健康調査として何を行うのかと，それが住民の不安にこたえるものになっているのか，調査の結果の評価，そして健康調査の結果が国や県による住民支援に反映されているのかという点について，意見や見解が分かれているだけでなく，対立構造を生み出していることだ。

情報公開された福島県立医大の行政文書，そして福島県が行っている福島県県民健康調査検討委員会の文書から言えることは，健康調査の枠組みが構築されていく過程，健康調査の目的，健康調査に関する情報公開のあり方，得られるデータの評価・活用・共有など，十分に詰められずにとにかく健康調査が実施されてきたということだろう。福島県立医大が健康調査の実施を担っているが，実際に検査，調査等を行っている関係者が多くの仕事を担っていることは理解しつつも，実施すべき作業に追われていると，公共政策としてのあり方，当事者である住民や市町村との関係，得られたデータを住民

の権利を侵害せずにどのように活用し市町村などと共有していくのかなど大局的な視点が欠如し，行った作業の結果に達成感を覚える傾向がうかがわれる。

　本来は，このようなことは福島県健康調査検討委員会が検討し方針を立て，福島県立医大での調査の実施に反映していくべきだが，検討委員会は当初は県立医大関係者が座長，委員におり，健康調査の枠組み，調査の実施内容を検討し，調査が始まるとその報告を受ける場となっており，県立医大内の会議の延長のような場になっていたことは否めない。徐々に委員構成が変わることで検討委員会のあり方は変化していくが，県立医大が検討委員会から抜けていく過程は，責任を負わされることへの危機感がその動機とも言えることが公開文書からわかる。

　福島県県民健康調査は必要な調査であるが，信頼される調査であること，検査や調査結果が公正にかつ多様に評価されより妥当な判断を導く努力をすること，その過程が開かれたものであることなど，いくつかの条件を満たしていなければ，福島県あるいは福島県立医大を信じるか否かといった主観的な判断でしか，結果を受け止めることができなくなる。

　健康調査に関する問題は，情報公開制度の制定を求める動きが始まる1970年代，80年代の状況から変わったこと，変わっていないことを表しているように思う。それは，情報公開制度ができたことである程度の情報は公開請求すれば公開されるようになった点で変わっているものの，情報公開を進めることが調査の枠組みや政策決定，調査の実施や住民への対応の質を高めることになかなかつながっていないのは，30年以上前とあまり変わっていない。情報公開制度の制定を求める取り組みは，市民による行政の持つ情報へのアクセスの道を開いたが，情報公開をもとにした市民参加，あるいは情報公開を前提にした政策決定，事業実施は，行政組織のあり方そのものの改革や変化が必要だ。この改革や変化が伴っていれば，おのずと情報公開のあり方も変わってくる。福島原発事故に係る問題は，情報公開制度を本当の意味で機能させるために多くの課題があることを示唆している。

第 5 章　福島県「県民健康調査」と公文書

【注】
1) 資料 1「県民健康調査『基本調査』の実施状況」，第 21 回「県民健康調査」検討委員会配布資料，2015 年 11 月 30 日。
2) 福島県知事 2012 年 12 月 13 日一部開示決定行政文書。
3) 同上。
4) 同上。
5) 「ふくしま健康調査検討委員会準備会要点メモ」(福島県知事 2012 年 12 月 13 日一部開示決定行政文書)。
6) 同上。
7) この経緯については，日野行介『福島原発事故　県民健康管理調査の闇』岩波書店，2013 年，に詳しい。
8) 福島県知事 2012 年 12 月 13 日一部開示決定行政文書。
9) 同上
10) 福島県知事 2012 年 12 月 13 日一部開示決定行政文書。
11) 同上。
12) 同上。
13) 同上。
14) 東京電力福島原子力発電所事故調査委員会『国会事故調報告書』徳間書店，2012 年，415-416 頁。
15) 福島県知事 2012 年 12 月 13 日一部開示決定行政文書。
16) 同上。
17) 同上。
18) 同上。
19) 同上。
20) 同上。
21) 公立大学法人福島県立医科大学理事長 2013 年 6 月 10 日付一部開示決定行政文書。
22) 公立大学法人福島県立医科大学理事長 2013 年 1 月 23 日付開示決定行政文書。
23) 平成 23 年 7 月 14 日福島県立医大倫理委員会会議概要。https://www.fmu.ac.jp/univ/sangaku/data/kaigi/230712.pdf
24) 公立大学法人福島県立医科大学理事長 2012 年 5 月 23 日付開示決定行政文書。
25) 同上。
26) 同上。
27) 同上。
28) 注 21) に同じ。
29) 公立大学法人福島県立医科大学理事長 2013 年 5 月 7 日付一部開示決定行政文書。同 2013 年 6 月 10 日付一部開示決定行政文書。同 2014 年 7 月 11 日付一部開示決定行政

文書。同 2010 年 3 月 23 日付一部開示決定行政文書。
30) 公立大学法人福島県立医科大学理事長 2013 年 5 月 7 日付一部開示決定行政文書。
31) 同上。
32) 注 21) に同じ。
33) 日本甲状腺学会，日本甲状腺外科学会，日本乳腺甲状腺超音波診断会議，日本内分外科学会，日本小児内分泌学会，日本超音波医学会，日本超音波検査学会。
34) 注 21) に同じ。
35) 注 2) に同じ。
36) 注 30) に同じ。
37) 同上。
38) 同上。
39) 同上。
40) 同上。
41) 同上。
42) 注 21) に同じ。
43) 注 30) に同じ。
44) 注 2) に同じ。
45) 注 30) に同じ。
46) 同上。
47) 同上。
48) 同上。
49) 注 21) に同じ。
50) 同上。
51) 同上。
52) 同上。
53) 同上。
54) 同上。
55) 同上。
56) 同上。
57) 公立大学法人福島県立医科大学理事長 2014 年 11 月 10 日付一部開示決定行政文書。
58) 公立大学法人福島県立医科大学理事長 2015 年 3 月 23 日付一部開示決定行政文書。
59) 注 21) に同じ。
60) 同上。
61) 注 58) に同じ。
62) 同上。
63) 注 2) に同じ。

64) 同上。
65) 同上。
66) 同上。
67) 同上。
68) 注21) に同じ。
69) 同上。
70) 同上。
71) 同上。
72) 注57) に同じ。
73) 注21) に同じ。
74) 同上。
75) 同上。
76) 同上。
77) 同上。

資料1　公開文書1

資料2　公開文書2

機密性2

取扱注意

（未定稿）

伊達市と南相馬市の線量の高い地域についての議論（メモ）

1. 日時：平成23年6月6日（月）10:35-
2. 場所：枝野官房長官室
3. 出席者：枝野官房長官、福山官房副長官、伊藤危機管理監、
   菅原局長、西本技総審、森口文部科学審議官　他
4. 概要：西本技総審から資料に基づき説明。

（福山副長官）
　伊達市の線量が高い地域は高位安定といった感じ。南相馬市の線量が高い地域については住み続けて良いというレベルではないと思われる。
（枝野長官）
　南相馬は住居がまばらなので、個別に説明した上で避難してもらうのが良いのでは。
（伊藤危機管理監）
　年間20mSvになる線量はいくらか。
（文科省）
　3.2mSv。
（福山副長官）
　南相馬（の測定場所）はほとんどアウトということか。
（枝野長官）
　住むところだけどこかに移ってもらって仕事は続けてもらい、（線量が下がる）数ヶ月後に戻ってもらうか。
（伊藤危機管理監）
　土壌は測っているか。
（文科省）
　測っていない。Cs（セシウム）なので下がらない。一方、ウェザリングがある。
（枝野長官）
　それを期待しているのだが。
（文科省）
　雨が降ると数値は上昇してその後下がる。
（福山副長官）
　今までのスタンスだが、無理矢理計画的避難区域にすることが必要ではないと思うが、当時は面でないので経過観察とした。低減率が見えない中では、点で本人の希望を聞くか、行政から言うかはあるが、避難してほしいというメッセージを出す必要があるのでは。何で居て良いかと聞かれて答えようがない。

1

資料3　公開文書3

仁志田伊達市長と富田審議官との電話概要

日時：平成23年7月15日（金）　15：30〜15：40

仁志田市長のコメントは以下のとおり。

- 14日に小国地区と相葭地区の住民から、地域全体を指定して欲しい旨の要望書を受け取った。自分は、制度は完ぺきでないが、自由に出入りできる制度でもあり、まずはしばらくこの制度で対応していく旨発言した。

- 「住居単位」「年間20mSvを超えるおそれ」の基準を国が基本で決めているので、自分としてはこれを損なうことは国に要望できないと答えている。住民からは市が独自に取り組むよう要請されたが、そうであっても、国の制度を損なうことに変わりはないと思っている。

- 他方で、小国小学校にスクールバスを走らせたり、1800名をサマースクールに招待する等の努力をしている。しかし、もし今後、国で柔軟な対応が可能なら、否定しない。

（国会議員の中には、小国校区の子ども世帯を全部指定してはどうか、とする議論もあるがと言ったところ）

- 小さい子供に配慮する考え方は別にあると思う。しかし、そうであっても、相葭地区の10世帯のうち、指定されていない4世帯は、救えない状態なのは悩ましい。

- いずれにしても、自分たちから制度を壊すような要請はできないと考えるが、国として何らかの柔軟な対応を検討いただけるのであれば、それはありがたい。

資料4　公開文書4

ふくしま健康調査検討委員会準備会

日　時　　平成23年5月13日（金）午後6時20分～8時20分
場　所　　光が丘会館　大会議室
出席者　　別紙のとおり

要点メモ
山下教授　この会議を県民の健康管理のためのプラットフォームにしたい。
阿部副学長　この事業はALL　JAPANでの支援体制が不可欠。
放医研（明石）　WEBで住民自らが線量評価できる簡易なシステムを開発した。近く田村市で開発したソフトの説明会を行いたい。
→星（県医師会）　違和感がある。現場はぴりぴりしている。ていねいな議論を望む。
→県　現段階で住民の不安をあおるような説明会は遠慮願いたい。
山下　線量評価のWGを立ち上げたい。放医研の明石理事が中心となってアドバイスをもらいたい。
山下　調査の進め方としては、全体像の説明を県が行い、そのあとで健康調査をできるところから実施、そして線量評価結果とリンクさせるという流れで進める。

（安村教授より問診票たたき台について説明。）

山下　大きな考え方は了解。対象地域に関して、アンケートのみの調査対象者と詳細調査対象者との線引きがやっかい。予算との関係もある。
→問診票WGについては安村教授を中心にまとめることになった。
・今後は状況に応じてメール会議等も開催。
・県で正式に検討委員会を立ち上げる。
・自治体との調整も含め事務組織を早急に検討する。
・調査については医大に司令塔を置き、必要に応じて各機関から人員の派遣などの応援を行う。
・予算化は国に財源を要望するので医大で試算→県へ

国の反応
内閣府（経産省）
　　必要性に異論を挟むつもりはない。前向きに検討させていただく。ただし、私見として検診費用は国が支出すべきものだが、補償は放射線との因果関係が明らかになった範囲で行うべきものと考えている。

資料5　公開文書5

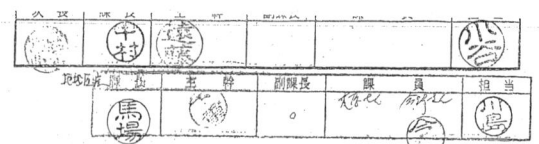

地区医師会	老幹	副課長	課員	担当		

平成23年度「県民健康管理調査」関係者ミーティング　復命

　　　　　日　時：平成23年6月12日（日）　9:00～12:00
　　　　　場　所：福島県立医科大学4号館4階　会議室

次第、出席者等　資料のとおり

当方提出の 資料1 　県民健康管理の全体イメージ　説明　下記了承を得た。
　・先行調査からの対象者抽出を含め、ホールボディカウンター検査を実施
　・本調査の一貫として、母乳検査を実施（児童家庭課→藤森先生）
　　　（上記は、検討委員会で検討いただくが、基本、県の責任で実施。）

ホールボディカウンター関係
　何を（CPM、Bq、Sv?）、どこまで出して、説明するか　　　　〇対象地域：星で案
　対象地域選定において、15歳未満人口は重要。子ども重点（山下）〇 6/15 非公開で(銀?)
　放医研でプロトコール、説明資料作成
　　　（体表面スクリーニング、WBC、甲状腺カウンター、尿　?）〇調査票：おい検討
　医大の状況アナウンス：「バックグラウンドが高い」×（不安↑）
　　　　「より精密な測定を他で」〇

外部被ばく線量評価
　国のモニタリングデータでOK？→第三者評価が必要
　結果の還元内容について、さらに検討必要。
　現線量マップ（図1）外の地域は、線量0？

甲状腺
　3年後でいいが、まったくやらないわけにもいかない。（山下）
　エコー＋血液検査：対象は、5～15歳。費用は、39億の外。
　学会ベースのガイドラインを作って実施。

まとめ
　　先行調査地区　—　外部被ばく評価　—　WBC（＋尿）
　　　　　　　　　　　　　　　　　　　—　甲状腺（エコー＋血液）

（その他）
　・調査参加のインセンティブ
　・積極的な広報

資料6　公開文書6

第20回　部門長会議記録

日時：平成24年11月21日（水）8:03～8:30
場所：放射線医学県民健康管理センター

出席者
・センター長：山下俊一副学長
・副センター長：神谷研二副学長
・副センター長（兼疫学部門長）：安村誠司　教授
・健康診査部門長：細矢光亮　教授
・妊産婦調査部門長：藤森敬也　教授
・甲状腺検査部門長：鈴木眞一　教授
・基本調査部門長：大津留晶　教授
・副部門長（健康診査）：坂井晃　教授
・こころの健康度・生活習慣調査部門長：矢部博興　准教授
・広報部門長：松井史郎特命教授
・国際連携部門長：松井秀幸特命教授
・国際連携部門長：丹羽太貫特命教授
＜オブザーバー＞石田　卓准教授、柴田義貞特命教授
＜事務局＞後藤課長、根本主幹兼副課長、黒沢主幹、冨田副課長、有我主任、草野C、野崎C、福島主査、伊藤

1　開　会
2　報　告　なし
3　議　事
　〇　第9回福島県「県民健康管理調査」検討委員会について
　〔山下先生〕
・今後どのように対応していくか、先生方と議論したい。
・保健福祉部長が委員から抜けたということで、県は事務局に徹するとのことですので、検討委員会に出す議題、議事の内容、特に質疑応答これを各部門長の責任が非常に大きいということになる。各部門長は情報の管理にも気をつけていただきたい。
・前回の質疑応答で、例えば第8回の質疑応答の内容が第9回に全く継承されてないということも問題なので、出来るだけ前回、今までの経緯をご理解いただいた上で流れを準備していただきたい。特に基本調査、甲状腺についての準備説明等は極めて重要になるので、よろしくお願いします。
・県がこういう対応でありますので、事業推進にあたっての予算は、今までどこでもオープンには議論していなかった。必要な経費はきちんと基金が積んであるので、そ

こで出るということも大前提で話してよいと思います。
検討会の中では議論はできる。地域がん登録も含めてそうなる。今後戦略的に検討会にあげる情報、内容もしっかりと協議をして対応していきたい。

- 今回の検討委員会の後の記者会見の対応に関して、検討委員会の進行等に関しては山下座長。記者会見に関しては県が開催する検討委員会として記者会見をやる・やらないというのを、今後どうなるのか。座長の考えとして検討委員会として記者会見をやる仕切りなのか、県が開催する検討委員会の委員による、オブザーバーも含めての記者会見なのか、■■■■に県と詰めていただきたい。

- 予算に関して、今までは県の調査室と一体的にやっていく大前提だったが、今回こころの健康度・生活習慣に関してと、妊産婦の方では県は、継続に関して毎年調査に関しては検討するというスタンスは崩していない。妊産婦に関しては、はっきり■■■■が今後も必要な調査ということで、誰も否定しない形で私は検討委員会の内容になったと思う。直近で気になっていることは、25年度の調査に関して、妊産婦に関しては継続に関して、特段のことがない限り行わないと、内々に財政課から情報をいただいている。そこで■■■■がお話をし、検討委員会として重要だと認識あったものが予算に反映されなければ、形式の委員会になってしまうので、この点に関しては、こころも含めて長期に渡って調査を行う大前提の上での話だと思うので、県として検討委員会での内容に関しての決定事項等はどのような位置づけになるのか。私はしっかり予算に反映するようなスタンスで検討委員会は位置づけられるべきだと思うので、そこを是非確認させていただきたいと思う。

- 記者会見のあり方あるいはする・しない、についての県との協議、自由な発言をどこまで共有するかということで、各事業についての議論すべき事はあげられて結構だと思う。ただし、その場合にもきちんとこちらが準備をして対応する必要だと思います。これも一応県と協議をします。県がこちら側に来て何か説明するのを待っていても何も来ませんので、きちんと対応したいと思う。

- 来年度の予算も、近々に決まるのでそこだけ早めに対応お願いしたい。

- はい、わかりました。

- 検討委員会というものは、オブザーバーとして報告するだけでそれにご意見をいただくというような形になっていると思うが、実際にその後の記者会見を見ると、我々が発言したことに相当な責任を問われているが、最終的には昨日■■■■も、検討委員会で決まったことだ、というような発言をされていたように、本当は検討委員会と

して最終的に検討した事で結論として出すような流れがない。検討委員会で承認されて又はそれで最終結論ならば、検討委員会として出したものなのか、我々が出したものなのか、そこを明確にしておかないと後々議論で、どっちで話したらよいか難しいので、最終結論として何か出すものがあってもよいのでは。

- 基本的に助言組織ですので、県が決めなければいけないが、受けている我々がやっている方向からしか問題点・課題解決が出ないので、あのような形で推移してきている。
- 実際に3つのタスクが書かれていて、この立ち上げと運営と評価とその他となっているので、その中で何らかの結論を提言するというのは今後、議事録署名も出来ましたことですから、最終的にはそのようにしていきたい。

- 検討会としての責任というのはありませんが、それも何かあった方がいいのでは。

- 検討会の統括は誰がするのですか？

- 座長なのでは。

- それはおかしい。委託されている側が、座長も務め、オブザーバーも務め、というのであれば、先生は座長を降りていただいて委託される側は報告と提言でそれを検討会で詰めて県が出すという流れを作らないと、どんどん私たちに責任が出てくる。
- 放影研の専門評議委員会のような格好だけど少し違う。専門評議委員会だと完全に外の人だけ。中の人は報告するわけです。最後に専門評議委員会ではその年の勧告をする、そのようにしないと。

- その通りです。去年は立ち上げで仕方なく座長を引き受けた。　　　のおっしゃったことは県にも伝えている。

- 放送界とマスコミ関係者がまた次回入るかもしれない話は、委員の選定等に関しても県が指名して座長は報告を受けられると思うが、今回2人の委員が入られましたが、日本臨床心理士会の成井先生は非常によく福島の現状をご存知ですが、議論を進めるためにも今まで行われてきた議論等の記録も含めて資料等渡していただけるとよいと思う。

- 検討会の件ですが、本当に役目、アドバイスなのか。アドバイスであれば聞いて修

正出来るところは修正しで次に報告する程度で、主体は医大となるということになる。コミットメントするのであれば、権限も持ってないような今のメンバーでは出来ないのでは。

・ 立ち上げることが主の目的で、この医大に事業を振った時の決定は医大だけでは決められないので、検討会で承認もある意味しつつ進んだという実状がある。

・ 当初、進行管理・専門的な立場からの指導助言ということであり、権限はないが専門的立場でということで、広島・長崎・放医研・放影研はじめということで作ったということです。あくまで外部評価機関で放医研の作りが、少しイメージが違うのかもしれない。ただこれから必要だろうということは当初から議論としてはあった。

・ 指摘された所は対応してきたいと思います。

4 その他

・ ▓▓▓▓からコメントがありましたが、誤った情報とか、あるいは科学的間違いに対して、まったく訂正してこなかったことが、大きな問題を引き起こしているので、きちんとしたサイエンスコメント、情報発信が必要である。これについてのアプローチも来ているので、外部の応援のネットワークも活用できると思いますので、サイエンスコメント、エビデンス等の対応をしていきたい。

・ 他のところでは疫学タスクなどについては集められていたり、影響学会から手伝いの申し出も個人的には聞いていた。医大がこれまでできる能力が無かったので、これからどうするか？実は県立医大から1ヶ月1回くらいに情報が皆さんに流せれば良い。

・ 放医研、放影研、影響学会では各自のホームページに出してくれている。
・ リスクマネジメントでヒヤリ・ハットが今のところ3件なので、とりまとめお願いします。
・ 甲状腺のスタッフの増員についてはどうですか？

（資料により説明された。）

【質疑応答】

・ 現実にこのとおりで、報告が夜中・深夜に及んでいる。物理的に細切れの会場設定にどうしてもせざる得ない状況で、個人のがんばりには限界があるので、物理的に人

第Ⅱ部　秘密

山田健太

【初出】
第1章 「『言論の自由』のいま」『季論21』2013年夏号
第2章 「秘密保護法にあらわれる政府の情報隠蔽構造」『季論21』2013年秋号
　　　「識者評論　秘密保護法を問う」「共同通信」2014年3月30日配信
第3章 「自由な言論をだれが妨げているのか〜『自主規制』という名の言論統制〜」『季論21』2015年冬号
　　　「メディアにおける『公正』とは何か」『WEBRONZA』2015年12月24日配信

第1章
言論・表現の自由の現在

　2016年現在，日本における表現の自由は一見すると，制度上も実態上も悪くはないように感じられる。むしろ，一般生活上は，自由に話し，書き，聞くことに，なに不自由がないということができよう。しかし，その実をきちんと観察するならば，そしてここ15年の間に着実に増えている表現規制の法制度を知るならば，安穏としてはいられないことに気づかずにはいられない。

　2000年以降の情報の流れの変化，すなわち，情報公開法の施行やインターネットの本格普及（双方向性の確保）は，本来であれば「情報主権者」の誕生を実現するはずであった。しかし実際に進む政府の情報コントロールの強化は，民主主義社会の必要絶対条件として求められている，表現の自由の保障とは明らかに対極にあるものだ。本章では，社会で何が進んでいるかを改めて俯瞰することで，言論の自由のいまを問うことにしたい。

1　進む政府の情報コントロール

(1) 規制マインドの空気

　近年になって進む言論・表現の自由に対する脅威は，管理国家指向の「お国のため」規制，行政権の拡大による「みんなのため」規制，公権力の権威維持をはかる「メンツのため」規制に特徴的だ。そして，多少の自由の制約はやむなしとして受け入れる社会の空気と，それに後押しされて制度化に躊躇がない行政・立法の姿勢がみられることになる。さらにいえば，こうした空気には4つの側面があると考えられよう。

　第1は，国家・社会の安心・安全を守るためには，自由の制約を厭わない雰囲気である。しかもその安全の対極である脅威が，必ずしも実態とは一致

するものではなく作られたものであることも少なくない。たとえば，中国や北朝鮮がいつ何時攻めてくるかわからないという。しかし実際は，メディアの報道が危機を煽り，国民の支持を得て，軍事費は増額され，日米間の軍事同盟化は強化され，それに付随して，表現の規制が進むという側面が否定できない。

　これは何も，国家安全保障上の問題だけではない。たとえば，少年犯罪の凶悪化であるとか，子どもポルノの氾濫であるとか，警察の発表する数字は，あえていうならばさもそうした事態が進行しているかのように見せかけている。そしてこれまた多くのメディアが，その行政発表を鵜呑みにして無批判に報道することによって，ならばそのためには，加害少年を厳しく罰したり，子どもを守るための規制が必要であるという図式が生まれることになる。

　第2には，その規制主体として，国や自治体が正面に出てくることをさして気にしない，むしろ期待する雰囲気があることである。もっというならば，現在の状況を変えてくれるには，強力なリーダーシップのもとで，政治や行政の力によって既得権益を壊してほしいと思っている層の存在がある。

　そして不幸なことに，この社会を悪くしている嫌われモノのなかに，いわゆる人権が含まれ，人権を守るとか，人権のために闘うといったことは，なにやら胡散臭く見られたり，場合によっては利己主義の変わり者で，多数者のことを考えない偏屈者とのレッテルを貼られかねない状況がある。その象徴が労働組合活動であったり，在日外国人とりわけコリアン（韓国人・朝鮮人）や中国人の権利救済のための活動であったりする。

　そこで，国が朝鮮学校への補助金支給をストップすることに喝采があがり，生活困窮者を炙り出し少しでも怪しい者には支給しないという，保護とは真逆の政策に支持が集まることになる。そしてこれらもまた，国により強い制裁・決断をメディアが求め，それに安心して公権力の行使がなされるという構図が存在する。あるいは，結果としてメディアが人権のセーフティネットを壊すことに加担してきている。

　さらには，とりわけインターネットの世界に見られるように，本来であれば，家庭や学校，あるいはメディア内の自主規制も含めた自浄努力の中で解

決すべきトラブルや悩みを，公権力たる警察を含む行政に頼る風潮が強まっている。その善し悪しを「公」に決めてもらうことの安心感や，自分が決めることや努力することからの責任回避，他者との調整や衝突を嫌い，安易な解決に頼る風潮がそれを後押ししているとみられる。

　第3には，思考停止を気にしないという空気だ。それは想像力の欠如でもあるし，社会的無関心の拡大でもある。日本社会の将来に対する見通しの暗さは否定できない。どうせ何も変わらないという諦めが蔓延しがちな社会状況があるし，一方で，そこそこの日常の幸せがかろうじて保たれているという感覚に支えられ，難しいことは何も考えず流れに任せることをよしとする雰囲気があるともいえるだろう。

　バブルがきて給料が上がり，少しは楽しい毎日が送れると喧伝されているが，そうした幻想を起こさせるきっかけを作っているのは政府であるとともにメディア報道だ。たとえば，1980年代はほとんどが終身雇用正規労働者で，等しく給与が上がる環境があったものの，今日では3分の1は非正規雇用で，格差の拡大こそあれ，等しく労働者の給与が上がることが，簡単にはありえないことは，メディア自身が一番よく知っている。

　もしそのような煽り報道があっても，ほんの少し自分の頭で考えればすぐに騙されていることがわかる類いであるが，意識的無意識的にそれを避けてきている。そして大勢に従うことをよしとし，それがもっとも無難な処世術として定着してきている。したがって，ちょっとヘンなことがあっても，ギモンが生じても，それがすぐにいまの自分に関係なければ，まあいいや，という気持ちでその不自由さを受け入れ，それがいつの間にか当たり前になってしまうという循環がある。

　そして第4に，効率性をことさらに絶対視する雰囲気だ。合理性や効率化が絶対悪だというつもりは毛頭ない。仕事を進めるうえでも社会を成立させていくためにも，それらが必要な場面もあるに違いない。しかしその前提はあくまで，個々人の尊厳が守られ，人として社会に認められていること，あるいは人が中心の社会であることが前提である。企業が世界一になっても，そこで働く労働者が不幸であってはならないのは当然だし，企業はいったん

雇った人を，会社の都合で使い捨てにしてはいけないのがこれまでのルールだった。

　しかしいま，グローバリゼーションの中の国際競争力という「魔法の言葉」によって，何でもありの状況が生まれ，すべての価値観がひっくり返ってしまう事態にある。働かない者食うべからず，優秀な者が富むのは当然で職がないのは努力が足りないせいだ，との企業人の声に，ちょっとした違和感を覚えつつも，「ろくに働きもしないで高給を手にしている中高年」を否定するためには，その言説を受け入れざるをえない若者がいる。そしてその若者は，同じ論理で職を失っているのである。

　世の中で，効率性と対極にあるものの一つが文化性であるといえるだろう。しかしその文化すらも，効率やコスト論理で捉えようとする傾向が強まっている。さらにいうならば，メディア自身が，そうした指標をもとに業務を遂行し，コンテンツの生産を行っているということができよう。こうした傾向はとりわけ1990年代に入って顕著となり，それから四半世紀が過ぎようとしているわけであるが，その結果，企業あるいは人材の劣化が起きてはいないか。

　そしてなによりこうした状況は，すべて表現の領域にも当てはまる空気そのものであるということだ。＜権威＞に表現の場の管理を委ねる，＜異質＞な自分の意見と違うものを認めない，＜劣化＞が知の世界を蝕むという状況が進んでいる。その結果として，社会の多様性が失われ，メディアの規範が失われ，表現の大切さを思う気持ちが失われ，徐々にそして確実に，自由で闊達な知識・情報の流通は失われてきている。それは，言論公共空間の喪失であり，民主主義の崩壊につながりつつあるという危機感をもたざるをえない。

(2) 安倍政権の規制立法

　こうした自由の抑制を容認する「空気」は，これまでの当たり前が通用しない状況や，公権力による秩序維持が期待される雰囲気を作り，効率性や平穏の維持が市民的自由よりも優先する時代を迎えることになった。公権力の

謙抑性がなくなり，市民と権力によって挟撃による遠慮ない規制がより明確になってきているといえるだろう。こうした状況を検証するにあたり，あえて民主党政権の3年間を思い起こすならば，その実は自民党時代からの総決算であるという意味で，「いま」を考えるために有効であろう。

当時，「国難」に乗じて政府がしたことは，震災直後の通信・放送メディアに対するコンテンツ規制の要請と，総合的な秘密保護法制度の復活であった。前者は，いざとなれば政府が遠慮なく報道内容に介入できる法スキームの存在を明らかにし，後者は1970年代から連綿と続く政府・官僚の野望の実現でもある。そしてこうした緊急事態を通じて政府の本性が明らかとなり，開かれた政府は単なるお題目であることがわかった。結果として情報公開法改正は塩漬けとなり，議事録不存在は正当化されていったわけである。

そして2012年末の安倍晋三政権の誕生である。報道では当初，安倍首相の政権運営を「安全運転」と称していた。もともと，民主党政権末期の党首討論では，野田首相（当時，以下同じ）を「安全運転」，対する安倍党首を「前面に安倍カラー」といっていた。それが，衆議院選前の党首討論会が開催された12月初頭からは逆に，安倍手法を表す言葉として「安全運転」が使われるようになった経緯がある。政権初期の新聞・テレビでは，「安全運転で安倍カラー封印」を繰り返し，冷静な政権運営のイメージを植えつけていった経緯がある。

今から振り返れば，それが仮面であったことは，当初から明らかであったといえるだろう。1丁目1番地といわれる憲法改正・教育改革の分野においても，海外政府やメディアから「ストロング・ナショナリスト（強硬な国家主義者）」とまでいわれるような国会答弁が続いていた。この分野の指向性を具体化するための各種有識者懇談会も，急ピッチで具体的な活動を進めていた。

たとえば，教育再生会議の議論を受けての下村文科相の発言でも，道徳の教科化を学習指導要領の改訂時期を前倒しして実行する意欲を見せるなど，政権のカラーは全開だった。第一次安倍内閣で愛国心教育のための道徳副読本として生まれた『心のノート』についても，2013年3月には「心のノー

ト活用事例集」として『改訂版「心のノート」を生かした道徳教育の展開』が発行され、前回不評だった本体の改訂版の配布も実行された。

同時にまた、各社別の特別インタビューのほか、各種パフォーマンスによるメディア露出も抜群で、メディアと一体となったソフト路線イメージ作りが功を奏し、高い支持率が維持されている。アベノミクスの一環としての景気浮揚策にしても、現時点においては期待感によるムード先行が続いており、その雰囲気を醸し出す露払い役を果たしているのは、今も昔も大手メディアであるといえるだろう。

そうしてこうした経済政策優先のソフト路線は、まさに「選挙対策」であって、有権者もメディアもその手法にのって、2013年の参議院選挙と翌14年の衆議院選挙を過ごしたことになる。そして選挙が終わるや否や、政府はなりふり構わぬ形で安保法制の成立に進み、それが終わればまた2年前同様、経済政策に特化する形を見せて2016年の参議院選挙を迎えようとしているといえるだろう。

いずれにせよ、安倍政権には「遠慮」という言葉は見当たらない。その特徴は、何といっても第一次政権時代の「積み残し」課題の完成を目指す、強い信念だ。そして、まさに表現の自由領域においても、同様の確信的な政策が取られると推察できる。確かに、現時点までに正面から言論規制を謳った法律はない。しかし、第二次政権中に提案されたものだけでも、表現規制に直接・間接につながる言論立法が10を超える。しかもそのほとんどについては、表現の自由に関する議論がほとんど何も行なわれないまま成立・施行されていることに強い危機感を持たざるをえないのである。

①共通番号法（行政手続における特定の個人を識別するための番号の利用等に関する法律＝マイナンバー法）＝閣法
②改正個人情報保護法（個人情報の保護に関する法律の一部を改正する法律）＝閣法
③消費税還元セール禁止特措法（消費税の円滑かつ適正な転嫁の確保のための消費税の転嫁を阻害する行為の是正等に関する特別措置法）＝閣法
④改正子どもポルノ禁止法（児童買春、児童ポルノに係る行為等の処罰及

び児童の保護等に関する法律の一部を改正する法律）＝衆法（与党共同）
⑤改正災害対策基本法＝閣法
⑥電波利用料改訂法（改正電波法）＝閣法
⑦薬品ネット販売解禁法（改正薬事法）＝閣法
⑧ネット選挙運動解禁法（改正公職選挙法）＝衆法（与党共同）
⑨特定秘密保護法（特定秘密の保護に関する法律）＝閣法
⑩国家安全保障関連法（10の改正法と1の新法）＝閣法

このほか，人種差別撤廃法（人種等を理由とする差別の撤廃のための施策の推進に関する法律）＝参法，改正盗聴法（犯罪捜査のための通信傍受に関する法律の一部改正）＝閣法，が会期をまたいで審議中である。また野党提案のものとして，オークション法案（電波法改正案），通信・放送委員会設置法案，憲法改正国民投票法改正案などがあった。

2　変わる表現の自由の基本ルール

(1) 自由の縮減を呼ぶ一時的自由の付与

これらには，目の前の問題解決のため，全体のバランスを無視し，総体としての表現の自由が縮減する可能性を孕むもの，日本の表現の自由の基本ルールを無視するがために，今後の法規制の糸口を与える危険性を孕むもの，見た目は権利の拡大のようにみえるものの，その実は権利に伴う「義務の強化」であるもの，がある。以下，順に見ていこう。

第1のグループの典型は，ネット選挙解禁である。市民の政治参加を促進する可能性については大いに期待したい一方で，選挙期間中の表現活動を歪めるものであることもまた，確かだからだ。ネット上の表現行為のうち，ショートメールやウェブメールを除外した電子メールだけを別扱いするといった法の建付け自体，すでに時代遅れとの批判が出されている。こうした現状にそぐわない仕組みを導入してでも，最初の一歩をなぜ無理したのかを考えると，得をするのが一般有権者よりも，大政党及びそこに属する候補者ではないかとの疑問に行き着くのである。

公職選挙法の基本構造は，資金力の多寡によって選挙運動に差がつかないように，候補者に厳しい制約を課し，公営の「平等な」運動機会を与えるというものである。公費で賄う政見放送（テレビ・ラジオ）や選挙広告（新聞）しかり，ポスターの掲示等もきわめて限定的であることからもその実態が見てとれる。にもかかわらず，突然ネットの世界においては，こうした制約を取り払い，自由な選挙活動を認めたことになる。

その結果，資金力豊かな政党は，ネット上で様々な工夫を凝らした宣伝活動を実行するだろう。さらにはインターネット上の有料広告(たとえばバナー広告）も，政党のみに許されることになっており，しかも，政党名が入っていれば個人名を入れてもよいとの抜け道を，「勝手」に政党間で作るに至っている。

誹謗中傷に対する対応策も，面倒な申し出を行えば，プロバイダーが削除措置をとれるようにしたが，こうした措置を実行できるのもまた，資金的余裕があって弁護士等の専任スタッフを雇用して，相手候補やその応援団からのネガティブキャンペーンにことごとく反論できるような者のみであることは明らかだ。小政党あるいは無所属候補は，日々の選挙活動に精一杯で，そのような対応に手を回せるとは到底思えないからだ。

実はこのような実情を想定しつつ，政党間で自主的なルール作りが行われた。実質的には総務省と二人三脚で作成していると見られる「ガイドライン」だ。先ほどのバナー広告をはじめ，運動の中身はここで規定されているわけで，まさに「政党の政党による政党のための選挙」を実行するためのルール作りという側面が見え隠れする。

すでにこうした政党優位の選挙戦は，現行の選挙制度でも存在はする。なぜなら，政党の選挙運動は「政治活動」とみなすことで，候補者個人に比して特段の自由を手に入れているからだ。そして，憲法改正国民投票法においては，さらにその政党優位を徹底し，期間中においては政党だけが商業広告を出すことを可能とし，政党が国の実施する改正のためのPRを実質的に担う仕組みを導入した（広報協議会制度）。

この状況は，まさに政党による情報コントロールにほかならないであろう。

選挙期間中の有権者向けの政治選択情報が，こうした政党優位のものになることは，まさに既成の大政党が発信する情報が圧倒的に多く流通する実態を生みかねず，自由な表現活動の確保という観点から問題があるといわざるをえない。

　ネット解禁は先に触れたとおり，文書は原則禁止，ネットは原則自由という状況を生み出すが，この差を合理的に説明することも不可能だ。実際に，SNSで流れてきた情報を転送することはよくても，プリントアウトして友人に見せることは違法となるという「珍事」を生む。あるいは，候補者から受け取った電子メールを転送するのも違法だ。一般有権者にとって，与えられた自由はきわめて一面的なものであることがよくわかる。

　さらに，選挙期間中に候補者や一般有権者に比して，より自由な表現活動を与えられてきた報道機関が，今回の改正で逆転するという状況が生み出されてもいる。すなわち，ネット上で有権者は人気投票を除けば，ほぼ自由に当落に関する情報を発信できるが，報道機関は「公正な報道」に縛られることになる。このように，今回の改正はきわめて大きな表現の自由のルール変更であって，しかもその自由はより政党に与えられることで歪められるということだ。

(2) 効率性の犠牲になる自由

　還元セール禁止法もまた杜撰な法律の典型例で，それによって表現活動に大きなダメージが与えられることになる。政府として，消費税増税を世の中的に声高にいってほしくないがための，姑息な表現規制としかみえないからだ。「3％分値下げ」はよくて，「消費税増税分値下げ」は禁止という広告規制に，理屈は立ちえない。すなわち，法規制に合理性や妥当性が欠如しているということだ。まさに，意図をもった，そして合理的理由が説明できない表現規制の典型例で，憲法違反の可能性が高いとすらいえる。

　同法の目的は，中小企業イジメを禁止することにあることははっきりしている。たとえば，大手スーパーが納入業者に対し消費税分を上乗せしない金額の仕入れ価格を強要することなどが当たると想定される。それからすると，

消費者に対してなされる広告が，下請けイジメにどのように関連するのかはまったく見えないのであって，目的と手段の連関性がない法律ということになる。

しかも，消費税還元セールを掲げることは，いわば広告表現を通じての，政府の政策に対する異議申し立てとみることも可能である。そうした表現行為を禁止するということは，税に関する議論を制約することにもつながる。

こうした事例は，明らかに広告表現に対しての軽視が見てとれ，先に挙げた選挙期間中の広告規制と通底するものがある。いわば，広告は経済的自由にしかすぎず，政府が自由に規制できるものとの思い違いが感じられるということだ。たしかに，広告表現には通常の表現行為とは違った規制手法が認められる場合がある。しかしそれは，表現と情報の違いなど，その特殊性によるものであって，緩やかな基準で表現の規制が許されるという意味ではない。

一方で番号法は，また違った意味で罪深い法律である。みんなが便利になるなら，個々人の不自由はやむなしの空気に乗った法制化ともいえる。確かに，部分的には国民の利便性と行政の効率化・スリム化が実現されることになるであろう。しかしそれさえも，すでに地方自治体レベルでは情報のデジタル化やデータベース化が進んでいることからすると，効率化というよりは個人情報の行政機関間の自由利用に重きがある。

しかも人減らしに多少は役立つかもしれないものの，その導入経費と毎年のランニングコストは膨大で，雇用創出にも財政削減にも逆行することは明らかとされている。コストパフォーマンスの不透明性や，情報の安全性への疑問など，突っ込みどころ満載の法制度で，あえていえば道路工事同様の景気浮揚策としての公共事業財政投資としか思えない代物だ。

いわば個人情報利用促進法というべきこの制度は，構想当初においては，曲がりなりにも市民一人ひとりの権利としての，自己情報コントロール権の拡大がうたい文句だった。自分の番号がどのように使われているか，自宅のパソコンから確認できるということだ。しかしいつのまにか，お題目にすらならなくなり，しかも例外の一般化によって，政府はいずれかの公的機関が

収集した個人情報を，ほぼ制約なく自由に相互利用でき，しかも自治体の独自利用や民間への利用拡大が控えている。その結果，私たち市民は，だれがいつ，いったい何のために利用したかを，事実上知ることは不可能になるであろう。

　法案段階で突如，報道機関等の適用除外条項が挿入されたが，個人情報保護法のように法の適用から除外されるわけではない中途半端なものであって，収集した個人情報に対する責務は免除されていない。その結果，たとえば政治家の不正な資金の流れを暴こうと税務情報を入手したとたん，法に触れる可能性が否定できない。

　さらに法は，違法・不当な使用を監視する目的で独立行政機関を設置したが，この機関が報道機関をも監視の対象とすることで，取材によって収集した情報の提出を求めることも可能な仕組みになっている。そしてまた，個人情報保護法制定後に過剰反応等から取材に大きな支障が出ている実態を勘案すると，そうしたマイナス要因に対する対策が制度上皆無の中で，さらに個人情報の保護規定が特別法である番号法でかぶせられると，いっそう取材上の困難が立ちはだかることは明白である。

(3) 厭わない基本ルールの変更

　そして，日本における表現の自由の基本ルールを，根本的に変える可能性がある法律群の最初が，子どもポルノ禁止法だ。子どもポルノに関してはすでに国内において厳格な取締りが実施されており，改正はむしろ別の効果を生む可能性が高い。それは，憲法で保障されている日本の特徴的な表現の自由ルールがパラダイム転換されることにある。日本はこれまで，表現の自由の土俵をはじめから限定することをしてこなかった。いわば，すべての表現行為は一義的には自由であって，あくまでも事後的な処罰の可能性があるということだ。

　これに対し，海外では子どもポルノを初めから「認められない表現」として土俵の外においている。このように一定の表現を区別して，世の中に存在すること自体を認めないのも，被害を廃絶するためには一つの方法ではある。

しかし日本の場合は戦争の体験から，時の為政者が気に食わない表現を社会から排除する危険性を考え，こうしたルールを採用してきていない。

今回の改正で単純所持を禁止し，処罰規定を設けたということは，まさにこれまでに日本型表現の自由保障スタイルを一変させ，社会において一切の存在を認めない表現カテゴリーを設けるということにほかならない。こうした「例外」をいったん作ってしまった場合，その拡大を防ぐことができるのか，きわめて疑問である。実際，昨今の在特会をはじめとする目に余るヘイトスピーチを前に，集団的名誉毀損表現を法的に禁止すべきという声が強まっている。これはまさに，人種差別表現を表現の自由の土俵外におくことに他ならない。

確かに彼らの言動は，他者の人格を否定する，聞くに堪えない罵詈雑言だ。しかし日常的にもいまだ繰り返される女性や障害者に対する差別表現を，どこまで法的に規制し，刑事罰を与えるかは極めて難しい。これまでは，結果として表現の自由の枠を狭める可能性とのバランスのなかで，自由を優先してきた経緯がある。その例外を認めることは，まさに「蟻の一穴」になる可能性がある。公の秩序に反する表現を認めないとの昨今の政権党の発想からしても，危惧の念は強まるのである。

さらにまた，改正法ではすでにある子どもポルノ規制の範囲をこえて，子どもを描いた漫画やアニメを含めて規制を拡大・強化する方向性が明確に示されている。これは，性的被害にあっている子どもを守るという本来の目的を大きく逸脱して，立法者が期待するある種の「道徳」，たとえば近親相姦や教師と生徒の恋愛設定を「子どもポルノ表現物」として規制することになる。東京都青少年条例改正で企図され，漫画家等から強い反対を受けて撤回された，漫画やアニメの「非実在青少年」に関わる性表現規制を，法に格上げして再度狙うものといえるであろう。

過去の「実績」や議論を無視して，問題ありの状況をあえて盛り込もうとしているということは，広範な過剰自主規制を法圧力で意図的に呼び起こそうとしているとすら見られる。このような規制強化は表現の自由を著しく損ねるおそれがあり，子どもを守るという本来の人権擁護の目的とはかけ離れ

たものとなっている。

　さらにこの点について確認しておく必要があるのが，そうした絶対的な表現の自由に対し，現在の社会にブレーキがないのか，あるいは有効に機能していないのかという点である。先にふれたとおり，大陸ヨーロッパを中心に，ナチズムの再来を許さないというこれまた歴史的反省の中から，人種差別の思想を含む言動の絶対禁止を定め，社会としての存在を認めていない。

　あるいはアメリカは，日本同様に表現の自由の例外なき保障をしている一方で，表現とその他の人権の衝突に対してはその他の権利衝突同様，裁判による解決を目指している。そうした「被害者」が裁判を受ける権利を厚く，かつ実際にも日常的な解決手段として社会的に担保することで，「調整」が行われているわけだ。しかもその調整の中には，高額の賠償金もあり，いわばそれが行き過ぎた表現の抑止力にもなっているといえるだろう。

　一方で日本の場合の抑止力は，「業界規制」である。情報流通の中核的な担い手であったマスメディアは，それぞれ媒体別に，厳しい「自主規制」を実施してきた。それは一歩間違えると，タブーを作り，メディア自身が情報隠しをしているのではないかとの批判を浴びる要因にもなる。しかし一方で，こうした業界の自浄努力である「規範力」が，表現の節度とバランスを生み，結果として幅広い自由を保つ要因になってきたことを忘れてはなるまい。

3　言論の自由への影響

(1) 知る権利の軽視

　同じことは，すでに民主党政権時代に研究会報告書が示され，2013年に強行採決のうえ成立した秘密保護法制にもいえる（次章で詳述）。これに，国家安全保障関連法や自衛隊法改正を重ねることで，2007年の自衛隊法改正によって格段に増えた国家秘密は，対象を外交情報と公安情報に拡大し，さらに厚く巨大なベールに包まれることになる。

　とりわけ重大なのは，政府が指定した秘密を探知・公表する行為を直接禁止する規定を設けることで，取材行為自体が厳しく制約されることである。

「正当な取材行為」は従来どおり罪とはならない，と説明されているが，正当かどうかを判断するのはもっぱら公権力であるし，そもそも情報アクセス行為自体が形式的ではあっても犯罪とされることの意味は大きい。

従来，日本における秘密の守り方は，「下り方向」すなわち漏らす側に守秘義務を課すことで，秘密情報が外部に流れることがないよう制御してきた。一方で「上り方向」すなわち秘密にアクセスする行為は，直接罰することをしなかった。例外的に，日米安保条約に基づき，米軍の秘密は特別扱いされ，漏らすことも，接近することも禁止されていたし，国家公務員法等で公務員をそそのかして情報を漏らさせることも罪として罰する仕組みを有してきた。

しかしこれらは例外的であって，これまた戦争中の苦い経験をもとに，秘密への接近を直接的に罰する制度は，公権力に「悪用」された場合，多くの悲劇を生むことを知っているからこその制度設計であるといえる。だからこそ，旧憲法下の軍機保護法には規定されていた探知収集罪を，現行法制の中では採用していないのである。それを突然に復活させるには，それなりの立法事実（現行法制では困ること）が最低限必要であるが，その説明も政府は十分に果たしていない。むしろ，説得できるような秘密漏洩事件がない，ということであろう。

しかも，その後制定された安全保障関連法制は，いわずもがな有事法制の中核を占める法であって，緊急事態（存立危機事態）への対処法としての性格を有する。そこでは，すでに一連の有事法制で整備された市民社会の権利制限をいっそう幅広くかつ徹底することになろう。

この緊急事態体制の法整備には，放送機関として直接かかわる事項がもう一つある。それは「指定公共機関」としての義務である。現在すでに，放送局（おもにはテレビ）は事実上，政府・自治体の指示に従って放送することや，収集した情報の提供，あるいは社員の政府・自治体への派遣が求められている。現行制度では，それらはいずれも要請にすぎないが，これらが政府の権限強化に伴い，義務として強制される可能性がある。あるいは現在の政府と放送局の力関係からすると，現行法のままでも十分に強制力をもって機能すると考えられよう。

この指定公共機関の制度は，当初の災害対策基本法から，人災といえるであろう原発事故（原子力災害対策特措法）や戦争（国民保護法）に至るまで，次々と拡大している（最近では，新型インフルエンザ対策特措法）。自然災害に関しては，放送法でも災害放送としての義務付けもあり，公共メディアとしての社会的役割として迅速・適切な放送が求められるのは当然ともいえよう。しかし，それとまったく同じように，新規の法律によって新聞社や放送局が一方的に義務が課される状況は，どこかで歯止めを掛けておく必要がある。

　そしてこれは，現在構想されている憲法改正と結果的に同じ方向性を示している。表現の自由を含む人権については，すべからく「公益や公の秩序」による制約をかぶせることで，社会秩序を優先して自由の制約を認めることになる。あるいは固有の特別法によって，特定の表現行為を認めないというのは，旧憲法時代の治安維持法などの法による憲法の制限に通じるものがある。

　一方で政府の不作為としては，情報公開法の改正がある。民主党政権時代に，知る権利の明文化や適用除外条件の厳格化などが盛り込まれた改正案が上程されていたが，実質審議に入れずそのまま廃案となった。その後，自民党政権下で改正案が再上程される動きはまったく見られない。一方で様々な政党で，「新しい権利」の代表格として知る権利が挙げられている。しかしその本心は，恩恵的な国家による権利付与であって，人が人である限り当然に有する権利としての位置づけではない点で似て非なるものである。

(2) 憲法の行方

　その国の憲法たるもの，直前の歴史を背負っている。日本でいえば，とりわけ15年戦争の期間，多くの住民の自由や権利が厳しく制約され，尊い命が奪われたことを忘れてはならない。自由に話し書くことはおろか，戦争に批判的であることすら許されていなかったのである。それゆえに何より他国と違うのは，一切の例外を設けることなく，すべての表現行為を保障の対象としているのである。さらには念には念を入れ，検閲を一切禁止するほか，

通信の秘密を守ることで盗聴を絶対禁止した。外国では、戦争などを想定して、お国のためなら盗聴や検閲は致し方ない、としていることと決定的に違うのである。

この特段に厚く保護された自由であるが、壊れやすく回復が困難であることは、歴史が教えるところである。だからこそ、ことさらに注意深く自由のありようを監視し、公権力が微塵も手も出せないような制度を作り上げる必要がある。それからすると昨今の状況は、これまでの当たり前が通用しない状況が生まれ、しかも残念なことに自由の抑制を容認する空気が確実に拡大している。

すでに述べたとおり、社会の安心のためなら自由の制限は当然という声も強まっている。自由の保障ためには「内在的な制約」に期待することが望ましいのであって、公権力の行使はやむなく行う場合であっても「ほどほど」が好ましいとされてきた。しかし現状は、公権力の遠慮がなくなっており、一律・包括・直接規制の傾向が見て取れる。市民社会の発展のためにも、自由な議論と民意の尊重が守られる社会が必要だ。そのために、憲法は「恣意的な権力行使」を戒めているのである。

にもかかわらず、2012年末に発表された自民党憲法改正案では、市民の自由と権利を定める条文は、「国民の責務」というタイトルの下、「自由及び権利には責任及び義務が伴うことを自覚し、常に公益及び公の秩序に反してはならない」との義務規定に性格を変えた。幸福追求権も「公益及び公の秩序に反しない限り」の条件つきの権利となった。

これはまさに、原則と例外の逆転そのものであって、旧憲法下において「法律ノ範囲」という5文字によって権利保障が空洞化した歴史を思うと、まさにその時代の国家権力を絶対視し、「国益」のために個人の権利や自由を奪うことを当然視する法体系を是とするものにほかならない。

この規定の仕方は表現の自由保障にも及び、「公益及び公の秩序を害することを目的とした活動を行い、並びにそれを目的として結社すること」は、憲法で保障する自由の枠外であることを明示する。一見この例外規定は、EU諸国に一般的な、ナチズムのような反民主主義的な思想・表現を自由の

枠外において社会から排除する方法に似ている。しかし，戦争の経験から，思想・表現の自由に一切の例外を認めず，絶対保障を是としてきた日本のモデルを根底から変えるものにほかならない。

　大陸ヨーロッパと表現の自由の守り方が異なることに頬かむりして，都合のよい「つまみ食い」をすることは表現の自由の全体バランスを崩すことになる。その結果として，最大目的である豊かな言論公共空間，それらを含む市民的自由を失うことにつながりかねないのだ。そして，国への批判を公益に反するとして取り締まることを可能とする国に変えることを，「普通の国」化であるといっているように見える。

　この普通の国思想は，真っ当な独立国として軍隊を有し，集団的自衛権を行使して世界の安全保障に貢献するという，憲法9条改正に代表される今日の憲法改正の潮流を形作るものだ。そしてまた，報道機関が行う世論調査によって多数の回答者が，憲法を「古臭いもの」で「現実にあっていない」から「改正すべき」だと考える現状と，まさに重なりあうものでもある。しかしこの「普通の国」のありよう自体が，すでに「時代遅れ」のものであることに私たち自身が早く気がつかなければならない。

　にもかかわらず，いつの時代も世間受けするのは強い国家であり，政府として採用しやすい政策は即効薬として強権による危険の排除である。それは，リベラルと目される米国のオバマ政権ですら，「プリズム」に代表される個人情報の監視による国家の安全保障を謳い，個人の権利や自由が国益の前に制約されることを正当化することに現れる。あるいはその典型が，仮想敵国を作りハードパワーで平和を維持する方法であるといえるだろう。

　このように，国家はえてして人権制約的になるからこそ，「憲法」による歯止めが必要なのである。その憲法を政策遂行に支障があるからとして，現実に迎合させることは憲法の存在価値を失わせることにほかならない。まさにいま，日本で進んでいる憲法論議で危惧されるのは，「国の都合」を優先させて個人の自由や権利を我慢してもらうことを，国の基本的なルールに定めようとしているように思えるからだ。

　憲法で保障されるべき権利や自由の拡充こそが議論されるべきであって，

そのために現行憲法の理念や果たしてきた役割をめぐる議論が深まるなら，おおいに国会で時間を費やしてほしい。しかし国会での議論をみる限り，そうした期待は残念ながら持てないし，各党の憲法改正案に市民的自由や権利の拡張といった理念は見当たらない。むしろ彼らが目指す「強い国家」の誕生が，市民生活とりわけ表現の自由に与える影響を強く危惧するのである。

第2章
秘密保護法にあらわれる政府の情報隠蔽構造

1 秘密保護法なるものの本質

(1) 秘密保護と表現の自由

　時の政府は，自らの政権安定のために2種類の法律を制定してきた歴史がある。一つは政権批判を取り締まること，もう一つは政府の秘密を守ることだ。前者はかつて名誉毀損法として存在し，日本の場合，明治政府は樹立とともに政府批判を封じる讒謗律を制定，これはのちの新聞紙条例や出版条例，さらには治安維持法へと拡大した。そして後者の代表は軍機保護法で，軍事に限らず政府が保有する情報を国民から隠すための法制度を整備し，その後の改定で強化されていった。

　しかし今日，これらはその意味合いを大きく変えてきている。それは，政府に対する批判は可能な限り自由にし，政府が有する公的情報は国民のものであるという考え方への転換である。敗戦とともに新しい憲法の下では，戦前からの刑法上の名誉毀損は存続したものの，公人への批判を大幅に認める特別規定を追加し（刑法230条の2），さらに判例でもその枠を拡大してきている（真実相当性の理論の導入）。また，情報公開法を制定し，市民の知る権利を実質上認め，政府に説明責任を負わせるようになった。この意味するところは，19・20世紀的な国家の安定は為政者に委ねるという「古い」考え方から，市民が自らの手で国家の将来を選択するという21世紀型の「新しい」考え方への転換であり，原則と例外の逆転の思考である。

　この基本的な思想の転換を理解したうえで，国家としての秘密の守り方を考える必要がある。その国の憲法は直前の社会状況を受け，その時代の国民が受けた辛苦を二度と繰り返すことがないよう定められている。だからこそ

日本では平和憲法が誕生し，ドイツやイタリアとともに戦争の放棄を謳っている。それは単純に敗戦国として連合国から「押し付けられた」ものではなく，多くの国民の率直な思いを憲法の精神に反映させたものにほかならないといえるだろう。それとともに，思想・信条，信教，学問，そして言論・表現の自由は，まさに戦前・戦中の弾圧の歴史を経験しての反省から生まれたものであることを，繰り返し確認しておきたい。日本の憲法で保障されている「表現の自由」の特徴を，ここではあえて2つだけ挙げておきたい。

一つは，「例外なき絶対保障」であることだ。世界中の憲法において，表現の自由を保障していない国はなかろう。しかし，自由の保障のあとに一切の条件を設けていない国は極めて珍しい。普通は，「公共の利害に反しない限り」といった例外を設けているのであって，大日本帝国憲法でも「法律の留保」という言い方で，場合によっては法によって権利を制限しうることが定められていた。その結果，治安維持法等によって，表現の自由が完全に骨抜きになってしまったのだ。だからこそ現憲法は，一切の例外を認めていない。

もう一つは，本則に続けて，検閲の禁止と通信の秘密を別途，定めていることだ。検閲の禁止は現代社会においては当たり前のことのように思えるが，ほとんどの国は当然のこととして，戦争になれば検閲を実施するのであって，それは憲法上是認されている。それは，今日のアメリカもイギリスも同じだ。しかし日本では，「いかなる場合」も政府による事前検閲は禁止であって，それがわざわざ憲法に明記されている意味である。通信の秘密とは，言い換えると盗聴の禁止ということだ。これまた，多くの国では国益のための盗聴が当然のように行われており，昨今のアメリカ政府による電子メールの収集を見ても明らかだ。これまた日本では，通信傍受法によって極めて限定的明示的に民間人立会いのもとでの「情報収集」が認められていることを除き，厳密に行政判断による盗聴禁止を守っている国だ。

こうした原則のうえに成り立つ現在の日本の秘密保護法制はこれまで，他国とは異なる日本独特の方法をとってきた。一般に，国家の秘密を守るためには，前章でも触れたように，その秘密を漏らすこと（漏洩罪）と，秘密を

嗅ぎまわること（取得罪）の両方、いわば情報の＜下り＞と＜上り＞の両方向の情報の流れをストップさせることになる。したがって、秘密法をもつ国は、その両方を罰するわけで、かつての軍機保護法もまさにこの法構成になっていた。しかし戦後の日本は、上り方向の取得罪をなくし、公務員が情報を漏らした場合といった下り方向だけを公務員法で罰する仕組みを採用している。これはまさに、辛い戦争の犠牲の上に手に入れた、日本モデルの表現の自由のあり方、それは同時に秘密の守り方そのものでもある。

しかしいま、政府はこの大きな表現の自由の原則を根本から変えてしまった。しかもそれは、政府の50年越しの「普通の国」になるための悲願でもあったといえる。なぜなら1960年代以降、政府は一貫して、戦前の軍機保護法並みの総合的な秘密保護法制の実現を図ってきたからである。

(2) 秘密保護法制に向けたこれまでの経緯

戦後、日本の政府がはじめて、総合的な秘密保護法制の制定を具体的な形に示したのは、1960〜70年代の刑法改正論議のなかであった。1961年の刑法改正準備草案確定稿のなかで「機密探知罪」（136条）を新設、まさに上り方向のアクセス禁止の復活を目論んだ。1974年に発表された草案では「公務員機密漏示罪」となったものの、現行の公務員法に基づく守秘義務ではなく、秘密漏洩の刑罰化への取り組みが見てとれる。続く80年代は、国家秘密法（スパイ防止法）の時代である。宗教団体の後押しもあり強力に進められた総合的な秘密保護法案は、漏洩と取得の両方を罰するもので、しかも対象も、防衛・外交・公安の3分野をカバーするものであった。度重なる法案提出の動きののち、国会上程そして廃案といった経緯を辿ることになる。

ここまでみてわかるとおり、政府はおよそ10年おきに繰り返し保護法制を求めているわけであるが、1990〜2000年代はむしろ、有事法制整備の中で秘密保護が整備された時期であるといえるだろう。1990年代末の日米新ガイドラインに基づき、日本は各種有事法制の立法化を進めることになる。2000年代に入ってからの武力攻撃事態対処法と国民保護法、さらには自衛

隊法改正などの10前後の関連法によって，一気に秘密の範囲が拡大していった。同時に，アメリカからの要請に従い，従前から存在していた日米安全保障条約に基づく秘密保護法制（MSA秘密保護法，刑事特別法など）の強化が図られた（日米秘密軍事情報保護協定）。そして今日の2010年代である。

ただし，今回はこれまでと状況が異なる点がいくつかある。一つは，ここ10年ほど表現規制立法が相次いでいるということである。先に挙げた一連の有事立法のほかにも，裁判員法，放送法改正，憲法改正手続法（国民投票法）など，それぞれの法自身の問題性は棚上げするとしても，表現行為に対しことごとく新たな規制を定めるものばかりである。そうしたなかで，2001年施行の情報公開法についてすら，運用の状況から十分な活用を法構造や運用が妨げている実態が明らかになりつつある（拙著『言論の自由』ミネルヴァ書房，2012年参照）。

さらには，世間の空気も，こうした表現規制をむしろ望んでいる状況がある。個々人の人権が多少制約されても，むしろ社会の安寧や生活の平穏が守られるなら，あるいは国益のためなら，国の規制に従おうではないかとの空気である。そしてこうした風は，隣国が攻めてくるかもしれない，日本固有の領土を奪われるかもしれないとのある種のプロパガンダによって，より一方向にそして強くなっている。

さらにいえば，そのきわめつけは安倍首相のキャラクターとの関係である。第1次安倍内閣の特徴の一つは，表現行為への圧力や規制に無頓着・無理解であったことだ。その結果は，放送局が史上最多の行政指導という名の番組干渉を受けたほか，就任前にはNHK番組に対する改編圧力をかけたか否かが大きな社会問題にもなり，判決でもその影響を認めるに至っている（NHK・ETV番組改編事件）。2020年オリンピック招致活動の最終プレゼンテーションにおける記者会見でも，汚染水漏れに関連して記者会見で「ヘッドライン（メディアのいうこと）を信じないように」と言い切るなど，メディアに対する否定的態度はある意味一貫している。

こうした状況のなかで秘密保護法制定の動きは，満を持して出されたものともいえる。しかもそれは，2000年代の自民党政権下での議論に始まり，

民主党政権下においても同じ下書きに基づく議論が継続され、さらに政権が自公に戻った後、間髪をおかず法制化が政治日程にあがった。政権交代後、最初の国政選挙である2013年夏の参議院選挙が終わるや否や、自民党内議論を立ち上げ、さらにはその議論が始まると同時に、政府からのパブリックコメント（パブコメ＝意見公募）という形で国民の前に法案の概要が提示されるに至った。政権与党の公明党にさえ事前の連絡もなかったという、急ぎようである。

ただし、これまでの50年間と若干異なる特徴は、国家安全保障会議（日本版NSC）とセットになっている点である。もっというならば、国内における立法事実（法整備の必要性）ではなく、より米国の都合にあわせた外圧の結果ともいえる。その始まりは、まさに第1次安倍政権にさかのぼることができる。自民党政務調査会の「国家の情報機能強化に関する検討チーム」は2006年、内閣の情報集約や分析力強化、対外情報業務に特化したいわばスパイ諜報機関の設置が必要であって、そのためには秘密保持を義務付ける法整備が求められているなどを骨子とする提言をまとめた。

なお、同年には「国家安全保障に関する官邸機能強化会議」を内閣に設置、外交・安全保障戦略を政治の強いリーダーシップに委ね、官邸が迅速適確な判断を行う仕組みを作ることとなった。カウンターインテリジェンス推進会議（2006.12）が、「カウンターインテリジェンス機能の強化に関する基本方針」（2007.8）を示し、それがその後の「官邸における情報機能の強化の方針」（2010.2）、内閣情報分析官、カウンターインテリジェンス・センターの設置（2010.4）、「特別管理秘密に係る基準」施行（2009.4）へとつながっている。

この秘密取扱者に対する適正評価も、思想信条を問う項目が設定されるなど、思想・信条の自由やプライバシーの侵害という点で大きな問題を孕むが、紙幅の都合上、ここでは触れない。

(3) パブコメのもとになるもの

政府は2006年末、情報機能強化検討会議（議長＝内閣官房長官：

2006.12.1）を設置，翌 2007 年には「官邸の情報機能強化の基本的な考え方」を提出し，そのなかで「秘密保全に関する法制の在り方」の検討が必要とした。この間，行政内部の組織として，内閣官房，警察庁，公安調査庁，外務省，防衛省の職員だけで構成された「秘密保全法制の在り方に関する検討チーム作業グループ」で議論がなされ，その延長線上で 2008 年には「秘密保全法制の在り方に関する検討チーム」（議長＝内閣官房副長官：2008.4.2）が作られ，さらに学者で構成される「秘密保全の在り方に関する有識者会議」（2009.7.17）で議論がなれていた途中で，政権交代が起こった。

　ちなみに上記の検討チームは，議事内容どころか結論までもほぼすべて非公開で，情報公開クリアリングハウスの請求に対し示された，「関係者限り」と刻印された「秘密保全法制の在り方に関する基本的な考え方について（案）」（平成 21 年 4 月 21 日，秘密保全法制の在り方に関する検討チーム作業グループ）は，「はじめに」「最後に」以外のすべては黒塗りだった。なお，これらの議論のもとにあったのは，2007 年自衛隊法改正につながる「防衛庁・秘密保全等対策委員会」（秘密保全体制検討委員会・警務体の在り方に関する検討委員会の統合）での検討の結果である報告書「秘密保全体制の見直し・強化について」（2000.10.27）と想定される。

　こうした自民党政権下での検討はそのまま民主党にも引き継がれ，尖閣列島沖の中国漁船衝突事件などを契機にして，一気に情報管理の強化に舵が切られることになる。政権交代後の，「政府における情報保全に関する検討委員会」（委員長＝内閣官房長官：2010.12.7）がまさにその検討母体である。同委は，内閣危機管理監や内閣情報官のほか，外務省，防衛省，警察庁，公安調査庁，海上保安庁の局長級をメンバーとして，「政府における情報保全に関し，秘密保全に関する法制の在り方及び特に機密性の高い情報を取り扱う政府機関の情報保全システムにおいて必要と考えられる措置について検討する」としている。

　そして 11 年に，学者で構成する「秘密保全のための法制のあり方に関する有識者会議」（2011.1.5）が報告書「秘密保全のための法制のあり方について」（2011.8.8）を発表し，秘密保全法制の制定を求めることになった。

同時に,「情報保全システムに関する有識者会議」(2010.12.16) も発足し,報告書「特に機密性の高い情報を取り扱う政府機関の情報保全システムに関し必要と考えられる措置について」(2011.7.1) も発表された。これを受け「政府における情報保全に関する検討委員会」は2012年1月,パブリックコメント（パブコメ）「秘密保全に関する法制の整備に係る意見募集」（内閣情報調査室）を実施,法案提出の構えを見せた。

当時,民主党政権は情報公開法の改正作業も進めており,政府方針としては秘密保護法制の整備は情報公開制度の充実とセットで考えていたとされる。しかし,情報公開法改正案は国会上程されたものの,一度も委員会審議さえされることなく廃案となった。

2013年の総選挙で政権復帰した自公政権は,直ちに秘密保護法制の必要性を謳い,国の機密情報を漏らした公務員らへの罰則強化を盛り込む「特定秘密保護法案」の概要に対するパブコメを実施した (2013.9.3～17)。寄せられた意見を参考に法案を策定し,10月の臨時国会での成立へと歩を進めたのであった。

なお,自民党はこうした政府の動きに先立ち,8月27日に「インテリジェンス・秘密保全等検討プロジェクトチーム (PT)」（座長・町村信孝）の会合を開催,第2回の9月3日には早くも,政府が法案概要を発表しパブコメを開始することを了承した。

2 特定秘密保護法の問題点

(1) 秘密保護法制の概要と基本的問題

法に示された対象となりうる情報は,①防衛,②外交,③外国の利益を図る目的の安全脅威活動（いわゆるスパイ活動）の防止,④テロ活動の防止,の4分野だ。そして「公になっていない情報のうち,漏らすことで国家の安全保障に著しく支障を与えるおそれがある情報」を「特定秘密」に指定することになった。この指定には,「特に秘匿することが必要であるもの」とされているが,「行政機関の長」が秘密指定できることになっている。この

仕組みはなかなかクセもので，情報公開法に基づき開示請求をした場合，その是非を判断する者と同一だ。その意味するところは，日常的に秘密を扱う現場の長であって，その情報を隠そうとする本人が，開示をするか否かを決めることができ，それを誰も監視していないという構造上の矛盾を抱えている。

　また，2007年の自衛隊法改正によって，防衛秘密の指定権者が首相から大臣に変更された後，格段と秘密の件数が増えたとされることを勘案すると（2006年＝9,772件，2011年＝30,752件），特定秘密が野放図に拡張されていく可能性を否定できない。しかも，これまでの防衛秘密の実態からすると，特定秘密指定をいったん受けた文書は，公文書管理法のもとで保存・公開される対象の行政文書からも自動的に除外される。ここからわかることは，政府が秘密にしようと思えば勝手に秘密指定でき，さらに勝手に指定解除したうえ廃棄することができる仕組みが，すでに動いているということだ。法制定から10年余を経て，せっかく少しずつ市民社会に根付いてきた情報公開法を骨抜きにし，私たちの知る権利は形ばかりのものとなるだろう。これは，政府の保有する情報にはよらしむべからずの19・20世紀型の「古い政府」そのものに戻ることを意味する。

　どの国でも秘密保護法がある，とよく言われる。しかしその前提は，きちんとした情報公開の仕組みがあることだ。日本は，この情報公開制度が他国より遅れており，法の制定も21世紀に入ってからだ。政府がこっそり文書を秘密指定し，それをこっそり廃棄できる国は民主主義国家ではない。しかしこのあまりにも「当たり前」の大原則が，いまだに常識になっておらず，しかもようやくその抜け道を防ぐための公文書管理法を2011年に施行したばかりなのに，さっそく秘密保護法を作って，法律上，その抜け道を作ろうとしている。

　「普通の国」では，政府機関の秘密指定はそれが適切かどうかを監督する独立した行政機関が存在し，歴史的に重要な文書は長期的に保存することを求め，しかも指定とともに解除についても問題かどうかを審査する仕組みが整備されている。今回の法制度でも形ばかりの監視制度を作ったものの，そ

の人選の正統性も権能も,「監視」にはほど遠い実態だ。すなわち,真っ当なチェックシステムを持たないまま,秘密保護法を先行させたということであって,これは民主主義国家として許されないものであるといわざるをえない。その危険性は単なる抽象的なものではなく,直近5年の個別具体的な事例をみても,政府は図らずも示し続けている現実がある。

たとえば沖縄密約情報公開訴訟において,政府・外務省は,アメリカ政府の情報公開によって示された文書を「存在しない」と言い続け,裁判所に「破棄した」と認定されざるをえない状況になっている。原発事故処理にかかわる会議体の記録もまた,存在しないとして都合の悪い情報は徹底して隠すこと,しかも「不存在」という最大の切り札を駆使し続けてきている。そうした不透明で腹黒い体質を一向に変えようとしない官僚組織と,それに手を貸す政治家からなる政府に,さらに新しい情報隠しのための道具を与えることはあまりにも危険である。

国家として存在する以上,防衛もしくは外交上で「秘密」として保護する情報があることは認めよう。しかし,それは政府の恣意性によって勝手にしかも無制約に指定できるものであってはならない。あくまでも,制度としてコントロールされたものであって,しかも秘密とする分野についての政府としての説明責任(アカウンタビリティ)がきちんと果たされる必要がる。そうでなくては,憲法で保障されている,市民の知る権利は実質,意味ないものになるし,それは民主制における主権者と国家との関係が逆転することを意味する。こうした国家のありようについて,今回の秘密保護法は制度の中でまったく考慮されていないし,政府はする気配がまったくない。こうした政府に秘密法を作り運用する資格はない。

(2) 取材・報道の自由への脅威

もう一つのポイントは取材・報道の自由への影響だ。法は,秘密指定期間の上限は5年だが延長可能とし,情報漏洩の最長懲役は10年,秘密取得も同様に10年,共謀や教唆・扇動も処罰するとしている。そしてこれの漏洩や取得は,①故意・過失による漏洩,②人を騙したり,暴行を加えたり,脅

迫したり，窃盗，施設への侵入，不正アクセス行為などにより特定秘密を取得する行為，③故意の漏洩，上記②の行為の未遂，共謀，教唆，扇動，と定められた。

　そのうえで，「拡張解釈の禁止に関する規定」として「本法の適用に当たっては，これを拡張して解釈して，国民の基本的人権を不当に侵害することがあってはならに旨を定める」として，報道の自由を含む表現の自由への配慮を図っているとする。しかし，どんなにリップサービスをしたところで，取材者が②や③に該当する可能性があることはまったく除外されていない。むしろ，これまでの検討会議体の議論からすると確実に該当するといったほうが正しい。

　記者が公務員に接触し，公務員が職務上知りえた秘密を聞きだす行為は，まさに通常の「取材」そのものである。警察や検察取材しかり，外務省や内閣府も同様だし，政治家に対する取材も同じである。そして取材を受けた公務員（議員を含む）は，取材者との信頼関係の下で，秘密をこっそり教えるのである。それはまさに，「故意の漏洩」そのものである。

　いままでも，それが「正当な業務行為」としてなされていた場合，それは「違法性が阻却される」として，形式的には犯罪行為だが，法律違反は問わない，ということが裁判上で認められ，これがまさに知る権利に基づく取材・報道の自由の具現化であるとされてきた。ならば，秘密保護法ができようと同じであって，新たな問題が起きないというのが政府の考え方である。

　しかしここに落とし穴がある。まず，「正当な業務行為」を決めるのは裁判所であって，しかもその判断基準は専ら検察（政府）に委ねられているという現実だ。日本の場合は，起訴された場合の有罪率が100％に限りなく近いことは，さらにこの「行政機関の思い次第」の現実を追認している。記者や公務員の側には，なんら明確な判断基準は存在せず，政府に対する淡い期待感だけで，かろうじて成立している抽象的な自由にすぎないのである。そして，いったん示された政府＝裁判所の判断は，「危うきに近寄らず」ということで，より幅広い解釈がされ，報道機関は政府情報の暴露という「冒険」を手控えざるをえないようになるのである。

たとえば，政府が国会審議等のなかで，報道の自由が守られた実例として示す，外務省沖縄密約漏洩事件における毎日新聞記者の場合を考えてみよう。最高裁は報道の自由を謳い，「正当な業務行為」である限り取材の自由が守られるとした事件であるが，実際，記者は倫理違反を理由として有罪判決を受けている。そこでは，「情を通じて」女性事務官をたぶらかし情報を掠め取ったのであって，真っ当な取材行為とは認められないとしたのである。すなわち，正当かどうかは検察あるいは裁判官が考える倫理観に該当するかどうかに委ねられており，公権力によって許されるかどうかの線引きをすることが認められている。

　したがってこのことは，紛れもなく公権力判断で，政府にとって重要な秘密が漏れた場合は，その情報を漏らした公務員等を「そそのかした」として，取材者を罰することを示している。しかも罰則を現在の倍以上に厳しいものにすることによって，心理的なプレッシャーを与え，記者に「伝えること」を妨げようとしているのであって，これは，取材の自由に対する脅威にほかならない。

　さらにこれまでは教唆を罪としていたのが，「騙して取得」すること自体を罪としたことから，漏らした側が「騙されました」と証言することで，その取材方法が正当か否かによることなく自動的に罪となることになる可能性が生じる。これは，格段に取材者に対して大きな障害となるだろう。しかも従来の漏洩罪では，その漏らした情報の中身が本当に守るべき実質を伴っていたか（実質秘）の判断が必要とされていたが，今回の法では「外形的」に秘密指定の手続きが適正に行われていれば秘密とみなす（形式秘）という考え方が採用された。この点も，これまでの政府が保有する情報の公開のあり方の議論を，水泡に帰すものであって許されない。

　もちろん最大のポイントは，これまでは漏らす側が主体で，そのそそのかしの範囲で罰せられたものが，秘密に近づく行為そのものが罰せられるようになることだ。こうした情報へのアクセスを直接罰する条項を入れること自体が，これまでの戦後の法体系では戦前・戦中の苦い経験から「あえて」避けてきたことであって，それほどの大転換をどうしてもしなければならない

切迫した事例もないまま実行すること自体，大きな問題であるといわねばならない。

取材・報道の自由に対する制約が，ここ10年余大きくなっているなかで，今回の秘密法制はさらなる締め付けによって，公権力に対する監視があえてしづらい環境整備を進めることになる。これは，国の秘密の守り方として，従来の体系を根本から変えるもので，その必要性や妥当性が大きく問われるほか，取材・報道の自由を制約する可能性が高く，憲法の保障する表現の自由を事実上奪うものになるおそれがぬぐえないといえる。

(3) 成立までの流れと法構成

政府は2013年9月26日，「特定秘密保護法（特定秘密の保護に関する法律）」案を明らかにした。そして同月3日から実施されたパブリックコメント（意見公募）には，わずか2週間という短期間にもかかわらず約9万4000件の意見が寄せられ，その77%は反対の趣旨であった。これに対し，報告を受けた自民党の同法プロジェクトチームの座長は，特定の組織的なものとの受け止め方を表明，既定のスケジュールどおりに物事は進められていった。

そして同年10月25日，法案を閣議決定し第185回国会に提出，強い反対意見が国会内外で出されるなか，わずか1か月の審議を経て12月6日に成立した。その後，12月13日に公布，2014年12月10日に施行された（一部は2015年12月1日に施行）。

法は，全部で27条と別表及び附則からなり，その提案理由として「国際情勢の複雑化に伴い我が国及び国民の安全の確保に係る情報の重要性が増大するとともに，高度情報通信ネットワーク社会の発展に伴いその漏えいの危険性が懸念される中で，我が国の安全保障に関する情報のうち特に秘匿することが必要なものについて，これを適確に保護する体制を確立した上で収集し，整理し，及び活用することが重要であることに鑑み，当該情報の保護に関し，特定秘密の指定及び取扱者の制限その他の必要な事項を定める必要がある。これが，この法律案を提出する理由である」という。これはほぼその

まま，法目的として「第1章　総則」の1条「目的」に示されている。

そして2条（定義）ののち，「第2章　特定秘密の指定等」（3～5条）を定める。ここでは「指定」に関し条文を割く一方，「解除」についてわずかに，4条7項において，「行政機関の長は，指定をした情報が前条第1項に規定する要件を欠くに至ったときは，有効期間内であっても，政令で定めるところにより，速やかにその指定を解除するものとする。」と定めるのみである。ここにも，同法の体質がみてとれるといえるであろう。

そして「第3章　特定秘密の提供」（6～10条）で，たとえば米軍との軍事協力に応じて情報の共有などがされることを前提とする，いわゆる「例外」を定める。また，「第4章　特定秘密の取扱者の制限」（11条）と「第5章　適性評価」（12～17条）で，いわゆる適正評価制度の導入をうたう。その後，「第6章　雑則」（18～22条）では，今般の法令では一般的な包括的な政令委任を定めるとともに，「この法律の解釈適用」として報道の自由への配慮条項「①この法律の適用に当たっては，これを拡張して解釈して，国民の基本的人権を不当に侵害するようなことがあってはならず，国民の知る権利の保障に資する報道又は取材の自由に十分に配慮しなければならない。②出版又は報道の業務に従事する者の取材行為については，専ら公益を図る目的を有し，かつ，法令違反又は著しく不当な方法によるものと認められない限りは，これを正当な業務による行為とするものとする」（22条）が入る。そして最後の「第7章　罰則」（23～27条）で，探知収集罪を含めどのような行為が取り締まり対象になるかを定める構成をとる。

そして政府は，国会での追及を受け渋々ながら監視機関の設置を約束することとなる。それが附則（1～10条）のなかの9条（指定及び解除の適正の確保）で定められた，「政府は，行政機関の長による特定秘密の指定及びその解除に関する基準等が真に安全保障に資するものであるかどうかを独立した公正な立場において検証し，及び監察することのできる新たな機関の設置その他の特定秘密の指定及びその解除の適正を確保するために必要な方策について検討し，その結果に基づいて所要の措置を講ずるものとする」との規程である。これに基づき内閣府に，独立公文書管理監及び情報保全監察室

が設置された（情報保全監察室の設置に関する訓令 2014 年 12 月 9 日）。また，「特定秘密の指定及びその解除並びに適性評価の実施に関し統一的な運用を図るための基準」を設置根拠として，内閣に内閣保全監視委員会が設置されている。

さらに 10 条（国会に対する特定秘密の提供及び国会におけるその保護措置の在り方）では，「国会に対する特定秘密の提供については，政府は，国会が国権の最高機関であり各議院がその会議その他の手続及び内部の規律に関する規則を定める権能を有することを定める日本国憲法及びこれに基づく国会法等の精神にのっとり，この法律を運用するものとし，特定秘密の提供を受ける国会におけるその保護に関する方策については，国会において，検討を加え，その結果に基づいて必要な措置を講ずるものとする。」として，立法権による監視に言及した。これに基づき国会法を改正し，衆参両院それぞれに議員 8 人からなる情報監視審査会が設置されている。

(4) 課題と社会監視の必要性

同法の最大の問題は，すでに述べてきたように，その個別の条文が有する問題というよりまず，政府の情報隠蔽の体制が固定化もしくはより強固になることである。それは，国益を守るためという美辞のもと，実際にはようやく 2001 年に施行された行政情報公開法を骨抜きにし，公的情報は国民のものであるという原則を無視するものと言わざるをえない。すでにここ 10 年，密かに防衛秘密の分野で先行して運用実績を積んできている，政府が隠したいと思った情報を恣意的に秘密指定し，その文書は未来永劫，国民の目には触れさせないという時代錯誤の制度を，今回の法制度は正式に追認し，しかもその範囲を軍事関係にとどまらず，外交，社会，経済分野を含む国政一般に広げようとしている。

こうした政府の恣意的な文書の取り扱いは，これまたようやく制定され，東日本大震災の直後から施行された公文書管理法で厳しく取り締まられるはずであったが，現実には政府は，最終意思決定会議体ではないとか，内部の非公式な打ち合わせであるなど，記録を残さない言い訳を重ねてきている。

そればかりか，そもそもより重要な「秘密」はこの管理法の枠外に置き，秘密指定をした者の意思で勝手に廃棄まで可能にするという荒業まで可能な仕組みを構築していることが明らかになっている。本書第Ⅰ部を執筆した三木由希子は，これをブラックボックスならぬ「ブラックホール」と評しているが，まさに言い得て妙である。

　そしてもう一つの根本的な問題は，戦後の憲法体系の理念に反することだ。かつては日本も，軍機保護法に代表される政府がいうところの「一般的な」保護法制を敷いていた国だ。すなわち，秘密を漏らす者とともに，秘密を嗅ぎまわる者を罰するという法体系である。しかし日本は，政府情報の探知を理由として表現行為を厳しく取締り，多くの人権を蹂躙してきた歴史から，敗戦を機にこうした報道機関の取材に代表される政府を監視するための行為を表現の自由の枠で手厚く保護してきた。

　とりわけ，情報公開を有しない中で，かつてと同様の政府情報の秘匿の体系は，国民主権を形ばかりのものにし，国政は官僚と政治家の手に全面的に委ねるという，古い国家運営そのものと言わざるをえない。国家と国民の「正しい関係」を維持するための日本なりの工夫が，公務員法等によって政府情報の不必要な漏洩を取り締まるとともに，日米安保に伴う米軍情報だけは特別に厳しい法の保護のもとにおくという形である。そして実際，この70年間，おおよそ齟齬なく秘密の保持は実現してきたわけである（詳細は，拙稿「秘密保護法の何が，なぜ，問題なのか」『世界』2013年11月号，岩波書店参照）。

　こうしたなかで企図された今回の法制度は，まさに取得罪を新設するなど，真っ向から従来の考え方を変更している。この意味合いは，政府の情報は国民のもので特に例外的に，しかも一時的に政府は情報の秘匿が司法の最終判断のもとで許される場合がある，という大原則を，政府の恣意的な情報秘匿すなわち隠蔽を無制約に許容し，行政サービスとして政府のお目こぼしのもとで例外的に市民が情報を知ることができる国にするものだ。

　さらに検証・監察のために設けられた4つの組織が，監視制度とは似て非なるものであることは，施行後1年間の運用実態からも明らかになりつつ

ある。それは海外の違法・不当な行政秘密の増大を防ぐための「監視」制度，たとえば日本の政府がよくモデルとする米国の例からみてもはっきりしている。なぜなら，日本の特定秘密保護法は政府が秘密を秘匿するための制度であるのに対し，米国では社会が政府の秘密を監視する制度を構築している。具体的には，その監視のために①文書保管の専門職「アーキビスト」②裁判官③議員④内部告発者⑤市民⑥ジャーナリスト—の6つの「目」が機能していることである。

このうち最初の4つは国の制度として整備されてきた。①は独立性を担保された監視機関が機密指定や解除の是非を判断する。②は訴訟の中で裁判官が機密文書を実際に見て，秘匿の是非を判断する「インカメラ審理」が代表的だ。③は政府の外交・国防・諜報活動に対し，議会が公聴会や調査権を通じて正当性を判断する。さらに④は，行政組織に所属する者が内部から不正を告発する。

これらの内部的な監視活動に加え，政府に大きなプレッシャーを与え続けているのが，外部の市民団体や報道機関である。それぞれ得意技があり，長期にわたる情報公開請求訴訟などを通じた秘匿情報の開示は⑤の専門的な市民団体の力に負うところが大きく，⑥の新聞などの調査報道は短期集中型といえる。

代表的な市民団体の一つ「国家安全保障アーカイブ」のトム・ブラントン代表は，100前後の専門家集団がそれぞれの分野で政府の秘密をあぶりだす活動を続けている現実と，それらをもとに始まる議論の重要性を指摘している。ちなみに，同団体はジョージ・ワシントン大学の図書館の中に本部を置き，機密指定制度の問題点を指摘し続けている。

一方，米国では，健全なジャーナリズム活動が公務員の内部告発を生み，政府に「悪いことはできない」という緊張感を与えている。機密指定制度は報道に萎縮効果をもたらす可能性を常にはらんでおり，だからこそ，安保などの分野でも報道活動が十全に行われることによって，国民の利益が保障されると，政府関係者も含め認識している。知る権利を敵視し，取材報道活動に足かせをつくった日本の秘密保護制度との違いがここにある。また，市民

社会がジャーナリズムの有用性を認識しているかどうかも，こうした外部チェックシステムが有効に作用するかどうかの重要な要素である。

　こうしたチェック機能の大前提として，公的情報は国民のものであって，政府を「見える化」していかなければならないという強い意思が，米国社会全体で共有されている。政府は得てして秘密を作りたがる存在であるからこそ，社会全体で継続的に監視する仕組みを持ち，さまざまな形で圧力を掛け続ける必要があるという考え方が徹底しているのだ。

　日本でも市民オンブズマンや環境グループによる情報公開制度の活用が図られているが，政府へのプレッシャーを強めるためには，防衛・外交・諜報活動の分野においても，専門的な知識に裏打ちされた継続的なチェックを実行できる力を有する非政府組織（NGO）を，社会として育てていくことが必要だ。同時に，誰でも情報発信者になりえる情報過多のネット時代に，泥臭いジャーナリズム活動によって「ウオッチドッグ」の社会的役割を果たせねばならない時代が，皮肉にも訪れている。

　なお主要な憲法学者の中でも，安保法制や集団的自衛権については否定的でも，秘密保護法については肯定的な考え方が少なくない。それは，①以前より秘密保護法制は存在しており，むしろ「秘密」の定義ができた分だけマシになった，②重罰化といっても懲役10年はそれほど重いものとはいえない，③情報の取りづらさは報道機関の努力不足が責められるべきであって，法制度の問題ではない――などが挙げられることが多い。

　しかしここまで述べてきたように，同法によって情報公開法の開示対象から事実上無条件で除外されるうえ，初めから特定秘密の指定が想定されるような会議記録などは，公文書管理法の規程に則ることなく，文書が作成されない可能性や隠蔽される可能性が拭えない。しかもそれらに対する実効的なチェックシステムがないので，当事者の内部告発でもない限り，重要な公文書が残されることなく，事実が永久に闇の中に消えてしまう可能性がある。取材の自由に対する脅威は，法文上の「倫理の法制化」に原因があり，それが取材報道現場に与える萎縮効果は立法としても見過ごせないものである。その曖昧な違法基準の判断権者が，秘密を守ろうとする政府そのものである

ことの問題性も大きい。そもそも，さしたる立法事実もないまま，運用上のデメリットが明白な立法を「あってもよい法」と判断するのは誤りであろう。

第3章
「自主規制」という名の言論統制

　2014年末の衆議院選挙に際し、一通の文書が話題となった。自民党がNHKおよび民放各社に出したとされる「選挙時期における報道の公平中立ならびに公正の確保についてのお願い」だ。しかしこれが、単なるお願いではないことは明らかである。もちろん、その直後の放送局の対応として、在京キー局の社長は定例会見で「いつものことで現場に影響はない」とコメントしている。では本当に現場に影響は出ていないのか。そして、そもそも〈いつものこと〉として黙認してよいことなのか。
　日本の言論状況を覆う厚い雲については、すでに第Ⅱ部第1章で指摘した。そしてこの状況はますます悪化し、息苦しさが増している。しかもそうした重い空気は自然に発生しているのではなく、第2章で述べた通り公権力の所作が要因となっていることが少なくないし、むしろこうした効果が生まれることを想定しているのではないかと思えることすら少なくない。そこで本章では、状況を忖度（そんたく）して起こる「萎縮」に限らず、一見、表現者の自主的な制限にみえる「自主規制」の実態が、実はそうではなく意図されたものであることを考察していくことにしたい。

1　言論の自由をだれが妨げているか

(1) 選挙名目の「番組介入」
　自民党は2013年夏の参議院選挙においても、放送局に圧力をかけた過去を持つ。少し古い話ではあるが、その事実経緯を振り返ってみる。その時、自民党は、TBSの番組内容が公正さに欠けているとして、党幹部に対する取材や番組出演を拒否したのである。公党が、しかも選挙公示の直前というタイミングで、大手マスメディアに対し取材拒否するという事態は極めて異

例のことであった。その後、TBS の文書提出によって、曖昧なまま幕引きになったが、少なくとも拒否の事実は残るわけで、取材・報道の自由と公的存在である政党の説明責任を考えるうえで、大きな課題を残した。

　新聞報道等によると、おおよその経緯は以下のとおりである。自民党が問題視したのは、TBS 自身が制作し放送する夜時間帯の報道番組「NEWS 23」の 6 月 26 日放映分である。国会会期末の与野党攻防の末に、電力システム改革を盛り込んだ電気事業法改正案などが廃案になったことを、ねじれ国会の象徴事例として報じた。ネット等にあげられている当日の発言内容をみる限り、約 7 分の企画特集の中で 1 分ほど、改正案の成立を望んでいた関係者のコメントが VTR で紹介され、「(与党が) もしかしたらシステム改革の法案を通す気がなかったのかも。非常に残念ですね」と話す箇所がある。この発言の前後を含め、廃案の責任が与党自民党にあると視聴者が受け取りかねない報道をしたのは、「民主党など片方の主張のみに与したもの」で、番組構成が著しく公正を欠くものであるとして、27 日に TBS に対し文書で抗議した。

　これに対し TBS は同月 28 日に、「発言に関して指摘を受けたことはまことに遺憾」と回答、これを受けて自民党はすぐさま、当該番組内での謝罪と訂正を重ねて求めている。しかし TBS は 7 月 3 日、番組キャスターが国会空転の責任は野党を含めたすべての党にある等と発言をしていることなどから、「番組全体はバランスが取れている。謝罪、訂正はしない」と再回答したため、自民党は 4 日、冒頭の取材拒否を発表した。報道によると、取材拒否は報道内容に強い不快感を示した安倍首相 (党総裁) の意向を踏まえたものとされた。

　翌 5 日、TBS は報道局長名で「『説明が足りず、民間の方のコメントが野党の立場の代弁と受け止められかねないものであった』等と指摘を受けたことについて重く受け止める」「今後一層、事実に即して、公平公正に報道していく」との文書を提出、これを自民党は同日夜、謝罪であると解釈し、取材拒否を解除するに至った。発表文書によると要旨、「報道現場関係者の来訪と説明を誠意と認め、これを謝罪と受け止める」とあり、首相は他局のテレビ番組のなかで、「今後はしっかりと公正な報道をするという事実上の謝

罪をしてもらったので問題は決着した」と述べたとされる。なお，TBS は政治部長名で「放送内容について，訂正・謝罪はしていない」とのコメントを発表している。

　これらが，自分たちの気に食わない情報流通を認めない，という強い意思に基づくものであることは疑いようがない。すなわち報道機関に対する取材拒否は，少なくとも当該放送局に対する事実上の番組介入であるわけだ。そうした介入が，単に政治家としての道義的問題にとどまらず，公権力としての公党の説明義務を放棄するものであり，将来の番組内容に影響を与えることを意図するのは明らかであって，いわば擬似的な検閲行為に該当するものでもある。

　そして冒頭に触れた文書（図1）も，きっかけは TBS ではないかと推測されている向きがある。解散を宣言した 2014 年 11 月 18 日の当日晩，首相は在京放送局を掛け持ちし，夜の報道系番組に生出演した（テレビ朝日系列の「報道ステーション」だけは出演せず，自民党が拒否したとか，自民党が条件を付けてきたことに番組サイドが嫌がって断ったという「解説」まで，この点についても様々な憶測が飛び交った）。その一つ，TBS「NEWS 23」のなかで街頭インタビューが流れ，その多くがアベノミクスに否定的（5 グループのうち 4 グループが景気回復の実感がないと発言）であったことに，出演中の首相が気色ばんで「これはみなさんが選んでいらっしゃるんだと思いますよ」「中小企業の人は，テレビの前で儲かっているなんて言えるわけないでしょう」などと発言した。

　これまでの選挙でも似たような要請文は存在したといわれているものの，いくつかの点ではっきりしていることはある。まず，公示前に文書で注意喚起することが異例なことだ。選挙期間中は公職選挙法によって公正放送が法的に義務付けされることを踏まえ，あえて「選挙期間前」も同様の措置をとるように求めたものだ。これは明らかに，法の拡張を求めるもので，法の定め以上の報道に対する制約を明確に求めるものにほかならない。

　そして 2 つ目は，過去の事例を想起させる内容で，放送局に強い恐怖心を与えたことだ。文書では「過去においては，具体名は差し控えますが，ある

テレビ局が政権交代実現を画策して偏向報道を行い，それを事実として認めて誇り，大きな社会問題となった事例も現実にあったところです」と，持って回った言い方をしているが，関係者であればだれでも瞬時にわかる書き方

図1 「選挙時期における報道の公平中立ならびに公正の確保についてのお願い」

> 平成26年11月20日
>
> 在京テレビキー局各位
> 　編成局長　殿
> 　報道局長　殿
>
> 　　　　　　　　　　　　　　　　　　　　　　　自由民主党
> 　　　　　　　　　　　　　　　　　筆頭副幹事長　荻生田光一
> 　　　　　　　　　　　　　　　　　報道局長　　　福井　照
>
> 　　　　　選挙時期における報道の公平中立ならびに公正の確保についてのお願い
>
> 　日頃より大変お世話になっております。
> 　さて，ご承知の通り，衆議院は明21日に解散され，総選挙が12月2日公示，14日投開票の予定で挙行される見通しとなっております。
> 　つきましては，公平中立，公正を旨とする報道各社の皆様にこちらから改めてお願い申し上げるのも不遜かとは存じますが，これから選挙が行われるまでの期間におきましては，さらに一層の公平中立，公正な報道姿勢にご留意いただきたくお願い申し上げます。
> 　特に，衆議院選挙は短期間であり，報道の内容が選挙の帰趨に大きく影響しかねないことは皆様もご理解いただけるところと存じます。また，過去においては，具体名は差し控えますが，あるテレビ局が政権交代実現を画策して偏向報道を行い，それを事実として認めて誇り，大きな社会問題となった事例も現実にあったところです。
> 　したがいまして，私どもとしては，
> ・出演者の発言回数及び時間等については公平を期していただきたいこと
> ・ゲスト出演者等の選定についても，公平中立，公正を期していただきたいこと
> ・テーマについて特定の立場から特定政党出演者への意見の集中が内容，公平中立，公正を期していただきたいこと，
> ・街角インタビュー，資料映像等で一方の意見に偏る，あるいは特定の政治的立場が強調されることのないよう，公平中立，公正を期していただきたいこと
> ──等について特段のご配慮をいただきたく，お願い申し上げる次第です。
> 　以上，ご無礼の段，ご容赦賜り，なにとぞよろしくお願い申し上げます。

である．事例とは，1993年夏の総選挙に関する報道に関し，テレビ朝日の取締役報道局長が同年秋に日本民間放送連盟で行われた内部研究会での発言が表沙汰になり，国会で証人喚問されるなど政治問題化したものだ．

同局は翌年，郵政省（当時）に，特定の政党を支援する報道を行うための具体的な指示は出ていない旨の報告書を提出した．これを受けて郵政省は，「政治的公平」に反する事実は認められないが，「経営管理面で問題があった」と厳重注意の行政指導を行うことで事態は収束した．しかしこれをきっかけに，郵政省は放送法に違反する事実があれば電波法に基づく無線局の運用停止（免許取消し）があることを明らかにし，しかも「政治的公正は最終的に郵政省が判断する」と明言，行政による直接的な番組内容規制を一段と強化させたのである．

テレビ朝日と自民党の確執はその後も続き，2003年11月には「ニュースステーション」において，総選挙を控えて民主党の政権構想を過度に好意的に報道した，として抗議，自民党所属議員のテレビ朝日への出演を一斉拒否することを決めた．ちなみに当時の党幹事長は安倍晋三である．その後も，翌04年7月の参議院選挙の選挙報道に対しても文書で抗議している（この時の安倍は，党幹事長代理，党改革推進本部長）．

そのほかにも，官房副長官時代の2001年には，慰安婦問題を取り上げたNHK特集番組に関し，報道幹部に対し放送前に「公平公正にするよう」伝えてもいる．そして第一次政権時代の2006年には大臣名で，北朝鮮拉致問題を積極的に取り上げるようNHKに命令を発した．さらにいうならば，総務省が放送局の所轄官庁として，放送法を事実上の根拠として行う「行政指導」は，第一次安倍内閣と，安倍が内閣官房長官だった第三次小泉純一郎内閣時代にもっとも頻繁に行われたという歴史的事実もある（鈴木秀美ほか編『放送法を読みとく』商事法務，2009年）．

残念なことに，これまでもたびたび同じような事態が起きているのであって，とりわけ安倍首相には番組内容介入の「前歴」があるということがわかる．しかし今回は，そのなかでも，本来は自由であるとされてきた将来の報道内容について，放送法を根拠として締め付けを行うことを宣言したもので

あり，時代を経てより強力にそして直截かつ広範に行ってきたという点を見過ごすわけにはいかない。

　それは，具体的な例を挙げて自民党が考える「公正中立基準」を示し，その遵守を求めている点だ。何が公正中立かを決めるのは，あくまで放送局であり政府でないことは明らかだ。文書では，先に挙げた TBS 街頭インタビューを意識してか，賛否の数合わせをすることを求めている。しかしこれを徹底すると，たとえばある政策を「おかしい」と批判する場合にも，「おかしいという意見とおかしくないという意見があります」と形式的な平等を保つ必要が生じてしまう。これは実質的な「公正さ」とは異なるものであり，こうした平等性を求められると放送の自由は成立しなくなる。

　しかも首相はこうした批判に対し，2014 年 12 月 1 日の日本記者クラブにおける党首討論会の中で，「公平公正は当然で，何か思い込みがあって事実ではないことをしようと思っている人は，公平公正が心に刺さるのだろう。米国にはフェアネスドクトリンがテレビにはない。日本には放送法があり，フェアネスドクトリンがあるのだから，アメリカのように自由にやっていいんだというのとは違う。公平公正にやっていればなんの痛痒も感じないはずだ。かつて椿事件があって自民党は（敗れ）細川政権ができた。ああいうことがあってはまずいじゃないですか」との発言をした。

　これもまた二重の誤りがある。すなわち，放送法は放送番組を規制するのが目的ではなく，放送の自由を守るための法規であり，その法目的を取り違えている。さらには，公正原則を定める法 4 条の解釈を政府は意図的に変更しつつある。本来は，放送局が自主的に守る「自律的ルール（精神的規定）」であり，いわば視聴者に対する放送局の「約束事」がルール化されたものであって，法的拘束力はないと理解されていた。政府も含めて「倫理規範」だとしてきたものを，1980 年代後半以降，社会に広がるマスメディア批判に乗じて，政府が放送局を縛る根拠（法規範）として利用しようとしている。これらは，まさに自由を守るための「自主的」な社会的ルールを，政府が意のままに解釈し，制約をするために「誤用」しているということだ。

　そしてもう一つの誤りは，公権力といえる政権党が，法を後ろ盾に表現行

為に影響を与えることを目的に，明示的なプレッシャーを与えることを，首相自らが肯定している点だ。同会見で，自分は関与していないと言いつつも，一方では前述したテレビ朝日の事件を具体的に挙げ，「同じことはさせない」という決意をはからずも明らかにした。これは，強権を使ってでも放送局に対して介入することを自ら認めたに等しい発言である。

(2) 介入が招く「萎縮」

もう一つの大きな問題は，こうした自主規制を迫る公権力の動きに対し，当事者であるメディアが静かなことだ。あるいは，歓迎する向きすらある。すでに触れたテレビ朝日事件では，テレビ朝日の責任を厳しく追及したのは産経新聞であった（産経新聞は，発言をスクープしたとして当該年の日本新聞協会賞を受賞した）。しかし結果として招いたのは，公権力の番組内容への介入であり，そうした枠組みが既成事実化した。仮に最初の段階では健全なメディア批判であったとしても，いざ公権力が顔を出した瞬間からは，その危険性を批判する立場を示すべきであったと思われるが，現実は全く逆で，むしろ権力の介入を後押ししたといえる。

そして近時の具体的な事件においても，前回選挙時の取材拒否については，TBSが事実上の謝罪と受け取られるような対応をせざるを得なかった環境を，他のメディアが作ったことだ。報道内容について，さらに工夫や配慮をすべき余地があったかどうかはまったく別の問題であって，いわば「批判報道をしただけ」で取材拒否される事態を，他のメディアは重大視せず，少なくとも自分の問題として受け止めようとはしなかった。TBS政治部長がかつて他派閥の担当であったことによる意地悪であるとか，かつて安倍官房副長官時代の報道に対する意趣返しであるなどと，問題を矮小化した節が見られた。本来であれば報道界が揃って，自民党を取材拒否すべきであったともいえ，そうしていれば，問題は簡単に解決していたはずである。

もし記者クラブなる報道機関の取材拠点が，本当の意味で権力に対峙して情報を開示させるための機能を持つものであり，だからこそ市民の知る権利の代行者として特別な優遇措置が認められているとするならば，当然に，そ

して即座に，取材相手である自民党に抗議をすべき事案であることは疑いようがない。にもかかわらず，他のメディアはTBSを見捨て，自分たちの保身を図ったとみられるような態度を示したことは，記者クラブの存在価値を無にするものといってよかろう。この点，公権力による取材拒否事例として最も深刻な事件は，1984〜85年に起きた日刊新愛媛に対する愛媛県の取材拒否であるとされるが，この時も他のメディアはその事態を事実上，黙認した経緯がある。

話は戻り2013年事案では，取材拒否解除の4日後にあたる7月9日に，TBS同番組の党首討論に出演した安倍首相が，この問題には一切触れず「大人の対応」を見せ，結果として視聴者には「何ごともなかった」こととして決着したかに見えた。もちろん「この程度のこと」で，放送局が報道姿勢を変えるとは思えないし，むしろ反骨精神を発揮してより充実した番組を作ってくれることだろう。しかし，放送免許の更新を目前とした時期に，政権与党の機嫌を損なうことがどのような結果をもたらすかは過去のテレビ朝日事例から明らかだ。公権力は，なりふり構わずやってくるのである。そしてこのときも，他のメディアはテレビ朝日をかばうどころか見捨て，公権力の介入を後押ししたのである。

そして2014年の自民党文書要請事案においても，放送界から抗議の声は全くあがらない。現実に，番組作りに大きな影響が出ることが予想されているのにもかかわらずである。たとえば，テレビ朝日は文書要請後直後の「朝まで生テレビ！」で，出演者の変更を余儀なくされたと報じられている。そして当番組の司会者である田原総一朗は，ブログの中でこう言う。

　「これほど具体的な内容は『お願い』ではなく，報道に対する不当な介入ではないか。実際に番組を製作する場合，スケジュールの都合で一部の政党が抜けることもあるだろう。出演時間も発言回数も公平にしようとすればテレビ番組は成立させるのは難しくなる。……在京各局からの抗議が出てこないのは，テレビ各局がすでに萎縮しているせいではないかと懸念せざるを得ない」。

(3) 禁じ手を行った政権党

　ここで表現の自由のあり方について考えておきたい。今の世の中，おかしな発言，行き過ぎた表現は，法で規制するのが当たり前で，場合によっては積極的に公権力が「介入」することが望ましい，という空気が強まっているからだ。しかし表現の自由を保障する憲法も，その自由の行き過ぎを戒める法律でさえも，自由な表現行為を守るための工夫に満ちていることを，改めて確認することが大切だと思われる。そのイメージを示したのが，図2だ。

　上下に伸びる太線が「表現の自由の限界」であり，その左側が自由な表現行為が保障されている範囲と思ってほしい。その線を越えて右に行けば，一般には「違法」とされ，行き過ぎた表現行為として刑事罰や民事的な制裁（損害賠償や謝罪など）を受けることになる。逆に線から離れて左に寄るほど，それは抑えられた表現行為ということを意味する。

　①から⑥が示されているが，もちろん法の精神を最も正確に反映しているのが①であることは間違いない。そして②のように線（壁）を突き抜けてしまえば，それは行き過ぎた表現とみなされる。しかし，表現の自由というのは，そううまくはいかないのである。なぜなら，限界一杯まで表現をするということは，普通しないしありえない。なぜなら，相手を怒らせない方がいいかなとか，できる限り傷つけないようにしようといった「配慮」によって，

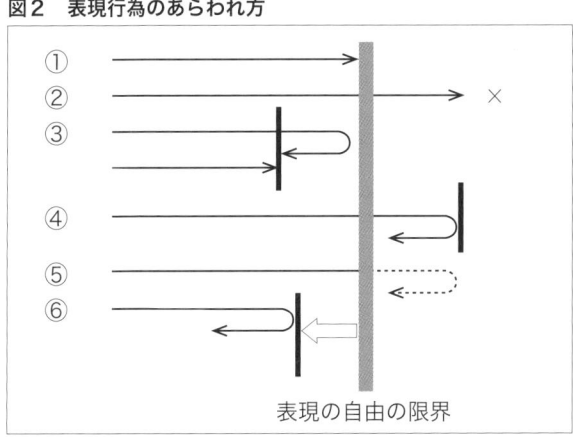

図2　表現行為のあらわれ方

表現の自由の限界

少し抑え目に表現行為を行うことが一般的だからだ。一般に「内在的制約」といわれている，表現者としての心得でもある。

その結果，③のような状況が一般的といえるだろう。これは場合によっては「自主規制」というし，社会的な空気を読んで「自粛」することもある。前者は，言いたいことを我慢して，ちょっと逆戻りする感覚が強いのに対し，後者は最初から自分で手前に壁を設定して，控えめな表現を行うという感覚ととらえることができるだろう（③の上と下）。しかしこうした状況が続くと，だんだんこの壁が左にずれていくことが一般には懸念される。限界がわからないために，だんだん表現の可動域が狭まっていくという現象だ。

そこで表現の自由の世界では，特別な工夫をすることになる。そのもっともわかりやすい形が名誉毀損をめぐる特別規定だ。名誉毀損はいうまでもなく個人の社会的評価を守るためのルールだが，一方で，とりわけ権力者に対する批判の自由をいかに担保するかというバランスが迫られる。政治家等の為政者に対し，十二分な言論の自由が確保されないと，人は権力に怖れ必要以上に自主規制をすることになり，どんどん③の状況が進み，壁は左に寄っていくことになる危険性を孕んでいるからだ。

そこで④のように，結果的に「ありうべき（好ましい）表現の自由領域」が確保されることを想定して，あえて壁を右にずらすことによって，自主規制が起きても社会全体としてちょうど良い結果を生むようにしているのだ。具体的には，形式的には犯罪（この場合は名誉毀損罪）の要件を満たしていても，実質的には罪としては問わないという特別規定を日本国憲法制定とともに，戦後，刑法に追加した（公共性・公益性・真実性があれば，その名誉毀損表現は罪に問わないといった，免責要件と呼ばれる規定）。これによって，為政者に対する批判の自由を確保しようとしたわけである。

もちろん，こうした工夫は一つだけではなく，たとえば加害少年について特定報道（実名・顔写真報道）を禁止するという少年法の規定は，罰則をつけないことによって，⑤のように壁を突き抜けやすくしているということもある。そもそも，猥褻表現も含めいわば社会的利益を守るために表現行為を制約する場合は，一般に表現の限界線（壁）があやふやで，一方では自粛を

生みやすいというマイナス点があり，もう一方の見方としては，社会的な力で壁を右に押していくことで表現領域を広げることがしやすいという面もあるといえるだろう。

　それからすると，いわゆる国家的利益と表現の自由の関係では，この壁はより明確であることが求められているし，先の個人的利益や社会的利益のように，意図的にあるいは社会的な力で，右にずれることもずらすことも，原則としてはないのが一般的だ。むしろ罰則を重くすることで，壁の厚さを誇示したり，近づきづらい心理的プレッシャーを与えたりして，より自粛をさせるよう仕向けているといってもよかろう。

　そうした目で今回の自民党文書事例を見るとどうだろうか。守ろうとしているのは自民党の利益という点では，そもそもこうした表現の自由のありようを語る素材として扱うことすらはばかられるが，あえていえば国家的利益としての「公正な選挙の実現」と表現の自由の関係といえる。したがって，ただでさえ壁が厚く，自主規制が起きがちな領域の表現行為であるといえるだろう。

　そうしたなかで，いったい自民党は何をしたのかを図で表すならば，⑥のように力ずくで壁を左にずらしたのである。しかもこうして壁を一方的にずらすことができるのは，公権力であって，だからこそそうした行為は絶対にしてはいけないとされているのである。その禁じ手をあえて犯し，しかもそれを正々堂々と当然の行為としてきたことに，より大きな問題性と危険性があるといえるだろう。

　そしてこうして壁を一方的に力ずくで左にずらす行為こそが「介入」であって，そうした介入によってより表現行為の自由の領域が狭まっていくさまは，自主規制でも自粛でもなく，「萎縮」である。まさにこうした表現者の委縮を引き起こすことによって，自らへの批判的言論を弱めようとすることは，表現の自由のルールからあってはならないことである。

　こうした官製自主規制とでもいうべき「萎縮」に対抗すべきは，一義的には言論報道機関の役割である。かつて戦争中，情報統制法令で雁字搦めの記者・作家は自由な言論を奪われ，その意味では間違いなく戦争の被害者であっ

た。しかし一方で，軍部礼賛の記事を出し続け国民を欺き，そして結果として多くの読者を死に追いやったという意味では重大な加害者でもあろう。その反省から戦後のジャーナリズムはスタートしたはずであった。そうであるならば，いかなる場合であっても公権力に寄り添って言論の自由を狭めるような作用を及ぼすことがあってはならないはずだ。それは，言論の自由を擁護するという最高度の報道倫理に反することになり，自らの存在意義を否定することになるからである。

2　メディアの「公平公正」とは何か

(1) 言論を封殺するための言論の自由の「解釈」は存在しない

　2015年8月26日の党内勉強会「文化芸術懇話会」における，自民党議員の発言が大きな問題になった。最終的には安倍晋三首相が国会で謝罪，幕引きを図っているが，発言は一過性のものでもなければ，個人の資質の問題に済ませられない点にこそ，大きな問題がある。

　政府方針に異なる新聞を兵糧攻めにして懲らしめる，ということが許されると考えること自体に，憲法が保障する表現の自由への理解，民主主義社会の基本原則の認識が決定的に欠如しており，国会議員としての許されない発言だ。日本国憲法は表現の自由を保障する21条で，「検閲」を絶対的に禁止しており，この発言はこの検閲類似行為に該当するからだ。

　検閲は一般に，事前の表現内容チェックと理解されているが，それ以外にも特定の者に特恵的待遇を与えることで表現者を囲い込む方法があるほか，財政的な締め付けによる言論統制が一般的だ。日本でもかつて，新聞紙条例などによって新聞・出版社に供託金を納めさせ，もし出版物に政府批判があれば没収するという方法で，表現活動にプレッシャーをかけるやり方がとられてきた。

　あるいは，業を興す際に高額の税金を納めさせたり，発行物に部数や頁ごとに税金をかける方法（印紙税）で，富裕層しか表現活動をしたり，表現物を享受できない環境にしてしまうということも行われてきた。お金持ちが一

般に，為政者に親和的であるという性格を利用した，間接的な表現統制手法である。

　政府が直接間接は別として広告主にプレッシャーをかけるという，今回示された手法はまさにこの変化形にほかならず，検閲類似行為そのものである。今日の新聞・放送業は，その主要な財源を広告収入に負っているという現状を踏まえたうえで，内容上問題があるメディアは広告収入を止めて懲らしめるという発想を，政府はもちろんのこと政治家・公務員がもつことは許されない。

　さらに，「言論の自由」について首相は，翌7月3日の衆院平和安全法制特別委員会席上，「私的な勉強会で自由闊達な議論がある。言論の自由は民主主義の根幹をなすものだ」と答えた。ほかの場でも同趣旨の発言がなされることが多い。確かに，自由で闊達な議論，多様で十分な情報流通がある環境は，民主主義社会の根幹である。そしてこうした「言論公共空間」を支える重要な役割をマスメディアたる新聞や放送が担っている。だからこそ，こうしたメディアが自由であるためには，政府から独立している必要がある。

　さらにいえば，憲法で保障されている言論・表現の自由の主体は「市民」である。そして国会議員たる政治家は，その自由を守る義務が憲法で定められている。いわゆる憲法遵守義務であって，99条には「天皇又は摂政及び国務大臣，国会議員，裁判官その他の公務員は，この憲法を尊重し擁護する義務を負ふ」と明記されている。

　それからすると，憲法で保障されている市民の言論の自由を，国会議員の自由な言論によって抑え込むことは，憲法上許されない。よりわかりやすく言えば，政治家には市民の言論を抑圧するような言論の自由がある，との「解釈」は存在しえないのである。同様に，市民の自由な言論の発露の場であるマスメディアの存在を否定することも，憲法上許されない。

　話題になっている自民党勉強会における作家・百田尚樹の発言は，県民が新聞に騙されているかのごとき内容で，県民を愚弄するものとして強い反発を招いている。また，社会的影響力があると自認する者が，歴史的認識や制度的理解を欠いた発言を繰り返すことは，表現者としての責任に欠ける点が

ありはしないか。

　この発言内容が＜誤り＞であることは，すでに沖縄地元2紙が丁寧な反論をしているので，それを参照することにしたい（両社のウェブサイトに特集ページがある）。沖縄戦やその後の米国施政下の辛苦の歴史，地位協定等の制度的構造の問題性を伝える地元紙の報道，あるいは存在そのものを認めないとする発言があったとすれば，これは「軽口」では済まされない内容である。

　しかも，一般に地方紙は地元のニュース，とりわけ住民の生命や健康に重大な影響を与えるニュースを大きく扱うのが当然であって，およそ過半から6割程度が地元ニュースで紙面が占められるというのが普通の姿だ。そうした地方の新聞の一般的状況を無視して，さも沖縄の新聞だけが特別であるという「思い込み」に基づく発言と思わざるをえない。

　沖縄地元紙が基地問題を喫緊の重大課題として報じ続けるのは，それだけ大きな問題が解消されずに存在していることの表れである。たとえば，いまであれば福島民報や福島民友といった福島の県紙は，連日，大きな扱いで原発や放射線被曝の問題を取り上げている。そうした住民の思いを代弁しているのであって，それをあたかも新聞に騙されているかの認識を示すことは，沖縄県民自体を愚弄することにならないだろうか。

　ただし一方で，こうした百田発言を支持する声がネット上に溢れていることは無視しえない。同様に自民党議員の「暴言」に乗じ，それを批判する新聞・放送を罵倒し，沖縄メディアや沖縄県政こそ自己反省すべきだとの書き込みが続く。それはまさに，沖縄県内においても安倍内閣支持が根強く存在し，当該自民党議員が「反省をしない」強気の態度の根底には，ネット上を中心とするこうした支持の声があると確信しているであろうことが想像される。

　沖縄戦の生存者が数少なくなる中で，沖縄戦の記憶が風化し（朝日新聞・沖縄タイムス共同調査＝2015年6月17日で県民の68％が「風化している」と回答），歴史をどう伝えるかの試練に立たされているということだ。これまでは，生存者の証言が大きな意味を持ってきたが，今後はそうしたナマの

声を聞くことはできなくなり，第三者はそれを「勝手」に解釈をしたり，直接体験していないものが伝聞に基づき「否定」したりすることが，すでに始まっているからである。

そしてこうした流れは，沖縄新聞関係者からも語られる。たとえば長元朝浩・沖縄タイムス特別論説委員は「解釈の時代になる」と危惧を示す（2015年6月24日，BS11の番組内インタビューに答えて）。あるいは宮城修・琉球新報論説委員兼経済部長は「証言の上書きが進んでいる」（2015年4月19日，日本編集者学会での発言）と言う。

繰り返しこれらの「新しい歴史」をネット等で見聞きする中で，それを正しい歴史として認識するということも起きているのではないか。場合によっては，新聞等による客観報道の名の下で行われる発言のストレートな紹介が，むしろこうした歴史観の拡散に手を貸している側面も否定できないように思われる。今回の事例は，そうした流れに当てはまるだけに，決して見過ごせないのである。

(2) 公平論議の3つの流れ

偏向している——これはいまの日本のメディアにとって，ほぼ間違いなく大きなダメージを受けるマジックワードだ。なぜなら，その中身はよくわからない曖昧模糊としたものにもかかわらず，この間，TBSもテレビ朝日も，この偏向報道批判の矢面に立たされ，その対応に苦慮してきたといえるからだ。

もちろん，こうした「攻撃」はテレビにだけ向けられているわけではない。沖縄の県紙である琉球新報と沖縄タイムスにも，官民合わさった執拗な偏向報道批判が続けられている。さらに言えば，朝日新聞をめぐる慰安婦報道批判も，焦点はウソかホントかという記事の真実性ではあるものの，ある種の偏向批判といえなくもない。

そしてなおかつ，こうした批判には，政府からの抗議や行政指導，政治家や政権党からの批判や要請と，様々な形で重なり合っている側面が多いことに注意が必要である。実際，2014年11月に一部全国紙（読売・産経）に

掲載された放送法違反の意見広告では，結果として政府により強力な取り締まりを求める内容になっているし（図3），市民団体による沖縄地元紙の糾弾活動では政治家が深く関与している。

こうした状況の中で，いったい偏向しているとはどういうことなのか，改めて日本のメディアにおける「公平公正」とは何かについて考えてみたいと思う。まず，いま世間に渦巻いているいわゆる公平論議を整理してみる必要がある。そうすると，大きく3つの流れがあることが見えてくる。

その第1は，上で触れたまさに「偏向報道批判」としてまとめられるものである。この多くはキャンペーン的な激しいあるいは明確な政治的主張が存在し，現政権批判は許さないというトーンがはっきりしているのが特徴である。結果として，政権のメディア批判と内容も攻撃対象も綺麗に一致している。内容としては，歴史観，安全保障，原発政策といった現在の大きな政治課題に即して，報道内容の「偏り」を厳しく批判・糾弾するという姿勢が見て取れる。そのターゲットはいわゆるリベラル系メディアに絞られ，集中攻撃をしているかの様相を示している。これは2013年ごろから顕在化し，主として保守系メディアや識者が主導しているといってよかろう。

第2の流れは，「情報隠し批判」と呼べるものだ。2010年ごろから顕著な傾向としてメディアに流れ始めたもので，主としてフリージャーナリストからの既存メディア批判として週刊誌等で盛んに取り上げられ，インターネットを中心に拡散してきた経緯をたどる。新聞やテレビは自分に合った意見しか取り上げないとか，メディア自身や場合によっては親和性のある政権に都合が悪い情報は意図的に隠しているといったたぐいの，「マスメディアの情報コントロールは酷い」との批判ということができる。

そしてこの流れは最近では，安保法制をめぐる新聞社が実施した世論調査をめぐる批判が識者からも示され，がぜん新聞社陰謀説に弾みがついているといった状況にある。その中身は，自身の主張に合わせて質問を工夫して回答傾向を事実上操作したり，統計的には誤差の範囲にもかかわらず意図的に変化があるように曲解して世論の誘導を行っているのではないかというものだ。

図3　放送法違反の意見広告

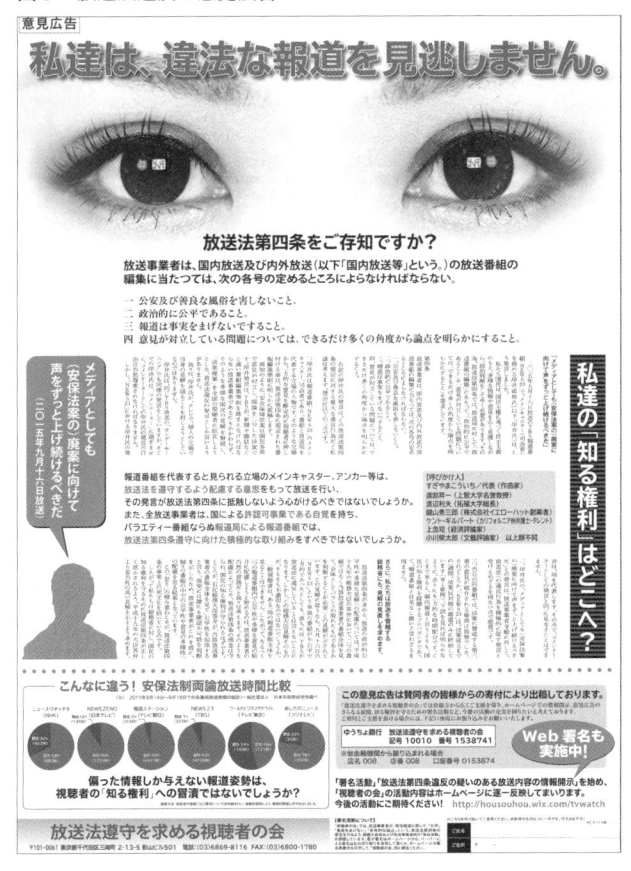

しかし重要な流れは，さらにその根底にあるメディア界あるいはジャーナリスト自身にある「客観報道批判」であるといえないか。ジャーナリズムたるもの自分の主観を捨てて客観に徹するなどありえないという＜そもそも論＞から始まり，古典的な日本の客観報道主義は，自由な言論活動について自分の首を絞めているのではないかという自己反省に立つものだ。とりわけ3.11東日本大震災や沖縄基地問題を受けて，従来の「客観中立」の姿勢が読者・視聴者にわかりづらさを与えてはいないかという，ジャーナリズム界

内部の見直しがそこにはある。

　それはまたさらに広く考えれば，役所等の発表に依拠するような「発表ジャーナリズム」に対する見直しも含まれているともいえるだろう。あるいは，ネット全盛時代において「主張」しないメディアは埋没するという危機感から発せられている場合もあるだろう。いずれにせよ，一見逆の偏向批判に対して強く太刀打ちできない理由の一つには，こうした自らが抱え込んでいる一種の「弱み」を感じざるをえない。

　では，こうした日本の伝統的な報道スタイルはどこから生まれてきたのであろうか。まさに，「客観中立」「不偏不党」「公平公正」と称される，いまの日本のジャーナリズムを縛る魔法の呪文のような言葉群である。これらの言葉それぞれがもつ意味は，メディア論的に言えば，あるいは新聞学の歴史を紐解いても異なるものであるが，少なくとも今日のメディア界においてはほぼ同義のものとして使用されてきていることから，ここではその差異についてはあえて問うことなく，それぞれの文脈の中で使い分けることとしたい。

　これらの言葉のルーツは，明治初期の新聞の誕生のころまで遡ることができる。明治政府誕生のころの日本の新聞は，政論新聞と呼ばれる党派性を明確にした政治的主張を前面に押し出した新聞が大きな勢力を持っていた。これに対し，大部数の獲得をめざす商業新聞が登場，その過程の中で党派性を排した，まさに不偏不党の新聞であることが求められていく。これはつまり，先ほど挙げた日本の伝統的な「客観中立・不偏不党・公平公正」を是とする新聞の基礎が築かれたということになる。しかもそれは日清・日露戦争に際して従軍をし（いわゆる従軍記者のはしり），国内の戦意を高揚する紙面作りによって部数を急速に拡大していく新聞にとって，極めて好都合な立ち位置でもあった。

　したがって，まさに客観報道主義とは，政権批判をほどほどに抑制し，時に政治との距離の近さを競う社の姿勢を表すものであり，国益を必要以上に意識し地域の発展に寄与・貢献することを大切にする紙面作りとパラレルな関係にあったということになる。そしてさらに言えば，こうした報道スタイルは，政府発表を間違いなく伝達するという行政広報媒体としての地位の確

保にも役立つことになった。

　これは明治・大正・昭和の時代を通じて形成された日本の新聞スタイルであるが，こうした「精神」は現在の新聞にも，さらには新聞から発生した現在の放送局にも脈々と受け継がれているとみるべきである。たとえば，今日の地方紙の多くは社是に「地域の発展」を謳うし，多くの新聞は記事の見出しに政府首脳の発言をそのままカギカッコでくくって使用するような風習を有する。こうした政府発言の紹介の仕方は，「そのまま」報道の象徴的な例であって，欧米の新聞との違いを具体的に表すものである。

　しかもこうしたいわゆる客観中立性や不偏不党の紙面作りは，戦後において社会の要請としてより強固なものに「成長」していくことになる。なぜなら，戦時中の情報統制手段であった1県1紙体制の名残として，多くの県では極めて有力な地方紙（県紙）が1紙のみ存在し，そのマーケットシェアが当該販売エリアで圧倒的に高いという現実がある。そうであるならばその県紙は，否応なしに読者の思想性・政治的嗜好を問うことなく「誰にも読まれる」新聞を目指すことになるし，それが社会的に求められたということだ。

　またこうした新聞は宅配制度などによってあまねく普及をし，世界に類を見ない実質的な「マスメディア」として社会に存在することになった。その結果としてたとえば，選挙時においては新聞（それにプラスしてテレビ・ラジオ）が候補者情報を伝える社会的機能を果たすものとして法制度上も是認されることになる。新聞に掲載される選挙広告や，放送で流れる政見放送は，まさにこうした不偏不党でかつ全世帯にくまなくいきわたるマスメディアであることを前提とした制度にほかならない。

　これなどは世界の「常識」からみればありえないことであって，多くの国では新聞は党派性を有する可能性が高いことから，選挙期間中は報道が制限されるのがむしろ一般的である。しかし日本では全く逆に，候補者の選挙活動が厳しく制約され，その分，有権者に選挙情報を伝える役割を果たすのが新聞・放送であり，そのために格段の選挙報道の自由が保障されているのである。

こうしたいわば社会からの要請にこたえる形で，日本の新聞をはじめとするマスメディアは，ますます「無色透明」を装うことを求められることになってきたといえるだろう。このように明治以来の報道スタイルが現在においては「報道倫理」と呼ばれるまでに高められ，今日に至っているわけである。ついでにいえば，こうした政治との距離を微妙に保ち，あえて言えば政治と親和性を持ちつつも，見た目は政治的中立を保つことで，新聞をはじめとするマスメディアは多くの特恵的地位を保持しているともいえる。

　先に挙げた選挙広告をはじめとする行政広告の掲載料による広告収入や，所得税法上の法人税優遇措置，さらには消費税の軽減税率の設定などは，財政上の政治との関係性を示すものにほかならないし，出版物に認められている再販や新聞社の所有株譲渡をめぐる制限規定なども経営上の特恵的待遇である。あるいはまた，編集上の記者クラブ制度なども，まさに政治とメディアの関係性を示すものとの解釈が可能だ。

　もちろんこれらのメディアの特恵的待遇（あるいは特権）は，その独立性やアクセス平等性，あるいは安定的な財政基盤を確保するために設けられてきた社会制度としてきわめて重要である。まさに，市民の知る権利の代行者としての新聞や放送の，社会的役割を果たすための社会全体の合意の賜物であり，工夫であるということだ。しかし，その一方で常に政治との関係性を問われていることもまた忘れてはなるまい。

(3)「数量公平」ではなく「質的公正」

　そして中立傾向を固定化させているのが，放送法の番組編集の基準を定めた「政治的公平」規定である。先に紹介した意見広告（図3）でも取り上げられるなどすっかり有名になったこの規定は，現在の放送法では4条1項2号にあたるが，その意味を理解するには制定過程を確認しておく必要がある。

　1949年第7通常国会に提出された「放送法案」では，法案45条（政治的公平）に以下の規定があった。

　　①協会の放送番組の編集は，政治的に公平でなければならない。
　　②協会が公選による公職の候補者に政見放送その他選挙運動に関する放送を

させた場合において、その選挙における他の候補者の請求があったときは、同一の放送設備により、同等な条件の時刻において、同一時間の放送をさせなければならない。

ここからわかるように、この政治的公平の規定は、NHK（日本放送協会）のしかも選挙報道を念頭に置いたものであることがわかる。そして1つ前の法案44条3項にはこうある。

協会は、放送番組の編集に当っては、左の各号に定めるところによらなければならない。

一　公衆に関係がある事項について、事実を曲げないで報道すること。

二　意見が対立している問題については、できるだけ多くの角度から論点を明らかにすること。

三　音楽、文学、演芸、娯楽等の分野において最善の内容を保持すること。

上記の45条1項と44条3項が、国会審議の過程の中で合わさり、新しい44条3項ができあがる。

協会は、放送番組の編集に当っては、左の各号の定めるところによらなければならない。

一　公安を害しないこと。

二　政治的に公平であること。

三　報道は事実を曲げないですること。

四　意見が対立している問題については、できるだけ多くの角度から論点を明らかにすること。

まさに現行の規定とほぼ同じものだ（その後の改正で、1号に関して部分的に字句の修正がなされる）。さらに、修正過程で付け加わった新53条の「第44条第3項の規定は、一般放送事業者に準用する」との一文によって、民放への適用拡大が決まることになる。すなわち、法案提出時には「NHK選挙規定を念頭に置いた規定」であったものが、「NHK一般規定」となり、さらに法案成立段階では「民放も含めた放送全体の番組規律」に昇格してしまったのである。

その結果、選挙報道時の候補者には同じ時間を与えるといった、いわば「数

量公平」原理が，一般報道にも拡大して適用されるような状況を生んでしまっているといえるだろう。さらに言えば，もし選挙時の数量公平を指していたとしても，厳密な意味での数量公平には現実的には無理があるとして，すでに日本の判例においても含みを持たせて運用することが認められている（たとえば，拙著『法とジャーナリズム第3版』学陽書房参照）。すなわち，厳密な平等性を求めるという意味での数量公平の解釈は誤りであるし，ましてやそれを1番組の中で貫徹させるといった運用はあえて採用してこなかったことを，現在の「偏向批判」は意図的に切り捨てていることに問題がある。

　そしてこのことは，日本がモデルとした米国の放送原則の歴史的経緯を振り返ってみてもよくわかる。すでに米国においてはこうした数量公平を放送局に守らせることは現実的に無理だとして，選挙時における平等性を担保するための米国連邦通信法の「イコールタイム条項」はニュース番組には適用されていない。そのうえ，放送監督機関FCCが策定した「フェアネス・ドクトリン（公正原則）」も，反論機会の提供には無理があるとして事実上廃止をしてきているからだ（さしあたり拙稿「放送法意見広告」琉球新報12月「メディア時評」同紙ウェブサイト参照）。

　なお，放送法のなかの「政治的公平」などを定めた番組準則と呼ばれる規定が，法的拘束力があるかどうかが問われている。2016年2月12日に総務省が発表した「政府統一見解」でも，法規範であることを前提に個別番組を評価する可能性があることを明記している。しかし学説上では，倫理規定であるというのが通説であって，この点は極めてはっきりしている。あえて言えば，憲法違反であるという強い主張すらある。

　ただしこの点については，安保法制論議における憲法，沖縄辺野古新基地建設における行政法で，政府の一方的な解釈変更とそのゴリ押しによって，長年の研究の蓄積はいとも簡単に無視されてきた。そうであれば放送法の解釈など，いとも簡単に押し曲げられることになってしまうが，それでも政府解釈が誤りであることは明確に記録しておく必要があるだろう（さしあたり拙稿「BPO調査報告書」琉球新報11月「メディア時評」同紙ウェブサイト参照。より詳しくは鈴木秀美ほか編著『放送法を読みとく』商事法務参照）。

とりわけ放送行政においては、放送免許権限を有する総務省が放送局の監督官庁であるという基本構造があるだけに、政府の一方的な解釈が否応なしに押し付けられる状況にあるのが実態だ。

　最後に、報道に求められる「公平公正」について改めて考えておこう。これまでの歴史的検討を通じて理解されてきていることは、公平公正が求めていることは「質的公正さ」であって、より具体的には、少数意見のすくいあげや配慮、あるいは反論機会の提供などによって社会正義を実現するといった、いわば多様性や公共性と通じる報道姿勢であるということだ。この点において日本では、こうした多様性をむしろ排する方向で「公平公正」なる言葉が使われる結果、ものが言えない、言いづらい空気が醸成されてきている。

　ジャーナリズムの世界以外でもたとえば、美術館や博物館での政治性を有する作品撤去、公民館での政治性を有するイベントへの貸出禁止、大学での政治性を有する集会の禁止、書店での政治性を有するフェアの中止、自治体での政治性を有する行事への後援名義撤回など、その実例は数多い。この「政治性」を理由としての表現行為の忌避こそ、悪しき中立原理の表れということになるだろう。

　日本新聞協会の新聞倫理綱領1946年版は、「公正」の項をこう記している。
　　【公正】個人の名誉はその他の基本人権と同じように尊重され、かつ擁護さるべきである。非難された者には弁明の機会を与え、誤報はすみやかに取り消し、訂正しなければならない。

　70年前よりもジャーナリズムが後退したと言われないために、そしてより民主主義の成熟をいまの日本社会が示すためには、改めて「数量公平」の考え方を排し、「質的公正」の実現のために、具体的に何をなすべきかを考える必要があるだろう。それは同時に、これまでの日本独特の報道倫理ともいえる客観中立や不偏不党を、単に政治的中立性ととらえ、自らを雁字搦めに縛ってしまうことなく、より自由でしかも公正な報道を実現する、現代版の解釈と実践にもつながると思う。

結びにかえて

　言いたいことが言える社会を維持・発展させるには，言論の自由を保障する社会制度と，その制度の護り手である健全なジャーナリズム活動が不可欠だ。どんなに制度が立派でも，市民社会の中で豊かで自由闊達な情報流通が行われる「場」が存在しなくては，宝の持ち腐れといえるだろう。しかし残念ながら，今日の世界的状況をみると，その自由の保障制度とジャーナリズムの双方が危機に瀕している。

　本来は国家の利益たる国家安全保障は重要であるが，同時に市民一人ひとりの自由や権利の保障も大切であって，それらはケースバイケースで比較衡量され，バランスよく社会選択がなされてきた。しかしテロや戦争によって，国家安全保障が声高に叫ばれ，そうした声が社会全体を覆うことで，常に国益が優先され，個人の人権は追いやられる状況が続いている。あるいは，人権の制約は「例外」であったはずなのが，その例外が一般化し，原則と例外の逆転現象がそこここで起きている。

　一方でジャーナリズムも，マスメディアの衰退によって，継続的安定的な権力監視機能が社会の中で弱体化しているといわれる。あるいはインターネットによって個々人の不特定多数向けの情報発信が容易となり，プロとアマの境界線がどんどん低くなっている。そうしたなかで，職業専門家としてのジャーナリストの希薄化が進んでいる。

　こうした状況は，すでに第2部全体を通し述べてきたとおり，日本においても顕著な傾向だ。朝日新聞の「誤報」に端を発した国益を守れコールなど，いまジャーナリズム自体の立ち位置も大きく問われていることは間違いない。それらによって，社会全体を覆う厚い雲を見えづらくしていることが問題の解決を複雑にしている。しかしそれでも，民主主義社会の基本である言論の自由は普遍であり，市民的自由の中核であることを忘れることなく，私たち一人ひとりが勇気をもって声を上げていくことが求められている。それによってのみ，もう一度青い空は取り戻せると思う。

参考文献

清水英夫編『情報公開と知る権利』三省堂，1980年。
中出征夫『情報公開立法史』公人社，2004年。
神奈川県情報公開準備室編『情報公開　制度化をめざして』ぎょうせい，1981年。
神奈川県県政情報室編『かながわの情報公開』ぎょうせい，1984年。
兼子仁・関哲夫編『条例検討シリーズ6　情報公開条例』北樹出版，1984年。
総務庁行政管理局監修『情報公開－制度化への課題　情報公開問題研究会中間報告』第一法規，1990年。
行政改革委員会事務局監修『情報公開法要綱案（中間報告）　行政改革委員会行政情報公開部会』第一法規，1996年。
行政改革委員会事務局監修『情報公開法制　行政改革委員会の意見』第一法規，1997年。
三宅弘『原子力情報の公開と司法国家』日本評論社　2014年。
核燃料輸送反対全国交流会編『核燃料白書　放射能が走る』日本評論社，1994年。
情報公開クリアリングハウス編『情報公開100の事例』2000年。
東京電力福島原子力発電所事故調査委員会『国会事故調報告書』徳間書店，2012年。
一般社団法人日本再建イニシアティブ『福島原発事故独立検証委員会　調査・検証報告書』ディスカヴァー・トゥエンティワン，2012年。
日野行介『福島原発事故　県民兼管理調査の闇』岩波書店，2013年。
日野行介『福島原発事故　被災者支援政策の欺瞞』岩波書店，2014年。
NHKスペシャル『メルトダウン』取材班『福島第一原発事故　7つの謎』講談社，2015年。
情報公開法を求める市民運動『合本　情報公開』（上・下）。
「東京電力福島原子力発電所における事故調査・検証委員会中間報告」2011年12月26日。
「東京電力福島原子力発電所における事故調査・検証委員会最終報告」2012年7月23日。
安藤博「金山町の情報公開制度」『総合特集シリーズ19　情報公開と現代』法学セミナー増刊，日本評論社，1981年6月。
秋山幹男「情報公開をめぐる市民運動」『ジュリスト臨時増刊　情報公開・プライバシー』1981年6月5日号，有斐閣。
須田直英「SPEEDIネットワークシステムの現状と展望」『保健物理』vol.41(2),

2006年6月。
岡田広行「原発事故『避難勧奨地点』指定の理不尽　あいまいな賠償の基準，住民同士は口も利かぬ状態に」東洋経済オンライン，2013年8月11日。

あとがき

　本叢書は，専修大学社会科学研究所2011～13年度特別研究助成「ポスト3・11の情報流通とメディアの役割」として組織され，当該年度3か年にかけて研究活動を行った成果の一部をまとめたものである。

　2011年3月11日の東日本大震災は，日本社会のありように大きな影響を与えたわけであるが，「情報」をめぐっても大きな課題を私たちに与えることとなった。それは，政府・自治体や原発事故当事者の発表情報の真偽に始まり，その伝わり方（情報コントロールのあり方），あるいはそれらを伝えるメディアとの関係など，多岐にわたる。

　したがって，本研究グループにおいては，標記のタイトルのもと，3年間にわたり今回の震災においてどのような形で情報が伝達されたのか，あるいはされなかったのか，その過程において各種メディアがどのような役割を果たしたのか調査・検証を実施した。

　具体的には，全体あるいは個別の被災地における現地調査を，都合30回近くにわたって実施，その後のグループ討議を実施した。その対象は，当初予定していた報道機関およびそこに所属する記者等にとどまらず，その取材・報道対象である被災地住民あるいはボランティアにも可能な限り広げ，精力的なヒアリングを実施してきた。

　それらを通じて，政府ほか送り手の情報管理にどのような問題があったのか，その社会制度上の問題は何か，さらに伝える側のメディアにおいては，どのような問題があったのか，そして3・11の前後でメディア自身の社会的存在意義や価値，その役割にどのような変化が生じたかを確認する作業を進めた。

　さらには，研究最終盤の2013年末において，特定秘密保護法が成立し，本研究テーマである政府の情報管理において，法制度の基盤が動くことに

なった。したがって急遽，これについても研究テーマに加え，あわせて新制度が情報の流れに与える影響についても，可能な限り対応することとした。

これらの検証結果をベースとして，主として報道検証に関してはすでに以下のかたちで世に示し，問題提起を続けてきたところである。

・藤森研所員『東日本大震災・原発事故と報道　Ⅰ・Ⅱ』マスコミ倫理懇談会，2011年・2012年。
・山田健太所員『3.11とメディア』トランスビュー，2013年。
・野口武悟所員・山田健太所員編『3.11の記録』全3巻，日外アソシエーツ，2013年。
・川上隆志所員「韓国原発行」『エディターシップ』2号，日本編集者学会，2013年。

次に参考までに，おおよその研究実施内容を示す。この枠組みにおいて，資料の収集，被災地を中心とするヒアリングや現地調査，ワークショップや研究会を実施したところである。またあわせて，すでにその成果の一部は，個人の責任で，適宜学会等で発表し，研究過程のフィードバックを得ているものである。

① 情報公開請求により，政府が保存・保管する行政文書を把握する。そのための情報公開請求とその複写，開示された文書の整理と分析がある。政府や自治体，及び東電ほかが震災対応（原発事故を含む）において，どのような情報管理をし，発表を行っていたか。具体的には，関連行政文書ほかが，どのような形で保存・保管され，あるいは破棄されているか。また，日本の原子力行政にことさら深くかかわり，大きな意味では推進してきた日本の報道界が，原子力の安全性に対しどのようなチェック機能を果たしてきたのか，そして今回の福島原発事故にあたってその事故の評価と危険性判断を十分になしえていたのか。関連して放射線被曝に関しての報道は十分であったのか。

② 震災後から継続的に，各種メディアの報道を調査・分析する。その対象は主として，新聞・週刊誌・テレビとし，在京メディアと被災地のメディアを中心とする。これらメディアとの関係性において，インターネットメディアの情報提供（発信）状況を調査・分析する。このような情報伝達が，いわゆる伝統的なメディア（新聞・テレビ・ラジオ・雑誌）と，インターネット上の新しいサービス（とりわけ，ツイッター等のソーシャル系メディアと，グーグルのようなポータルサイト）で，どのような役割の違いがあり，どのような連携を見せたか。各メディアの情報伝達（報道）の検証として，未曾有の地震と津波という自然災害に対し，その予防，発生時の速報及び緊急避難，避難生活，復旧，そして今後の復興の各ステージにおいて，各種メディアがどのような果たすべき社会的役割を負っていて，それを果たしえたのか。

③ 出版流通システムである取次・書店・図書館等の物流制度に代表されるように，情報伝達の社会システムが，震災によってどのような影響を受け，再構築されつつあるのか。これらのコミュニケーション手段によって，とりわけ被災地住民にどのような情報伝達がなされ，またされていないのか。

④ 同時並行して，海外報道との差異においては，主として韓国を例に挙げ，調査・分析する。必要に応じて，その他の国に関しても調査・分析対象を拡張する。日本国内の報道と海外における報道にはどのような差異があったのか。それは何に起因するものであったのか。

⑤ 関連して，メディアを取り巻く社会的制度（主として法制度）の変容について，とりわけ2013年12月成立の特定秘密保護法に関わり，政府の情報管理システムはどのように変わるのか。

こうした研究を実行してきて最後に残された課題が，まさに原発事故をめぐる「情報統制」についてである。すでに，この問題についてはジャーナリストや政治家等の当事者からも，多くの文献や資料が世に送り出されているが，本書ではまさに行政機関がどのような情報を収集・保管し，それを公開または非公開としているかを明らかにすることを目的とした。これにより，

あとがき

原発事故および被災3県の行政対応と情報公開制度の運用実態について明らかにすることができると考えたからである。

　このテーマについては，情報公開のエキスパートである三木由希子氏を客員所員に迎え研究を進めた。したがって，そのまとめについては同氏が実行し，それがそのまま本書の中核的な内容となっている。本書がきっかけとなり，さらなる情報の共有が進むことで，日本社会全体で原発・放射能の知識・実態の理解が進み，一刻も早い放射線被曝等の健康被害の回復，福島の再生が実現することを願う。

2016年2月
　　特別研究グループ（五十音順）

　　網野　房子　専修大学文学部准教授
　　川上　隆志　同　教授
　　野口　武悟　同　教授
　　藤森　　研　同　教授
　　三木由希子　同兼任講師（2016年着任），客員所員
　　　　　　　　特定非営利活動法人情報公開クリアリングハウス理事長
　　山田　健太　同　教授

索引

数字
10条通報　112, 156
15条通報　112
20mSv　168

A〜Z
BPO　306
ERSS　155
OECD　33
SPEEDI　155
TBS　286, 299
UNESCO　33

あ
安心・安全　249
安全保障関連法　262
萎縮　285, 291, 295
インカメラ　53
運輸省　56
オフサイトセンター　155

か
会計検査院　56
ガイドライン　89
外務省　55, 56, 272
科学技術庁　55, 59, 61, 62
春日市　35
神奈川県　16, 36
金山町　21
川崎市　38
環境省　112, 118
機関委任事務　104
岐阜市　35
客観中立　302
救済制度　53
業界規制　261
行革大綱　48

行政改革委員会　48, 49, 66
行政改革委員会行政情報公開部会　66
行政改革委員会設置法案　49
行政管理庁　7, 12, 43
行政事件訴訟法　83
行政情報公開基準　43, 94
行政情報公開制度検討室　49
行政情報公開部会　49
緊急時迅速放射能影響予測ネットワークシステム　155
緊急時対応センター　118
緊急時対策支援システム　155
空間線量　168
空気　252, 293
計画的避難区域　168
経済産業省　112, 155
経済産業省緊急時対応センター　155
警察庁　55, 56, 102, 272
原子力安全委員会　61, 112, 155, 166
原子力安全技術センター　155
原子力安全・保安院　112, 166
原子力委員会　61, 112
原子力規制委員会　112
原子力緊急事態宣言　112
原子力災害現地対策本部　112
原子力災害対策特別措置法　112, 156
原子力災害対策本部　112, 168, 186
原子力発電所　64, 112
原子力被災者生活支援チーム　175
建設省　56
原則と例外の逆転　264, 267
憲法　253, 263, 265, 293, 296
県民健康管理調査　189, 228
県民健康管理調査　収集データの取り扱い及び解析・結果公表に関する取り決め　228
県民健康管理ファイル　196
現用文書　90
権利救済制度　20

316　索　引

言論公共空間　252
公安委員会　102
公安調査庁　272
合議制機関　22, 24
甲状腺がん　181
甲状腺検査　181, 191, 216
甲状腺検査評価部会　216
公正　56, 95, 257, 286, 290, 296, 304
公正原則　290
厚生省　55
公正取引委員　56
厚生労働省　111, 112
高知県　103
公文書管理法　274, 280
公平　299, 304
公平公正　302
公明党　6, 47
国立公文書館法案　89
効率性　251, 257
国土交通省　111
国家安全保障会議　271
国家秘密　261
国家秘密法　38
子どもポルノ　259
今後における行政改革の推進方策について　48

さ

最高裁判所　89
埼玉県　17
裁判管轄　100
裁判管轄問題　79
三党合意事項　76
滋賀県　18
資源エネルギー庁　64, 112, 118
事件記録等保存規程　89
思考停止　251
自自政権　82
自主規制　260, 285, 294, 295
実施機関　102
指定公共機関　262
自民党　5, 49, 67, 76, 82, 285, 296

社会党　47, 49
社会民主連合　4
社民党　67, 76
社民連　47
収集罪　262
自由人権協会　21, 27, 36
自由党　82
取材拒否　285
取得罪　269, 281
主婦連合会　26
情報公開クリアリングハウス　75, 153, 272
情報公開研究会議　19
情報公開権利宣言　30
情報公開審査会　102
情報公開 8 原則　33
情報公開法　6, 27, 48, 49, 54, 58, 67, 76, 78, 80, 94, 95, 97, 263, 267, 273, 274, 280
情報公開法・与党協議会　76
情報公開法案　78
情報公開法 5 原則　95
情報公開法制定推進会議行政情報公開法モデル大綱　95
情報公開法制定推進会議　94, 95
情報公開法制定のためのプロジェクト・チーム　48
情報公開法制に関する小委員会　76
情報公開法についての検討方針　54
情報公開法の制定を求める市民ネットワーク　96
情報公開法要綱案　49, 101
情報公開法要綱案の考え方　58
情報公開法を求める市民運動　6, 27, 67, 80, 94
情報公開問題研究会　16, 43
情報公開問題に関する連絡会議　8, 94
情報コントロール　256, 257
情報提供　7
知る権利　3, 95, 261
新行政改革大綱　16
新自由クラブ　4
新進党　69
新党さきがけ　49, 67

索引　317

ストロング・ナショナリスト　253
スパイ防止法　7
請求件数　109
精神的規定　290
正当な業務行為　276
正当な取材行為　262
積算放射線　168
選挙　4, 254, 255, 285, 303
総務庁　49, 75
忖度　285

た

第二次臨調（第二臨調）　13, 36, 43
太陽党　73
単純所持　260
超音波検査　206
通商産業省（通産省）　56, 64
低線量被ばく　181
適用除外　24, 95, 259
手数料問題　79, 100
テレビ朝日　289, 291, 292, 299
東京電力　64
東京都　22, 103
特定避難勧奨地点　168

な

内閣官房　272
内閣府　112, 118, 146, 150
内部被ばく　189
日本共産党　3, 69, 78
日本社会党　3
日本消費者連盟　27
日本新党　47
日本弁護士連合会　94

は

番号　258
非現用文書　90
非公開事由　20, 43
被ばく線量　114, 118
秘密　6, 253, 261, 267, 268, 269, 273

秘密保護法　6, 253, 261, 268, 269, 273
フェアネス・ドクトリン（公正原則）　306
福島県　181, 197, 199, 219
福島県「県民健康調査」検討委員会　219
福島原発事故情報公開アーカイブ　153
福島県民健康管理基金　181
福島県立医科大学　181, 197
福島第一原子力発電所　112
附属機関等の会議の公開に関する指針　225
不服審査会　56
不偏不党　302
雰囲気　250
偏向　300
防衛省　272
防衛庁　55, 56
放射性物質汚染対処特措法　112
放射線医学県民健康管理実施本部会議　205
放射線医学県民健康管理センター　197, 203, 205
放射線医学県民健康管理センター部門長会議　205, 229
放射線医学県民健康管理調査実施本部　203
放射線障害防止法及び原子炉等規制法　118
放送法　289, 290, 304
法定受託事務　104
法務省　56, 111
法令秘　104
ホールボディカウンター（WBC）　189
細川連立政権　47
北海道　103

ま

民改連　47
民社党　4, 47
民主党　68, 273
文部科学省（文科省）　112, 155, 166

や

有事法制　269

ら

立地道県　155
臨時行政改革推進審議会　47
臨時行政調査会　6, 12
例外の一般化　259
歴史文書　90
労働省　55, 56

専修大学社会科学研究所 社会科学研究叢書18
社会の「見える化」をどう実現するか
──福島第一原発事故を教訓に──

2016年3月23日　第1版第1刷

編著者	三木由希子・山田健太
発行者	笹岡五郎
発行所	専修大学出版局
	〒101-0051　東京都千代田区神田神保町3-10-3
	㈱専大センチュリー内
	電話　03-3263-4230㈹
印　刷 製　本	電算印刷株式会社

©Yukiko Miki, Kenta Yamada
2016 Printed in Japan　ISBN 978-4-88125-306-9

◇専修大学出版局の本◇

社会科学研究叢書 17
ワークフェアの日本的展開──雇用の不安定化と就労・自立支援の課題
宮嵜晃臣・兵頭淳史 編　　　　　　　　　　　　　　　　A5 判　272 頁　3200 円

社会科学研究叢書 16
学芸の還流──東-西をめぐる翻訳・映像・思想──
鈴木健郎・根岸徹郎・厳 基珠 編　　　　　　　　　　　　A5 判　464 頁　4800 円

社会科学研究叢書 15
東アジアにおける市民社会の形成──人権・平和・共生──
内藤光博 編　　　　　　　　　　　　　　　　　　　　　A5 判　326 頁　3800 円

社会科学研究叢書 14
変貌する現代国際経済
鈴木直次・野口 旭 編　　　　　　　　　　　　　　　　　A5 判　436 頁　4400 円

社会科学研究叢書 13
中国社会の現状Ⅲ
柴田弘捷・大矢根淳 編　　　　　　　　　　　　　　　　A5 判　292 頁　3600 円

社会科学研究叢書 12
周辺メトロポリスの位置と変容──神奈川県川崎市・大阪府堺市──
宇都榮子・柴田弘捷 編著　　　　　　　　　　　　　　　A5 判　280 頁　3400 円

社会科学研究叢書 11
中国社会の現状Ⅱ
専修大学社会科学研究所 編　　　　　　　　　　　　　　A5 判　228 頁　3500 円

社会科学研究叢書 10
東アジア社会における儒教の変容
土屋昌明 編　　　　　　　　　　　　　　　　　　　　　A5 判　288 頁　3800 円

社会科学研究叢書 9
都市空間の再構成
黒田彰三 編著　　　　　　　　　　　　　　　　　　　　A5 判　274 頁　3800 円

社会科学研究叢書 8
中国社会の現状
専修大学社会科学研究所 編　町田俊彦 編著　　　　　　　A5 判　222 頁　3500 円

社会科学研究叢書 7
東北アジアの法と政治
内藤光博・古川 純 編　　　　　　　　　　　　　　　　　A5 判　378 頁　4400 円

社会科学研究叢書 6
現代企業組織のダイナミズム
池本正純 編　　　　　　　　　　　　　　　　　　　　　A5 判　268 頁　3800 円

社会科学研究叢書 5
複雑系社会理論の新地平
吉田雅明 編　　　　　　　　　　　　　　　　　　　　　A5 判　374 頁　4400 円

社会科学研究叢書 4
環境法の諸相──有害産業廃棄物問題を手がかりに──
矢澤昇治 編　　　　　　　　　　　　　　　　　　　　　A5 判　326 頁　4400 円

社会科学研究叢書 3
情報革新と産業ニューウェーブ
溝田誠吾 編著　　　　　　　　　　　　　　　　　　　　A5 判　370 頁　4800 円

社会科学研究叢書 2
食料消費のコウホート分析──年齢・世代・時代──
森 宏 編　　　　　　　　　　　　　　　　　　　　　　A5 判　390 頁　4800 円

社会科学研究叢書 1
グローバリゼーションと日本
専修大学社会科学研究所 編　　　　　　　　　　　　　　A5 判　310 頁　3500 円

（価格は本体）